● 高职高专学前教育专业特色教材 ●

爱心培育教程

AIXIN PEIYU JIAOCHENG

主　编：张　斌　邢春娥

副主编：李长青　任　颖

编　写：（以各章节编写顺序排列）

　　　　杨　洁　孔　露　李　贞

　　　　李小龙　邢春娥　杜　芳

四川大学出版社

项目策划：王　睿　梁　平
责任编辑：梁　平
责任校对：孙滨蓉
封面设计：璞信文化
责任印制：李金兰

图书在版编目（CIP）数据

爱心培育教程 / 张斌，邢春娥主编. — 成都：四
川大学出版社，2021.3（2025.9 重印）
　　ISBN 978-7-5690-2538-5

　　Ⅰ. ①爱… Ⅱ. ①张… ②邢… Ⅲ. ①幼儿师范学校
—教材 Ⅳ. ① G658.1

中国版本图书馆 CIP 数据核字（2021）第 052432 号

书名	爱心培育教程
主　编	张　斌 邢春娥
出　版	四川大学出版社
地　址	成都市一环路南一段 24 号（610065）
发　行	四川大学出版社
书　号	ISBN 978-7-5690-2538-5
印前制作	四川胜翔数码印务设计有限公司
印　刷	成都金龙印务有限责任公司
成品尺寸	185mm×260mm
印　张	10
字　数	242 千字
版　次	2021 年 4 月第 1 版
印　次	2025 年 9 月第 6 次印刷
定　价	38.00 元

◆ 读者邮购本书，请与本社发行科联系。
　　电话：(028)85408408/(028)85401670/
　　(028)86408023　邮政编码：610065
◆ 本社图书如有印装质量问题，请寄回出版社调换。
◆ 网址：http://press.scu.edu.cn

四川大学出版社
微信公众号

序

在第 30 个教师节前夕，习近平总书记在同北京师范大学师生代表座谈时发表了重要讲话，就如何做一名党和人民满意的好老师，努力培养造就一流教师提出了明确要求。做一名好老师，共同的特质必不可少，这就是习近平总书记提出的"有理想信念、有道德情操、有扎实学识、有仁爱之心"的"四有"好教师标准。

教育从根本上属于一项道德事业，教师与学生都应当成为"更好的人"。正如雅斯贝尔斯在《什么是教育》中说："教育的本质意味着，一棵树摇动另一棵树，一朵云推动另一朵云，一个灵魂唤醒另一个灵魂。"爱是教育的灵魂，没有爱就没有教育。高尔基说："谁爱孩子，孩子就爱谁。只有爱孩子的人，他才可以教育孩子。"爱是心灵与心灵的沟通、灵魂与灵魂的交融、人格与人格的对话。做一名好老师，就应当"用爱培育爱、激发爱、传播爱，通过真情、真心、真诚拉近同学生的距离，滋润学生的心田，使自己成为学生的好朋友和贴心人"，用爱打开学生的知识之门，用爱浇开学生美丽的心灵之花，让每个学生都感受到教育的温暖，让每个学生都有人生出彩的机会。

梁启超说："人生百年，立于幼学。"儿童的身心发育处于非常关键的初始阶段，稚嫩的花朵需要爱心浇灌才能茁壮成长，最需要教师的精心引导和栽培。因此，幼儿教师理应比其他教师具有更加丰富深厚的爱心，富有爱心是幼儿教师的专业核心品质。然而，现实状况并不乐观，幼儿教师虐童事件时有发生，给幼儿身心造成多重伤害，刺痛人们的道德与神经，引发社会的强烈关注，也引起人们从道德和法律角度的追问和思考。

践行"为党育人、为国育才"神圣使命，落实立德树人根本任务，回应社会殷切期盼，破解现实难题困境，必须找准问题的症结与对策，把幼儿教师的师德建设放在首位。因此，高职学前教育专业加强学生爱心培育具有重要的理论和实践价值。作为培养未来幼儿教师的摇篮，川北幼儿师范高等专科学校自升格之初，即确立了"学高身正、志远行端"的校训准则，自觉担当"幼有良教，教有良师"的时代使命，坚持把爱心培育作为学前教育专业建设的基础性工作，致力于培养具有"大爱品格、人文情怀"的学生品牌。为此持续开展课题研究和教学改革，深入研究学生爱心培育的理论根基，努力探索爱心培育的实施路径，通过搭建园校协同爱育平台、确立爱心培育两大目标、坚持爱心培育三个结合、实施爱心培育四阶递进，初步构建了"1234"爱心培育理论和实践体系，在全国首先开设高职学前教育专业学生爱心培育课程并取得良好效果。本教材的正式出版，既是我校落实立德树人目标的重要举措，也是加强师范生爱心培育的改革成果之一。本教材体现出以下三个特点：

一是坚持系统思维，整体设计。全书从爱心培育基本理念，到梳理历史发展脉络、

找准问题逻辑起点，将爱心培育置于历史与现实的宏阔视野，帮助师生提高对该课程的思想认识，进而从培育广博之爱、教育之爱、慈幼之爱三大实施路径，着力涵养学生的大爱情怀、强化师德修养、塑造专业品格。内容层层推进，既有经典的思想理论指导，又有清晰的实践路径落实，逻辑严谨，自成体系。

二是坚持能力导向，体例创新。全书贯彻能力导向的教学理念，注意问题的提出和解决过程，按照模块设计思路，各章节设置了名人名句、学习目标、学习重点、问题导入、案例分析、场景再现、综合运用、思考与实训等内容模块，以帮助师生更好开展教与学的活动。

三是坚持四个融合，资源整合。全书内容编写与学前教育专业人才培养方案和教学大纲的修订、课程设置、教学安排相融合，形成一个相融相通的整体，增强了学习的趣味性、生动性、自主性和实用性，将理论学习与实践有效结合起来。

本教材是集体智慧的结晶。课题组对全书框架体例、章节内容反复研究和讨论，各位作者对所编写部分反复修改，体现了我们对"爱心培育"的理论思考和课程的教学实践成果。四川大学出版社编辑对出版的每个程序悉心指导和帮助。在此，向每位作者和编辑的辛勤工作表示由衷感谢！尽管我们努力追求尽善尽美，但限于学识水平和实践条件，书中肯定存在疏漏与不足，敬请师生和读者批评指正，以利我们今后进一步修订完善。

爱是教育永恒的主题，爱心培育永远在路上。

张　斌

（川北幼儿师范高等专科学校党委书记、教授）

目　录

第一章　爱心培育概述

【学习目标】

通过本章节的学习，你需要：

1. 理解爱心、爱心培育的内涵与内容。

2. 结合具体案例分析爱心培育价值、原则和方法途径。

3. 意识到爱心培育对当代大学生的重要价值和作用，树立正确的人生观和价值观。

【学习建议】

在学习本章节之前，你可以：

1. 结合生活经验，记录身边有关"爱心"的故事或事件。

2. 阅读书籍《关于爱的思考》（作者：苏霍姆林斯基）。

3. 观看电视节目《爱要大声说出来》。

【内容导学】

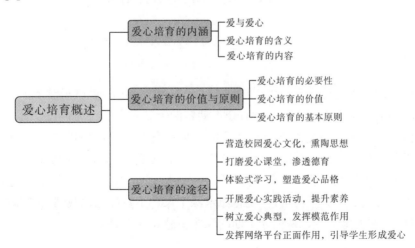

爱从古至今是一个永恒的话题。首先，请你回答一下：你爱你的父母吗？你爱你的朋友吗？你爱你自己吗？

爱到底是什么、什么是爱心、为什么要进行爱心培育、如何进行爱心培育等将是本章重点探讨的话题。

【案例导读】

• 案例描述

钟南山：八十四岁的抗疫逆行者①

2020 年 1 月 18 日，84 岁的中国工程院院士钟南山紧急赶往武汉。他说："没什么特殊情况，不要去武汉。"钟南山提醒公众的同时，却选择了逆行。1 月 20 日，钟南山在关键时刻发出的"预警"，"肯定的，有人传人现象"，为控制疫情在全国蔓延赢得先机。有人曾这样评价钟南山：既有国士的担当，又有战士的勇猛。他回应得最多的一句话是："我不过是一个看病的大夫。"在抗击疫情的战斗中，钟南山用自己的行动，诠释了医者仁心、学者大义。

• 交流讨论

1. 上述案例反映了什么问题？

2. 钟南山教授为何选择当抗疫逆行者？

• 综合分析

从上述案例中，可以看到钟南山教授不畏艰险，不辞辛劳，不计个人安危，始终把人的生命置于首位，他珍爱生命、关爱他人、热爱集体和国家，具有强烈的、高度负责的社会责任感等，反映了钟南山教授怀有医者的仁爱之心、大爱精神，这种精神激励着当代大学生进步。

第一节　爱心培育的内涵

◉ 爱的认知

从"爱"的字面意思来看，古人在创造"爱"这个字时，就已经赋予了它含义。

爱人时，需要出自真诚之心，才有令人动容的无私利人的行为；被爱时，只有用心去感受和体验，才能了解爱的真谛。从爱的字形变化来看，繁体的"爱"是一个会意字，由"爪"（爫）、"秃宝盖"（冖）、"心"、"友"四部分组成。意思是用"爪"（爫）掀开蒙在"心"上的遮挡物（冖），从而敞开心扉、真心实意地用心和被爱的对象做"友"。友人在古人心中分量极重，"桃花潭水深千尺，不及汪伦送我情"，"海内存知己，天涯若比邻"，友人是知音，是伯牙子期的深厚情感，这就是爱。

---

① 陈瑜：《钟南山：八十四岁的抗疫逆行者》，https://news.china.com/domesticgd/10000159/20200420/38105545.html。

一、爱与爱心

(一) 爱的不同定义

爱既是中华民族的传统美德，也是西方文化的重要内容，是人类历史文化发展的重要内容和人类历史积累的一个宝贵精神财富。

在中国，对"爱"的论述由来已久，例如：《尔雅》中的"惠，爱也"，《说苑·说丛》中的"爱施者，仁之端也"，《法言》中的"君子自爱，仁之至也"，《孝经》中的"爱亲者不敢恶于人"，韩愈《师说》中的"爱其子，择师而教之"，《孟子·离娄章句下》中的"爱人者，人恒爱之；敬人者，人恒敬之"，等等。这些论述反映了爱的实质，即爱是对人或事物的深厚真挚的感情。"爱"离不开"仁"，关于"仁"，在儒家文化中，孔子将"爱"解读为"仁"的本始，"君子笃于亲，则民兴于仁"。在《论语·颜渊篇》中，樊迟问"仁"，子曰："爱人。"而孟子论仁，主张"性本善""仁者以其所爱及其所不爱"，是"老吾老以及人之老，幼吾幼以及人之幼"。他还提出"无恻隐之心，非人也；无羞恶之心，非人也；无辞让之心，非人也；无是非之心，非人也"，也就是说人要同情人、尊重人、关心人和帮助人。因此，儒家主张以"爱人"为人道之宗旨。有爱心的人，就会对所爱的对象进行赞扬、同情、怜悯、珍视和关心等。

从这些历史文化延续中，我们发现，爱有多层含义，爱是多种多样的。一种是因对象不同而表现出的各种爱，如对真、善、美、神、人或物的爱；一种是在个体生命中表现出的不同倾向的爱，如自爱、母爱、父爱、配偶间的爱、朋友间的爱等。

综上所述，爱是指对人或事物的深厚的、真挚的感情。爱与善紧密相连，是人类最美丽的语言。

(二) 爱心的内涵

"爱心"在《新华字典》中解释为"关心、爱护他人的思想感情"。在英语中，与它相联系的词汇是"love"，既可以指"爱"，也可以表示"爱心"。

对于爱心的界定，可谓仁者见仁，智者见智。有人认为：爱心是一种同情怜悯之心，是基于都是人类这一认识而产生的，既发生于熟人之间，也发生于陌生人之间，往往超越国界；爱心也指人对动物的怜爱与同情，是基于均是生命这一认识而产生的。所以，爱心的范围不仅仅是人类，还包括有生命的非人类。还有人认为爱心因给予的对象不同而有不同的情感表现。孔子认为爱父母为孝、爱兄弟姐妹为悌、爱教师为敬、爱朋友为信、爱国家和民族为忠；克劳德·史坦纳认为爱的态度可运用在三种基本领域，即爱自己、爱别人、爱真理；弗洛姆则将关心、责任、尊重和认识看成爱心的基本因素。

综上所述，爱心是一种关爱他人的道德情感，包含一种善的心向、仁的德性和一种利他行为倾向。爱心表现为对自己的自尊心、对他人的关心、对集体的责任心、对血亲的孝悌心、对弱难者的同情心等。

爱心是知与行的统一。正是这个原因，在现实生活中，当遇到有人拒绝为老弱病残孕让座时、遇到他人遗弃或虐待小动物时，我们均会指责其"缺乏爱心"。这是思想层面的同情与怜悯，但是爱心更侧重于具体行为。思想层面的爱心较易实现，因为人有"恻隐之心"，看到他人遭受苦难时，自己就会为别人的不幸难过落泪，但是仅仅停留在思想层面的爱心对于需要帮助的一方来讲是没有意义的，爱心的真正价值是它能在关键时刻向对方提供帮助，伸出援助之手。

爱心属于道德范畴，是一种自觉自愿的，发自内心的爱。它是一种"应然"状态，而非"实然"状态，不能强制要求一个人去献爱心，其生成与完善是一个由爱心意识培养—爱心行动引导—爱心自觉行为养成的过程。

具体来看，"爱"以不同的感受方式、表现形式体现在社会各个方面，对于高校学生而言，要结合时代特征，真正把握爱的实质。根据爱的对象不同，可将爱心分为以下四个方面的内容。

1. 爱人

（1）爱己。

爱己又称自尊自爱，即爱惜自己的身体、名誉，不做有损自己身体、人格、尊严的事。霍尔巴赫曾说：人从本质上就是自己爱自己，愿意保存自己，设法使自己的生存幸福。因此，爱自己并不是"自私"，更不是"自怜自爱"。它是对自身需求给予积极的关注和回应，对自己的过失和不足勇于接受。自爱是自我意识的表现，并以特定的方式指导自己的言行。自爱并非空中楼阁，而要与大学生日常学习生活密切联系，具体表现在：掌握必要的社会生活常识，如法律常识、卫生保健常识、饮食卫生知识、着装礼仪、化妆礼仪、行为礼仪等。自爱是关爱他人的基础，是每一个社会人应该积极学习和遵守的一条对待自我的原则。

【拓展阅读】

我自身，就像是另一个人一样，是我所爱的对象。对一个人自身生活、幸福、成长、自由的肯定，同一个人的爱人能力有密切关系。

如果一个人善于爱人，那么他也爱自己；如果一个人仅仅爱别人，那么他根本不能爱别人。

——弗洛姆[1]

【推荐欣赏】

幼儿园教师行为礼仪的基本要求[2]

（一）个人礼仪

个人礼仪是对幼儿教师仪容、仪表和仪态三方面的要求。教师在任何场合下都应保持整洁卫生、大方文明、端庄得体的个人形象。

---

[1] 弗洛姆著，李建鸣译：《爱的艺术》，上海译文出版社，2008年，第53页。
[2] 冯婉桢：《幼儿教师专业规范与行为礼仪》，高等教育出版社，2013年，第15～17页。

第一，在服装、发型和妆容选择时要考虑社会对幼儿教师形象的期待，满足幼儿对教师的审美期待，并对孩子产生良好示范作用。如：选择端庄活泼或干净利落的发型，而不是新潮怪异、颓废另类的发型；选择色彩鲜艳，便于活动的服饰，而不是过短暴露或给人灰暗感的服装；选择简单、干净、亲和的妆容，不浓妆艳抹。

第二，在仪态上，幼儿教师应注意自身手势、表情及站、坐、蹲、走等的基本姿势，给人大方、得体、亲和、端庄的感觉。同时，幼儿教师的仪态表现应服务于教育教学需要。

（二）社交礼仪

社交礼仪，是指幼儿教师在与不同对象交往过程中应遵循的礼仪要求，包括在社会公共场合与他人交往和在幼儿教育工作情境中与他人交往时都应该遵守的交往礼仪要求。例如，如何称谓他人，如何接打电话，如何自我介绍以及介绍他人，以让彼此都感受到被尊重；在会议场合、宴会场合和舞会场合，该如何表现，才不算失礼等。

（三）教学礼仪

教学礼仪是指在专门的教育教学活动中应遵守的礼仪要求。如，在教育活动中如何提问幼儿，让幼儿感受到被尊重和重视；在入园和离园如何与家长沟通，让家长和幼儿都感到体贴和被重视；在教研活动中如何发表个人观点，让同事和领导都感到被尊重，并且更容易让他人接受自己的观点等。

（2）爱他。

爱他即关爱他人，包括爱父母、爱兄弟、爱亲朋好友、爱弱小等。英国的卡莱尔指出：实际上，人们的联合是不可思议的，是一条神奇的"友爱"纽带把所有人联系在一起的。大学生迈入大学校园后，就开始了真正意义上的社会人际交往，因此，要学习关心他人、帮助他人、体谅他人，以一种宽容的态度对待身边所有人。

【典型案例】

• 案例描述

女大学生寝室人际冲突心理疏导个案研究[1]

某混合寝室中，小丽、小明和小琪来自同一个班级，小张是同年级不同班级的同学。大一下学期，小丽、小明找到辅导员反映小张个人卫生差，从不打扫寝室，还随手乱扔垃圾。寝室同学告诫她，她也不听。于是，辅导员与小张谈话，了解到小张家境富裕，是独生子女，从小到大，家中卫生都由父母负责，自己很少参与。辅导员通过举例，让小张了解到她的行为已经严重影响到了其他同学，小张表示愿意学着收拾寝室。随后，辅导员又和小丽、小明谈话，讲了小张的成长史，也转达了她愿意学着成长的决心，只是希望大家能给点时间。小丽、小明表示可以先不换寝室，但是要看看小张的

---

[1]　顾宇娇、梁小玲、李娟：《女大学生寝室人际冲突心理疏导个案研究》，《校园心理》，2016年第5期，第354页。

表现。

大二上学期，小琪退学，小张的同班同学青青搬入该宿舍。格局变动，表面风平浪静。两个月后，小丽和青青找辅导员反映情况，小张卫生是改了点，但晚上不睡觉，严重影响大家休息。辅导员再次找到小张谈话，小张觉得很委屈，泪流满面，提出想要更换寝室。辅导员考虑到更换寝室并不能最终解决问题，于是帮助小张分析换寝室的利与弊，让小张打消了换寝室的念头。同寝室同学知道小张不换寝室后，矛盾升级，与小张发生争执，此时矛盾已很难调解。

- **交流讨论**

1. 你认为上述案例中寝室矛盾发生的原因有哪些？
2. 你认为应该如何解决上述案例中的寝室冲突问题？

- **综合分析**

第一，成长环境不同，生活习惯存在差异。小张是家中独女，父母较为娇惯，养成了以自我为中心、独立能力差、不爱卫生，懒散等不良生活习惯。而小丽、小明比较爱干净，容忍不了不爱干净的人。同学不同的成长环境，养成了迥然相反的生活习惯，成为此次寝室矛盾的导火线。第二，以自我为中心，难以做到接受差异。小丽、小明认为作为女孩子应该讲卫生。而小张认为寝室就应该是家中的样子，别人就该包容、关心自己。她们都是从自己的角度看问题，很难接受和自己不一样的观点与事物。第三，从众心理作怪，缺乏自我判断能力。青青本来是小张的同班同学，但是当青青搬到寝室后，发现其他两位同学都对小张有意见，都排斥小张，此时，青青迫于寝室其他人员的心理压力，产生了从众心理，开始变得在一些公开场合疏远小张。

解决办法：善于寻找化解矛盾突破口，以情动人；理解由于生活习惯差异，每个寝室都有一些矛盾；宽容接纳，鼓励分享，知道每个人都有优点；学会沟通，学会共情；体验团队互助、团队合作的重要性；规范良好行为习惯，签订协议等。

2. 爱物

爱物即珍惜身边的物品，减少不必要的浪费。随着社会的发展和人们生活水平的提高，物质条件得以极大的改善，人民消费水平有了质的提升。一些尚未正式步入职场、没有固定收入的大学生也表现出旺盛的消费需求，甚至常常过度消费、相互攀比。

2019 年 9 月，中国青年报社社会调查中心联合问卷网，对 1988 名在校大学生进行了一项调查，87.9% 的受访大学生表示平时会注意勤俭节约。他们认为如今勤俭节约的内涵是不与他人攀比、不随意浪费和不奢侈铺张。[1] 这一结果表明大部分大学生秉承"俭以养德"的生活方式，时刻牢记"一粒米、一滴水均来之不易"，懂得量入为出。

---

① 杜园春、陈倩盼：《87.9%受访大学生确认当下依然需要勤俭节约精神》，http://zqb. cyol. com/html/2019－09/19/nw. D110000zgqnb＿20190919＿2－08. htm。

3. 爱事

爱事是指尊重梦想和团队，对梦想执着，做事不半途而废，不轻言放弃，不轻易认输，在认定想要做成一件事情后，努力向目标努力奋斗，最终达到预期的结果，并在过程中不断成长，感受对"事"的爱。

4. 大爱博爱

爱由小到大、由近及远、由内到外，逐渐从自己、家人、亲朋好友扩散到他人、社会以及整个世界，这样的爱就是大爱博爱。在我国高等教育界，最先提出"大爱"这一概念的是杨福家院士，他指出"一流大学需要大楼、大师与大爱"①。而这里的大爱就是：爱国家，急国家之所急；爱人民，做国家的好公民；爱真理，求是崇真。大爱对人的思想境界提出了很高的要求，要求人珍爱生命、爱护环境、爱好和平，提出人自身要全面和谐发展、人与人之间要和睦相处、人与自然要和谐共生。因此，大爱体现了人与自身、人与人、人与自然之间的和谐共存关系。大爱在大学校园里，体现为爱集体、爱社会、爱国家。它是一种宽容大度的、包容一切的气度和胸怀，例如：常怀宽容之心、热心公益、慈善、乐善好施，见义勇为、维护正义等。

需要注意的是大爱博爱是以自爱为基础的。正如伏尔泰在《哲学通信》中所说：正是我对自己的爱，助长了对他人的爱；正是因为我们相互需要，我们对人类才有贡献。相互需要乃是一切的基础，乃是人与人之间永恒的关系。

二、爱心培育的含义

当爱心和教育有机地整合在一起，成为一种教育精髓后，就成了爱心培育。所谓爱心培育即爱的教育，是指把爱、爱心和教育有机整合，是一种以"爱"为教育内容和教育目标的教育活动。

爱心培育的核心目的在于帮助大学生认识爱、学会爱、主动爱，从而使身心得以全面发展，树立积极的人生观、价值观，培养学生的社会责任感，以健全的人格融入社会生活，以关爱的精神回馈社会，以自身言行弘扬爱的传统，以人生阅历解读爱的精髓。

狭义的爱心培育是指教育爱，即教育者用爱心去关注受教育者的健康成长。广义的爱心培育，不仅包括学校、教师对学生的爱，更重要的是要引导学生学会用爱去回报他人、回馈社会。它有两层含义：一是在教育过程中，教育者付出的教育之爱；二是在教育目标方面，促使受教育者生成爱的情感。

三、爱心培育的内容

关于爱心培育内容的研究，不同学者对其阐释不同。《爱心教育培育学生明德至善之心》提出：爱心培育涵盖了爱人之心、爱家之心和爱国之心。其中，爱人之心包括爱自己和爱他人，只有爱自己的人才能更好地爱别人，才能更客观地认识自我，体会到关

---

① 杨福家：《中国当代教育家文存：杨福家卷》，华东师范大学出版社，2006年，第195页。

爱他人的快乐。爱家包括爱自己的小家庭和爱集体这个大家庭。爱国是指对自己故土家园、民族、地域和文化等的归属、认同，是个体需要自觉履行的义务和责任。

实际上，对大学生进行爱心培育是致力于调动全体师生的积极性，创设有利于大学生全面健康发展的良好育人环境，营造充满爱心的校园文化氛围，让全体师生在充满爱心的氛围熏陶下学会爱自己、爱他人、爱社会、爱集体、爱祖国等。

因此，依据当代大学生的实际情况，我们认为爱是尊重，是宽容，是鼓励，是信任，是帮助，也是奉献……爱心则是关怀、爱护的感情，包括爱自己、爱他人、爱社会、爱集体、爱自然等；爱心培育的内容则包括了培育学生对人、自然、社会的爱心。

（一）培育大学生对人的爱心

当今社会最稀缺及未来社会最宝贵的就是深刻的人类之爱。因为在爱的影响下，人的想象力、创造力、思维能力等能达到更高水平，情绪情感能更加稳定良好，人的潜能才能得以最大限度的发挥。

人与人之间爱的传递有利于良好的社会情感的形成，人们会自觉地把他人对自己的爱迁移到周围人身上，并且由近及远、由小到大上升至对集体、对社会、对祖国、对人类的爱。因此，大学生既要爱自己，还要爱他人，如爱父母、爱家人、爱同学、爱朋友、爱弱小等。

（二）培育大学生对自然的爱心

随着社会的急速发展，经济水平快速提高，人类活动不断扩张，已经大大压缩了大自然繁衍生息的场地，对自然环境造成了一定的负面影响，导致人与自然关系的失调，出现酸雨、臭氧层破坏、土质下降、大气变化、水污染、雾霾、地震、海啸等自然问题，这些"天灾"多数是人类破坏自然平衡造成的。

所以，作为当代大学生要明确生态文明建设是关系中华民族永续发展的千年大计，要明确人类与大自然是命运共同体，真正学会与大自然和谐共生，树立环保意识，珍惜大自然的馈赠，可持续利用大自然的资源。对于已经出现的自然环境问题，要探索中国特色生态补偿制度体系，守护绿水青山。

（三）培育大学生对社会的爱心

社会是由单个的个体组成的。因此，人要承担应有的社会责任与义务。因此爱人、爱物、爱自然是爱的感性形式，而承担社会责任就是爱的理性升华。

对于当代大学生而言，敢于并主动承担社会责任是必备的素质，培育大学生对社会的爱心，才能增强人的社会责任感、义务感和价值感，才能不断地推动社会向前发展和进步。

◉ **爱的榜样**

1. 学习以下两位老师舍己为人的感人事例，回忆你在汶川地震中经历过的或听闻过的感人事例。

2. 你还知道哪些教师舍己为人的事例？可以通过"云爱平台"进行分享。

★ 榜样一

最美教师，用生命影响更多生命（节选）①

危急时刻，她挺身而出，把生的希望留给孩子，却把危险留给了自己。人们记住了最美女教师——张丽莉，为她的大爱无私所感动，也为她无奈离别讲台感到惋惜。她说，这是不同时代赋予自己的不同使命：无论是教师工作还是服务残联，都是在用生命之光照亮更多的人。

2012年5月8日20点38分，黑龙江佳木斯，一辆客车突然失控并冲向刚下晚自习的中学生。危急时刻，她挺身而出推开了学生，自己却被无情的车轮碾轧，导致双腿高位截肢。

她叫张丽莉，当时是黑龙江省佳木斯市第十九中学的一名教师。

2016年9月，张丽莉完成治疗、求学，回到黑龙江佳木斯，出任市残联副理事长。

如今，张丽莉是残疾人权益的代言人，是青年人心中的时代榜样，是学生们眼里的知心姐姐。她说，只要生命存在，就有翻盘的机会。只要有希望不断指引着你，自己就可以变得更好，并去感染更多的人。她期待国庆70周年庆祝活动的到来，她说她要带着孩子们通过观看阅兵感受祖国的强大。在张丽莉看来，爱国情怀就是要这样潜移默化从娃娃时期开始培养。

★ 榜样二

单眼最美支教老师陈晓婷：孩子的未来是我眼中的光②

只有一只眼睛，日子是否会黯淡？生活是否会无助？是否与美无缘？广东省化州市"三支一扶"大学生志愿者陈晓婷，年幼时因患有视网膜母细胞瘤切除了右眼球，但积极乐观的她用亲身经历证明，一只眼睛的人生也很精彩。在山区小学支教期间，她用心教育学生成长成才，成为众人心中的"最美支教老师"。

"这不是一种牺牲，而是一种享受"

"我常把自己比作小草，小草能生在高山、峡谷，河溪旁，峭壁上，它以不同方式，为大地献出自己的翠绿。"这是陈晓婷笔记本扉页上的一句话。她用这句话鼓励自己做好一棵"平凡的小草"。

在很小的时候，成为一名老师的"种子"在陈晓婷心里就发了芽。作为华南师范大学历史文化学院2016届毕业生，陈晓婷在毕业之前就决定响应国家的号召，报名参加"三支一扶"基层项目，到广东省茂名市化州市那务镇的章道小学支教。

---

① 熊颖琪：《最美教师，用生命影响更多生命》，http://www.xinhuanet.com/politics/2019-09/10/c_1124979593.htm.

② 周聪：《单眼最美支教老师陈晓婷：孩子的未来是我眼中的光》，https://news.ycwb.com/2020-05/12/content_812544.htm.

别人问她，一所重点大学的大学生为什么想去穷乡僻壤支教？"因为我从小生长在农村，喜欢农村优美的环境，还有简单纯朴的人际关系，喜欢农村的一草一木，所以回到农村支教，对我来说是选择了我自己喜欢的一种生活方式，这不是一种牺牲，而是一种享受。"陈晓婷说。

支教不仅是奉献，更多的是收获

"老师，你为什么用头发遮住右眼？"刚到支教的学校，孩子们看着发型奇特的晓婷老师，好奇地问。

对于这个问题，陈晓婷没有避讳而是坦诚地告诉孩子们："老师在读二年级的时候，右眼得了眼肿瘤，后来肿瘤细胞扩散至整个眼球，再不切除就会扩散到大脑，所以右眼就这样被切除掉了。为了好看点，所以我用头发遮住眼窝。"

陈晓婷在章道小学是一名"杂家"。三、四、五年级的英语课都是她来上，一、二年级的数学课也需要她。除此之外，她还要教实践、科学、信息、美术课等，每周几乎都是满课的状态。

两年支教生活，在陈晓婷看来，是收获美好的两年。"章道小学是我的骄傲，这两年支教时光，也是我的骄傲。"这是陈晓婷离开章道小学当天在自己日记中所写下的话。对于这句话，陈晓婷解释："章道小学中很多学生会把我当成自己的榜样，但他们不知道的是，他们光明的未来，已经成了我眼前那份温暖且耀人的光。"

依然会在教育事业中尽己所能

两年"三支一扶"支教工作期满后，陈晓婷没有选择飞向远方，她依然选择留在家乡成为一名中学老师。

在陈晓婷看来，身体的缺陷，并没有让她感到自卑，反而获得了满满的爱。陈晓婷说，从小到大她的家人朋友、老师同学都很爱她。"不识字的奶奶会陪我写作业到深夜，学校的老师们对我十分照顾，我想把这些爱延续下去，守护小朋友的纯真，让他们快乐成长。"

当支教学校的孩子们知道陈晓婷要去市里当中学老师时，他们用纯真的泪水来表达对老师的不舍，还自发给她办了一个"欢送会"。

学生们给陈晓婷发了一句话："老师，以后你就不再教我了，但你永远是我的老师。"她一字一句地写下回复："老师没有飞走，只是在更宽广的舞台等着你们。"

陈晓婷的故事被发到网上，很多网友被她"不向命运低头，努力追寻梦想"的生活态度感动。有些人看到她的故事后也想去支教，有些身体有缺陷的人看到她的故事后换了一种态度面对自己的人生。

对于这些，陈晓婷表示："接下来，我依然会继续在教育事业中尽己所能，将自己所学所感教授给学生们。"

● **爱的感言**

1. 结合身边发生的真人真事，记录有关"爱""爱心""爱心培育"的故事。
2. 请在"爱心培育手册"上记录本小节的学习感想，字数200～300字。

◉ **爱的践行**

1. 请准备一段爱的语言，并对身边的人（如家人、朋友、老师、其他等）表达你对他们的爱。

2. 请发起或参加一个"环保公益"活动（如爱护班级环境、校园环境、社区环境等），并总结如何爱护自然环境。

第二节　爱心培育的价值与原则

◉ **爱的认知**

由于当前大多数大学生是独生子女，在成长过程中受到父母无微不至的照顾，在家庭中处于独宠地位，没有与人分享的经历，部分独生子女身上带有强烈的优越感，甚至性情浮躁、恃才傲物、自负等，听不进任何意见与建议，更不能正确地对待他人的批评，容易走极端，在为人处世中显露出自私、不考虑他人、缺乏自我反思、振振有词指责他人等问题。同时，还有部分学生将"爱"片面地理解为狭隘的"讲义气""够哥们儿"等，不能正确看待和处理同学之间、寝室之间、班级之间、院系之间的摩擦与矛盾，所以有时出现打群架、几人围攻一人以及拍摄不雅视频的问题。

这些负面事件的发生，大多是因为缺少爱心，才将小矛盾、小摩擦演变成大问题。因此，在校园中进行"爱心培育"对于大学生健康成长、学校安定团结、构建和谐社会有着极其重要的价值。

一、爱心培育的必要性

（一）大学生成长、成才的内在需求

随着我国经济、社会快速发展与高校教育改革的不断推进，当代大学生迎来了崭新的学习与发展机遇，有了更为广阔的舞台施展才华；同时，这些机遇和平台对大学生的综合素质提出了更高的要求。

一方面，强调大学生必须在"爱心育人"的理念下学习新的文化知识、专业技能、道德素质等。另一方面，在激烈的就业竞争和角逐下，大学生如何应对社会的新挑战呢？关键就是提高自身综合素质，建构"爱心"体系。因此，爱心培育不仅有利于引导大学生提高思想道德素质、文化素质、能力素质，还有利于增强大学生就业竞争力。

（二）大学生践行社会主义核心价值观的需要

2018年7月2日，习近平总书记在同团中央新一届领导班子成员集体谈话时强调：广大青年要坚定理想信念、练就过硬本领、勇于创新创造、矢志艰苦奋斗、锤炼高尚品格，在弘扬和践行社会主义核心价值观中勤学、修德、明辨、笃实、爱国、励志、求

真、力行。

《礼记》中说："博学之，审问之，慎思之，明辨之，笃行之。"因此，在大学阶段，"恰同学少年，风华正茂"，大学生要勤于学习，既要把所学知识内化于心，还要关心人民、关心国家、关心世界，担当社会责任。同时，要加强自身道德修养，注重道德实践。道德之于个人、之于社会，都具有基础性意义，做人做事第一位的是崇德修身。德是首要、是方向，一个人只有明大德、守公德、严私德，其才方能用得其所。修德，既要立意高远，又要立足平实。要立志报效祖国、服务人民，这是大德，养大德者方可成大业。同时，还得从做好小事开始起步，"见善则迁，有过则改"，踏踏实实修好公德、私德，学会劳动、学会勤俭、学会感恩、学会助人、学会谦让、学会宽容。因此，树立"爱心育人"理念是实现社会主义核心价值观的重要途径。

【典型案例】

大学生用实际行动诠释谦让的意义①

谦让，是中华民族的传统美德，自古就有孔融让梨、六尺巷等文学典故。作为当代大学生，当同时面对能缓解家庭经济困难的国家助学金名额，以及更需要这笔奖金的同学时，该如何做出选择？来自安徽某职业技术学院2011级工商企业管理专业的小郭。用她的实际行动，诠释了谦让的意义，展示了当代学子积极向上的精神风貌。

一个早年父母双亡的孤儿，学费、生活费全靠自筹，却主动把国家一等助学金让给了更需要的人，这个可爱又可敬的学生，就是小郭，她安安静静地坐在教室里，看起来很淡然。

自从2011年进入学院后，小郭享受到学费全免的优惠政策。为了照顾妹妹，她利用休息日在学校勤工俭学，自力更生，不但攒够了自己的生活费，同时还补贴妹妹。平时，她严格要求自己，学习刻苦努力，生活勤俭节约，成绩在班级始终名列前茅。小郭性格开朗、乐于助人，深受同学和老师的喜爱。2011年，在全班同学的推荐下，小郭顺利获得国家一等助学金。2012年10月，她再次获得国家助学金。不过，经过深思熟虑后，小郭毅然决定，把助学金让给更需要的同学。

工商管理系老师得知了小郭的这一决定后，反复劝说，但她却异常坚定。她表示，自己虽然是一个孤儿，但是从小到大都在党的关怀中成长，国家为她减免了学费，她一直感恩在心。现在自己正在打工，完全可以依靠双手，自食其力。她说，班级还有很多比她更贫困，更需要助学金的同学，自己让出助学金，仅仅是做了一件微不足道的小事。

小郭从小失去了父母温暖的怀抱，但在她身上却看不到一丝阴霾。她稚嫩的脸上充满了积极乐观的神情，年轻的眼神中透露出无比坚定的信念，"靠自己的双手，自食其力"，多么振聋发聩的声音！小郭在班级经常说这样一句话，"我是祖国养大的，今后我

---

① 李舒韵：《大学生用实际行动诠释谦让的意义》，http://ahhn. wenming. cn/wmbb/201210/t20121026_394922. htm。

一定会努力工作，争取回报社会。"朴素的语言，道出了她感恩国家、回报社会的信念。

（三）学生管理工作适应新形势发展的需要

在新形势下，高校学生管理工作面临诸多新情况、新挑战、新机遇。大学生的性格、爱好、习惯、行为方式、思想观念等各有不同，他们的教育成长环境、管理方式也发生了深刻的变化。那么，如何引导大学生自我管理、自我服务、自我教育，如何提升大学生的团队协作意识、培养大学生的集体观念等，是当前高校学生管理工作中亟待解决的问题。而要做好这些工作，就必须在对大学生的关心和爱护的基础上，把"爱心培育"的理念渗透进学生的人生观、世界观和价值观的教育与引导工作中。

（四）和谐文明校园文化环境建设的重要途径

大学校园是集体生活的场所，在人群密集的地方难免会有各种各样的是非，尤其是随着生活节奏的极速变快，社会竞争日益激烈，在学校人员集中的环境里自然会有矛盾存在，例如，院系之间、学科之间、班级之间、寝室之间、学生之间、教师之间、师生之间等都会存在各式各样的矛盾。

如果矛盾双方都站在自己的角度去思考问题，只会加剧矛盾，令矛盾升级和扩大。反之，如若大家秉承爱心，相互体谅、相互宽容、相互关爱就会有截然不同的情况。也就是说，缺少爱心、不宽容、不豁达，小问题就会变成大矛盾；相反则大矛盾就能转变为小问题。在充满爱心的环境下，每个人不仅能保持健康心态，还能获得更多的效益。因此，爱心培育可以间接创造价值，创造效益，对于促进学生全面健康发展、协调人际关系、保证学校良性运转、丰富校园文化、构建和谐社会意义深远。

二、爱心培育的价值

《学记》曾指出："亲其师，信其道。"表明只有学生觉得老师和蔼可亲，才会接受他的教诲。作为学习师范教育的大学生而言，怎样才能让今后的孩子觉得自己可亲呢？爱心是建立良好师生关系的前提。因此，让大学生感受到学校、老师、同伴等对自己的爱，以及引导他们懂得爱、学会爱对于当代大学生的学习及今后的工作具有重要价值。

（一）激励作用

"爱心培育"既是人与人之间的一种态度，也是人与人之间的一种积极情感交流。当代大学生常常会把他人对自己的关爱、信任、理解、宽容等行为与自我评价、他人对自身的评价、自己在集体中的个人价值以及个人魅力联系起来。所以，国家、社会、集体、家人、老师、同伴等对大学生的"爱"会在每个学生心中产生不同寻常的心理力量。

具体来讲，如果他们对大学生的爱是发自内心的、真挚的，大学生就会"亲其师，信其道"，便会乐于接受他们的教导。同样，在校园里，如果大学生能得到老师真诚的关爱，得到他人的赞许和表扬，在心理上就会产生一种积极的情感体验，这种情感就会

激励大学生对美好事物的向往和追求。因此，"爱心培育"产生的精神力量、心理力量是无穷的，对大学生的学习、生活起着巨大的激励作用。

（二）感化作用

"爱心培育"的感化作用主要表现为对大学生的感召、感染与感动。因为"爱心培育"注重对学生动之以情、晓之以理、导之以行，能够对学生个性人格发展起着潜移默化的积极影响。当师生之间、同学之间在爱的氛围下，产生情感共鸣时，学生的接受性、可塑性就会增强，如果此时对学生进行正面教育，效果将达到最佳。事实表明，学生也是最能接纳这种潜移默化的思想政治教育方式的。

"爱心培育"正是运用这种潜移默化的教育方式，在大学生的思想政治教育工作中发挥着巨大的作用。学生在这种教育方式影响下，人格得以不断完善和提升，原本自卑的学生会逐渐变得自信，原本落后的学生会开始寻求上进，原本消极的学生会慢慢开始乐观。

（三）传承作用

人类爱心的生成是一个由爱心意识到爱心行动再到爱心自觉的过程，"爱心培育"则是一种由感性之爱上升到理智之情、理性之爱的过程。

"爱心培育"的理智之情、理智之爱包括长辈对晚辈的、教师对学生的、学生之间的理智之爱等。例如：广大教育者只有不断提升自身综合素质，在岗位上勤勉任教，孜孜不倦，真正关爱学生，倾注自己的心血和汗水，才能正面引导学生，才能让大学生感受到教育者之爱。这样，大学生才会在心里种下"爱"的种子，让它生根发芽，大学生才能学会爱、回报爱、发挥爱、传播爱。因此，"爱心培育"可以转化为一种情感力量，让大学生感受并传承教师职业的神圣与光荣，推动大学生更加积极地投身教育事业。

三、爱心培育的基本原则

爱心培育是为了播下真善美的种子。一般而言，科学求真、道德求善、艺术求美，三者看似不同，实则密切相关。智育的目标在于培养人求真务实，德育的目标是培养人之善，美育的目标在于培养人感受与欣赏、表现与创造美；只是纯粹的"真"，或纯粹的"美"，而来者不"善"，或者虽"善"却又"不美"，都是有缺陷的。而"爱心培育"的最终目标是追求人的尽真尽善尽美，因此，在进行爱心培育的过程中要做好三者的有机统一、相互整合。在这一理念指导下，在"爱心培育"中必须遵循以下基本原则。

（一）知识、能力、态度与价值观的统一

在"爱心培育"的目标与内容体系中，知识、能力、情感态度是其基本的组成要素。大学生的"爱心培育"就是将知识、能力、情感态度与自身价值观进行有机整合的过程，是一个完整的价值体系。而这个具有社会意义的精神价值体系包含对他人价值观和人格的尊重、文明礼貌、诚实正直、宽容大度、同情和爱国等。因此，在构建大学生爱心培育的目标与内容体系时，必须遵循将大学生的知识、能力、态度与价值观相统一

的原则，这是爱心培育内在的必然选择。

（二）个人、社会、时间、空间四维一体

教育不仅要立足当前，还要具有一定的超前性、前瞻性。建构前瞻性的"爱心培育"目标与内容体系对当代大学生而言具有重要意义。因为个人与社会、国家与世界、过去与未来代表的是人类活动的共同领域。

面对全球化与多元化的未来世界，在"爱心培育"过程中，应注重培养大学生多维度的道德素质。第一是个人维度，注重培育大学生应具备的健康心理；第二是社会维度，强调在不同社会文化环境中人与人之间团结合作、互动交流、求同存异的能力；第三是空间维度，重视在全球化背景下，提高大学生了解与解决本土、国家、世界问题的能力；第四是时间维度，强调结合过去的历史传统与未来的发展趋势，解决当前的德育问题。

（三）传承与创新的辩证统一

中华民族有着历史悠久的文明、得天独厚的文化，中华民族传统美德的内涵十分丰富，例如：勤劳勇敢、自强不息的奋斗精神，己所不欲、勿施于人的自律友爱精神，尊老爱幼、扶贫济困的慈悲仁爱精神，团结统一、以和为贵、爱好和平的仁爱和睦精神，天人合一、与大自然和谐共生、和而不同、兼容天下的广博胸怀，大公无私、甘于奉献的大爱品格，舍生取义、忧国忧民的爱国情怀等。这些反映出中华民族自古以来就有爱人、爱己、爱自然、爱社会、爱集体、爱国家等的精神内涵。

因此，爱心培育不能摆脱社会和民族的历史传统根基，应当以现实为基础，要保持时代性、现实性，要做到吸收与创新、传承与提升的辩证统一，实现爱心教育与中华民族传统美德的兼容对接、融合发展。

● **爱的榜样**

1. 学习下面两则榜样事例，谈谈你的感想。
2. 你还知道哪些教师终身学习的事例？可以通过"云爱平台"进行分享。

★榜样一

感动！30名男生轮流背同学上下课：大学四年我们都愿背你①

湖南科技学院学生小黎是2019级计算机科学与技术专业学生，由于先天性疾病，不能正常行走，只能坐着轮椅上学。从开学第一天起，班上所有男生便自发担任志愿者，轮流接他上楼、下楼。据小黎的辅导员介绍，班里制定了专门的轮班方案，将30名男生分组，负责每天早上、中午、晚上三个时段接送。

---

① 王龙龙：《感动！30名男生轮流背同学上课：大学四年我们都愿意背你》，https://www.thepaper.cn/newsDetail_forward_4699767。

"他们班所有的课我们都尽量安排在最低楼层，但有些实验课在四楼和五楼，只能靠班上同学把他背上去。"学院教务部门负责人段老师说。

小黎体重有70多公斤，无法背动他的男生，就在后面负责帮忙扶着。一个人背，两个人在后面扶着，一起跨越台阶，进入教室，这成为湖南科技学院教学楼里的一道很日常但又很特别的风景线。

由于行动不便，小黎的母亲选择了陪读。然而，住宿却成了她的一大难题。得知这一情况后，该校学工部门与后勤部门沟通协调，按照楼层较低、邻近教学区的原则，在学校老师住房相对紧张的情况下，腾出一间家属楼一楼的住房，无偿提供给母子俩居住，为他们创造便利的住宿条件。"学生有困难，我们就要有对策、抓落实，不能让一个学生在求学路上掉队。"该校学工部部长说。

"家属楼前有一段阶梯不方便轮椅进出，学校后勤部门立即找人拆除并改成了坡路。进门前本来有一道门槛，学校也找人凿掉了。事情虽小，却令我们十分感动。"小黎的母亲说。

因为要照顾儿子，小黎的母亲必须长期住在学校，考虑到这一点，学校后勤部门特意为她在学生宿舍安排了保洁工作，让她在陪读的同时，获得一份收入。

同学的帮助，老师的关心，学校的温暖，汇聚成了驱动轮椅向前行的强大力量，共同撑起了小黎的求学梦想。小黎说，因为这个集体的温暖，入学后自己一直都很乐观开朗、积极向上，不论是去教室还是实验室，天晴还是下雨，自己始终没有掉队。"虽然轮椅限制了我的一些自由，但爱心与知识却让我不断跨越、努力攀登。我一定勤奋学习，不负众望，回报这浓浓的恩情。"小黎说。

小赵笑着说："大家都是同学，更是兄弟，大学四年我们都愿意背着你上课。"当放学的铃声响起，小赵和同学再次背起小黎从教学楼上走下来。

小黎和同学上课的楼叫弘毅楼，而他们的行为也正诠释了"弘毅"的含义！任凭雨打风吹，初心始终不改，他们坚毅地迈过无数台阶，一步步拾级而上，在追梦路上留下美丽的身影。

★榜样二

重庆师范大学教授郑璇：一辈子都用来做聋教育事业[①]

中等身高，黑色正装，齐耳短发，普通话清晰流畅，阳光快乐，洒脱率真，若不是看到郑璇左耳戴了肉色的助听器，记者很难把她与"聋人"联系在一起。其实，也正是助听器和读唇，帮助郑璇更好地感知声音、与人交流。

7月30日，重庆市渝北区，重庆市2019年残疾人岗位就业能力提升培训班开班。此次培训，郑璇站在台前，用手语为大家打气：跟在座的大多数人一样，我也是聋人，在生活、工作中不可避免会遇到困难、坎坷，重要的是有战胜困难的态度和勇气，扎扎

---

① 王昊魁、张国圣：《重庆师范大学教授郑璇：一辈子都用来做聋教育事业》，http://canjiren.china.com.cn/2019-08/12/content_40861033.html。

实实学习，掌握技术，证明自己，更好地融入社会、服务社会、奉献社会。

郑璇，重庆师范大学教育科学学院特教系教授、硕士生导师，重庆市聋协主席，2019 年 5 月被授予"全国自强模范"荣誉称号。虽自幼失聪，但她一路砥砺奋进。2009 年，不满 28 岁的郑璇获得复旦大学语言学博士学位，她放弃沿海地区残联、特教学校的高薪就业机会，投身我国西部唯一的聋人高等教育办学点重庆师范大学，开启了"唇耕手耘"的特教生涯。

"到特校和高校虽然都是做聋人工作，但在特校是教一个一个的聋孩子，而在高校是一批一批地培养特教老师，他们将来又会去教更多的聋生。我想让更多聋人得到改变，所以当时毫不犹豫地选择到重庆师范大学。"郑璇对记者说。

选择，既源于对这份工作的热爱，也来自身为聋人的身份归属感和对这个群体的深沉情怀。

郑璇的人生经历充满曲折与坎坷。两岁半时，一次医疗事故导致她患上感音神经性耳聋，坠入无声世界。郑璇说，面对突如其来的变故，父母四处求医，尝试了许多办法，但病情没有好转。

"不服输的父母没有放弃。"郑璇说，他们节衣缩食买来双卡录音机，放大音量让她感知声音、学发音；母亲和外婆一起对她进行康复训练，有时一个字的发音就要练几个月。转眼到了上学的年龄，父母选择了把她送到普通学校读书，"当时感觉被丢到了健听人的汪洋大海中，找不到同类人，非常孤独也很无助"。

可以用"心力交瘁"形容郑璇求学的经历。上课时一刻不停地盯着老师唇形，要"听课"就无法记笔记，记笔记就无法"听课"；下课后，其他同学可以休息，她却需要抓紧时间借同学的笔记来抄；每天晚上，父亲帮助她"开小灶"，预习、复习功课……

异乎寻常的奋斗换来了回报。1998 年，郑璇以优异成绩考取武汉大学。回想奋斗历程，在郑璇看来，成长的过程是身份认同的过程，也使她坚定了"不仅要努力改变自己，还要帮助更多聋人得到提升"的想法。"沟通障碍是聋人的软肋，是限制聋人提升自己的关键，我感同身受。"

基于这一点，郑璇在武汉大学读本科与研究生时，选择了语言学专业。复旦大学读博时，她继续将手语语言学作为研究方向。虽是聋人，她却打破了沟通的魔咒，做到精通汉语、英语、中国手语和美国手语。

博士毕业后，在重庆师范大学从教 10 年，教书育人对郑璇来说不仅是职业，更是事业。

教学过程中，她摸索出了一套专门针对聋生的"三位一体"沟通能力培养课程体系。郑璇用手给记者比画：课程体系如同一个三角形，两个底角分别代表汉语课与手语课，上面的顶角代表人际沟通课。"只有底部的语言基础牢固，才能更进一步，全面提升聋生的沟通技能。"

2015 年，郑璇组建学校手语与聋教育研究中心，成立手语翻译团队，让学生们走出校园做义工、搞义演，提供手语翻译和心理辅导服务。三次到西藏进行手语和聋教育调研，为社会聋人上汉语课，随特教同行送教上门。严谨治学、唇耕手耘，结出累累硕果：发表多篇学术论文，主编的《手语基础课程》被 20 余所高校选为教材或参考书，主持国家社科基金项目两项、重大项目子项目 1 项。担任国家通用手语项目评审专家、多所高校客座教授。

"作为教育工作者，不管学生有什么缺陷，我们都要努力把他培养成一个有价值的人，一个对社会有用的人，让他们更好地感受党和政府的温暖。我想，我这一辈子都会用来做手语和聋教育事业。"郑璇说。

◉ 爱的感言

1. 请搜集有关"爱"的故事，分析"爱心培育"如何激励大学生成长成才。

2. 请搜集中华民族传统美德故事，并与"爱心培育"相结合，说说当代大学生如何传承与创新"爱心"。

◉ 爱的践行

参加"将爱践行到底"主题活动，并以照相或录制视频的方式记录下来。

第三节　爱心培育的途径

◉ 爱的认知

爱心培育的出发点和落脚点是教育。教育即要以人为本，注重激发学生的自主性和能动性，爱心培育要突出学生的主体地位。大学生只有认识到爱心的重要意义，才会懂得爱、珍惜爱，才会用爱心来影响他人。因此，爱心的形成和传播必须是自发的，是个体主动以教育者和受教育者的双重身份积极参与爱心活动来获得的。

一、营造校园爱心文化，熏陶思想

加拿大著名教授斯蒂芬·利考克在《我见之牛津》一书中提出：对大学生真正有价值的东西，是他周围的生活环境。[1] 大学生的思想会直接受到他们熟悉的学习与生活环境影响，学校是大学生成长进步的摇篮，充满爱心的校园环境对学生的思想品格影响巨大，对学生价值选择具有导向、引领、陶冶等价值，是爱心教育的隐性课堂。

因此，营造校园"爱心文化"是构建大学生爱心培育体系的重要组成部分，爱心教育活动与爱心文化建设两者是相辅相成的关系，没有爱心文化的教育活动缺乏生机与活力，也不符合当代大学生的思维方式、心理特点，因此要从根本上理解爱心文化建设的重要价值，不断增加爱心教育活动的文化性，这样大学生才会受到感染和熏陶，并将爱心内化于心，以主体身份积极参与爱心文化建设，外化于行，真正产生爱、传播爱。

---

[1]　陈秉公：《思想政治教育学原理》，高等教育出版社，2006 年，第 24 页。

二、打磨爱心课堂，渗透德育

爱心要借助于课堂教学，它是学生爱心培育的主阵地。当前，大学生的学习时间和精力主要被分配到专业、文化课中，因此，要通过课堂教学来培养学生的爱心，如专门的爱心讲座、爱心课、爱心案例等，需要教师和学生共同精心打磨，教师既要教书，还要育人，重视情感教育，克服"重技轻道"的功利倾向，真正实现促进人的全面发展的终极目标。具体来讲，在课堂中，需要渗透的爱心培育的内容，既要包括社会主义道德体系最基础的部分（如"文明礼貌""助人为乐"等），还要包括"无私奉献""毫不利己，专门利人"等高层次道德要求。

三、体验式学习，塑造爱心品格

爱心作为一种道德情感，其形成需要经历自我感受、内心体验、移情共鸣、反应选择以及情境评价这五个环节。因此，爱心培育要强调大学生的观察、体验和实践。实践能为大学生创造体验爱的机会，爱心的表达不仅仅是通过"说"，更多的是强调"做"。

四、开展爱心实践活动，提升素养

以爱心培育为支点，发动学生开展、参与各种校内外爱心实践活动，帮助弱势群体学生，不仅能深化大学生爱心助人的意识，增强对社会、对他人的责任感，也带动了弱势学生增强自身战胜困难的勇气和毅力，影响大学生学业成长，并延续到整个职业生涯，让大学生受益终生并自觉将爱心与奉献的传播纬度扩展到社会的方方面面。

因此，组织与实施丰富多样的"爱心"实践活动是爱心培育的媒介和主要手段。爱心实践是让大学生走出课堂，参与各种爱心社团、公益活动等，在活动参与过程中学生个人、小组、集体等充分发挥专业所长，筹划、设计、参与具有教育意义的爱心活动，体验"爱"与"被爱"，从而形成爱心，提升个人综合素养。例如：从小组式的"爱心书库""阳光1＋1小队""爱心宿舍"，到"爱心班级"，再扩大到整个系部和学校的"爱心社团"等，吸引更广泛的大学生群体参与，真正把爱心教育推广到社会。

五、树立爱心典型，发挥模范作用

自古以来，中国重视树立典型，如"英雄""楷模""感动中国人物""最美教师"等，他们是中华民族道德品质与精神的生动体现，是社会主义核心价值观的一面旗帜，是民族力量的象征，是时代的引领者。这表明道德发挥作用的重要途径之一就是对人的行为做出"善恶"评价，树立标杆，公开进行宣传与奖励，从而激励善者，贬抑恶者。因此，树立"爱心"典型，利用爱心模范人物的典型事迹，对大学生进行正面教育，能将模范精神融入大学生的思想中，使大学生的心灵受到震撼，激励大学生形成和表现出爱的行为。

此外，儒家"推己及人"的德育方法也是爱心培育的重要途径，即需要大学生通过学习"爱心"典型，"将心比心""换位思考"，秉承"己欲立而立人，己欲达而达人""己所不欲，勿施于人""老吾老以及人之老，幼吾幼以及人之幼"的思想，解决"爱

心"培育问题。这种方法非常适用于当前的大学生爱心培育，使之养成"推己及人"的思维方式。

六、发挥网络平台正面作用，引导学生形成爱心

随着信息技术的快速发展和现代媒介工具的普及，网络信息传播变得更加快速和便捷，网络平台已然成为爱心培育的有效载体和思想阵地，但是需要注意的是，网络是一把双刃剑，如何摒弃网络不良信息的负面影响，是爱心培育面临的挑战。大学生要合理利用网络平台，发挥其正面教育作用。

◉ **爱的榜样**

学习下面两则榜样故事，谈谈你的感想。

★榜样一

爱心助脱贫，农产品进校园护航消费扶贫[①]

2020 年 5 月 20 日，江苏省淮安市涟水县益农电子商务有限公司将一车 1500 箱草鸡蛋送至江苏省常州市的江苏理工学院。这是"五方挂钩"后方单位消费扶贫第一单，解决了农户一时的销售困难，体现了高校应有的政治站位和社会担当。

淮安市涟水县大东镇的江中华是"十三五"期间低收入户，利用扶贫小额贷款自主创业，养殖 8000 只蛋鸡，于 2019 年底脱贫摘帽。可 2020 年初遇上突如其来的疫情，鸡蛋滞销让他心急如焚。"感谢涟水县扶贫办想方设法帮我们推销，这一下子帮我们销售鸡蛋 2000 多斤。"

让农产品进校园护航消费扶贫，来自江苏理工学院的省委驻涟帮扶工作队队员小杜感受颇深。他介绍，学校用"以购代捐""以买代帮"的方式采购经济薄弱村的草鸡蛋，后期在中秋节和国庆节学校还会后续采购大米、菜籽油等相关产品，爱心助力脱贫攻坚。一起消费扶贫，助力脱贫攻坚！江苏理工学院广大教职员工对消费扶贫这种方式非常支持，为能助力打赢脱贫攻坚战感到自豪。

2020 年是脱贫攻坚决战决胜之年。推动消费扶贫是实施精准扶贫、高质量打赢脱贫攻坚战中的重要一环。作为本届省委驻涟水帮扶工作队后方单位之一，江苏理工学院切实发挥高校消费市场大的优势，充分挖掘潜力，尽最大努力把消费扶贫活动落到实处。在小杜的沟通协调下，学校最先采购近 4500 公斤的土鸡蛋作为教职工端午节的福利，既帮助农户解决因疫情导致鸡蛋滞销的难题，也使教职工得到了实惠。江苏理工学院党委常委、组织部部长表示，学校不仅持续购买、消费涟水农副产品，还充分发挥高校人才优势，派出优秀的产品设计团队，帮助涟水策划农副产品包装设计，提升产品的

---

① 杜峰、蒋詹：《爱心助脱贫，农产品进校园护航消费扶贫》，https://article. xuexi. cn/articles/index. html? art _ id＝1465553482029941537&_t＝1591608037323&study _ style _ id＝feeds _ default&showmenu＝false&pid＝&ptype＝-1&source＝share&share _ to＝wx _ single&from＝singlemessage。

档次和品牌形象，增强市场竞争力。

★榜样二

打工助学女孩送爱心款遇车祸，醒来发现 15 万元医疗费有人交了①

"格格姐姐"名叫刘格格，1990 年出生，河北献县人，10 多年前，她离开家乡到天津打工，作为一名在外漂泊的打工者，刘格格的心却与贫困山区的孩子们连在了一起。遭遇车祸前，她 6 年间只身一人 16 次走进贵州、云南、四川、广西等山区学校，资助山区里贫困的孩子。

2019 年 11 月 26 日凌晨，刘格格和一位爱心志愿者驾车从天津去河北送爱心款，途中与一辆大货车发生碰撞，坐在副驾驶上的她受伤严重，被送进天津人民医院 ICU。昏迷十多天醒来后，刘格格才知道在自己被送往医院时，很多爱心人士都为她捐了款。由于多年从事公益，出事后刘格格手头没有任何积蓄，但不到 6 个小时，她的医疗费用就得到了解决。

知道她出事后，两个各有 500 人的爱心志愿群炸开了锅。"那时候大家都在讨论我受伤的事，他们都在期盼着我能好起来。"刘格格说，后来陆续有人赶到医院，34 个人凑齐了 5 万元费用送到医院，这笔费用当晚足足交了 3 个小时，200 元、500 元、2000元的都有，医院为此打出 34 张缴费凭证。

没想到的是，两天后，刘格格病情恶化，肺部感染，志愿者们又发起了网上募捐。"他们说，不能让为众人抱薪者冻毙于风雪，结果用了 16 个小时又为我筹集了 10 万元。"刘格格说，捐款者都是爱心志愿者还有熟悉她的朋友。

刘格格每年都会为环卫工人免费理发，出事后有很多环卫工人来到医院为其捐款。更让她感动的是，住院期间还有很多人来医院探望她，有的留下善款，有的在病房门口悄悄看一眼。

不能浪费爱心捐款，她提前出院休养

2019 年 12 月 21 日，昏迷多天的刘格格终于苏醒过来。当时，医生建议她住院半年，但刘格格觉得自己恢复得还不错，决定提前出院。"因为在医院的费用都是爱心人士筹集的，我觉得不能再浪费了，所以决定提前出院。"出院后，志愿者们为她安排好了安静的环境，让她继续休养，大家轮流过来照顾她。

聊起这次"死而复生"的经历，刘格格感慨颇多："正是爱心人士的支持和鼓励才让我渡过了难关，医生都说能抢救过来是奇迹，虽说好人有好报，可我之前做公益时根本就没想过自己也有被帮助的一天。"

包括那些她曾经帮助过的大山里的孩子，他们还专门录制了视频传了过来。"我躺在病床上一遍一遍地看着孩子们的祝福视频，他们喊着'格格姐姐'，心里温暖极了，

---

① 陈勇、郭一鹏：《打工助学女孩送爱心款遇车祸，醒来发现 15 万元医疗费有人交了》，https://mp. weixin. qq. com/s?＿＿biz＝MTM3NTEzNTkyMQ＝＝&mid＝2649863386&idx＝1&sn＝1215b5fe95ee3f7aa6d3a5b45a40692e&chksm＝61cc0b0456b8212e5a608cf55509abacfec686df50fabff3b677facd895ed7f6d9f0a1f1fa2&scene＝4#wechat＿redirect。

这时觉得受到别人帮助时感觉太幸福了。"刘格格说，这些都是她能尽快恢复起来的动力。"自己这么平凡的一个人能得到这么多人的关心和帮助，真的特别自豪！"

和山区孩子的不解之缘

当年一则新闻触动内心，山区孩子从此成牵挂。目前，刘格格已回到河北老家静养，身体恢复还是一个漫长的过程，但她心里一直有牵挂，那就是大山里的孩子。

刘格格老家在河北沧州献县，父母都是普通的农民，家里还有两个哥哥，10年前初中还没有毕业的她就来到天津，在一家理发店里打工。她和山里的孩子们的缘分，源于2012年的贵州留守儿童的新闻，刘格格决定亲自去那里看看，给予孩子们力所能及的帮助。

眼看春节要到了，去贵州的事，刘格格觉得不方便和父母直说，便撒谎理发店要加班，来不及回家过年。年三十，刘格格坐上了赶往贵州贵阳的飞机——这是她第一次出远门，第一次坐飞机。"出发的时候，我提前了解了一下，毕节有一个叫茶花村的地方，那儿有很多留守儿童。"刘格格说。

坐大巴，打出租车，再徒步，刘格格直奔目的地。"因为有的地方太过偏僻，手机信号都没有，更别提导航了。"刘格格拿着地图，碰上当地人就问路，可因为正值过年，这种偏僻的地方根本就没车去。几番周折，刘格格也无法到达茶花村，最终来到一个已记不清名字的镇子上。不过，沿途她看到那里的人生活不易，在外打工的父母无法赶回来和孩子团聚，路边独自玩耍的孩子穿着破烂的鞋子，脸上还有冻疮。这次春节走访，刘格格坚定了帮助贫困山区孩子的决心。

首次捐的是鞋子，看到孩子穿上的照片流泪了

"过去了7年，但我依然清楚记得，第一次资助给孩子们的是鞋子。"刘格格回忆，2013年3月初，她在网上联系到了贵州省黔东南黎平县双联小学的吴校长，她告知校长，自己虽然只是个打工的，但也想为孩子们献一份爱心。"吴校长特别好，他告诉我，孩子们很需要鞋子，如果条件允许的话，旧鞋就行了。"刘格格为校长的朴实而动容，"我还是在网上买了170多双鞋，大概几千元，快递过去了。"

刘格格说，她明白为什么校长想要鞋，"冬天，贵州特别冷，我当时去的时候还多穿了两双袜子，可是那里的孩子们穿的几乎是漏脚趾的鞋。"

"过了一段时间，吴校长发来了孩子们穿着新鞋的照片，我的眼泪瞬间就流出来了。"刘格格说，当时她就决定要去一趟学校，看一看那些孩子们。这个愿望很快就实现了，吴校长把刘格格接到了学校，这一次她和孩子们相处了一个多星期，这段经历也让刘格格明白了，自己所做的一切是有意义的，也是值得的。

多了个"爱心邮差"称号，做公益不会停歇

车祸后逐渐恢复的刘格格，在能走路时，又重回爱心之路。"年后去了一趟山西，最近又去了一趟河南，慰问了山区的孩子和孤寡老人，还帮助了几个家庭困难的孩子，成功对接了一对一的长期资助。"刘格格说，因为身体还不允许坐飞机，但只要汽车能到的地方，她都想再重新跑一遍。

刘格格说，看望孩子的钱都来自爱心人士捐助。"现在大家都很信任我，会把爱心款先存在我这，我一笔笔记录下来，等出去时再把所有支出罗列在账，同时拍下对接视频反馈给爱心人士。"刘格格专门有一个本子，里面是一张张表格，上面清楚地记载着受助人和捐助人的相关信息，还附上了收款和发放记录的表格，日期、金额甚至是经手人都罗列详细。据了解，像这样一对一的帮扶群，如今已达 120 对。

爱心人士到达不了的地方，就委托刘格格献爱心，为此，大家亲切地给她起了个名字——"爱心邮差"。刘格格说，自己虽然是个普通人，但继续做公益的脚步不会停歇。"经历这次受伤事件后，我有了新的感悟，受到别人帮助很幸福，我也要将这样的幸福传递下去。"

◉ 爱的感言

1. 请结合自身经验，说说大学生如何参与校园"爱心"文化的构建。
2. 请搜集一个"爱心模范"人物，写一篇感想（200~300 字）。

◉ 爱的践行

请发挥自身学前教育专业所长，丰富校园"爱心"文化的物质环境。

【推荐欣赏】

1.《关于爱和美的哲学思考》，作者：今道友信。

内容简介：今道友信先生是日本东京大学艺术家、美学教授，是国际著名美学家。此书由今道友信先生的两本书《关于爱》《关于美》合译而成，介绍了什么是爱、现代爱的危机、爱的思想潮流等。

推荐理由：爱和美，是哲学中的两大课题，也是人类争论不休的两大难题，每个人一生中都不免与之相遇。本书虽是哲学著作，但通俗易懂，引人入胜。它对发生在我们每个人身边而我们又熟视无睹的事物提出了种种疑问；它对我们每个人都曾遇到又未深入探究的事物进行了缜密的论证，引导人们发现生活中的美和爱，理解生活中的美和爱。

2. 电影《叫我第一名》。

内容简介：该片讲述了主人公因患有先天性妥瑞氏症，生活备受折磨，但是他始终乐观向上，默默努力，最终成为一位出色的老师。

推荐理由：布莱德患有先天性的妥瑞氏症，导致他无法控制地扭动脖子和发出奇怪的声音。而这种怪异的行为，更是让他从小不被周围的人理解，在学校里老师经常批评他，同学们更是对他冷嘲热讽。初中的一次全校大会上，校长巧妙地让大家了解了布莱德的真实情况，并让布莱德说了一些自己的想法，让大家了解他并不是故意作怪，之后，他对自己有信心了。这次机会让他有了成为一名教师的梦想，即使这个病症可能会让布莱德在寻求教师梦想的道路上遭到众人怀疑，频遭受挫。大学毕业后，布莱德找到一个愿意接受自己的学校，布莱德不抛弃梦想，不放弃信念，默默努力着。最后，经过了大约 25 所学校的面试后，有一所学校肯招聘他，他终于成了一位出色的老师。在这部影片中，你可以发现自爱、他爱、大爱等的巨大能量。

第二章　爱心培育思想的发展

没有爱，就没有教育。

——苏霍姆林斯基

【学习目标】

通过本单元的学习，你需要：

1. 了解爱心培育思想的发展历程。
2. 掌握国内外著名教育家的爱心培育思想。
3. 结合教育家的爱心培育思想，阐述其现实意义。

【学习建议】

在学习本单元之前，你可以：

1. 阅读书籍《中国教育史》（作者：孙培青）、《外国教育史》（作者：吴式颖）、《外国教育思想史》（作者：单中惠）、《中国教育思想史》（作者：施克灿），了解教育思想中关于爱心培育的相关论述。
2. 观看主题报告《霍懋征：没有爱就没有教育》，体会教育家"爱"的魅力。

【内容导学】

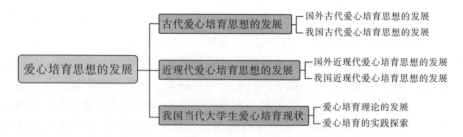

鲁迅先生曾说过，看10来岁的孩子，便可以预料20年后中国的情形；看20多岁的青年，便可以推测中国50年后的情形。大学生作为特殊青年群体，在社会主义现代化建设中将扮演重要的角色，他们是否具有爱心、能否在实际行动中展现爱心，将关系到国家的希望和民族的未来。2014年9月，习近平总书记在北京师范大学考察时号召全国广大教师"要用爱培育爱、激发爱、传播爱，通过真情、真心、真诚拉近同学生的距离，滋润学生的心田"，做有理想信念、有道德情操、有扎实学识、有仁爱之心的好教师。教师虽不是雕塑家，却塑造着世界上最珍贵的艺术品，从事着"仁而爱人"的事业。只有爱孩子的人，才可以教育孩子；唯有倾注爱心，三尺讲台才会成为梦想起飞的平台。那么爱心培育思想的发展历程如何？本单元将围绕中外著名教育家爱心培育的理论与实践展开论述，以期引导广大教育工作者对爱心培育问题进行理性的思考。

【案例导读】

- **案例描述**

20 世纪初，拥有三个博士学位、正式取得医生执照的 38 岁的法国人史怀哲，放弃了似锦的前程，从法国赶到未开化的黑暗大陆——非洲。从此，他将生命中的半个世纪贡献给了赤道非洲，贡献给了那里的生灵。他看到了非洲人民生活的艰难困苦，也心痛于非洲动物们生存环境的恶劣，这位连鱼都不愿钓的医生体悟出尊重生命的理念。于是他不仅精心照顾病人，还收养了 200 多只小动物。

- **交流讨论**

史怀哲的故事体现了一种什么精神？

- **综合分析**

近年来发生了"刘某伤熊事件"等，他们表现出对生命的漠视和践踏，令无数人震惊，也令我们深入反思。史怀哲对生命的尊重和后者对生命的漠视，其反差太强烈了，但都可以从人文关怀和人文教育去追索。人文关怀和人文精神的主旨是对自己、他人生命的尊重和热爱。而人文关怀的一个重要内容是人性善，有爱心、同情心和善良之心。[①] 爱心教育首先应该从热爱大自然、珍爱生命、体验和尊重生命的价值做起，从对狗、蚂蚁、小草、小花等低级生物的生命尊重和生命价值的肯定入手。

第一节　古代爱心培育思想的发展

◉ 爱的认知

一、国外古代爱心培育思想的发展

爱心培育思想散落在教育家教育思想之中，教育思想的发展也体现和推动了爱心培育理论与实践的发展。在国外，有关爱心培育思想的论述可以追溯到古希腊。古希腊丰富的教育实践，古希腊（特别是雅典）沸腾的社会生活，古希腊人崇尚理性、爱智、爱美、爱和谐的思想，为古希腊丰富多彩的爱心培育思想提供了肥沃的土壤。

---

① 彭斌：《关于爱心教育的思考》，《黔东南民族职业技术学院学报（综合版）》，2008 年第 1 期，第 52 页。

（一）苏格拉底：德行可教

苏格拉底，古希腊哲学家和思想家。苏格拉底一生没有著作，他的思想表现在与他人的对话中。其教育思想主要来源于柏拉图的早期哲学对话和历史学家色诺芬的《回忆录》等著作中。苏格拉底认为，人的一切知识、智慧或美德存在于人的内心深处，相互之间具有内在联系性。美德是善的，针对人来讲，善就是节制、勇敢、正义等，还包括对父母的孝道，兄弟之间的友爱，朋友之间的友谊、信任等。一个人只有确切地知道什么是善才会去行善，人之行为的善恶主要取决于是否具有相关的知识。故此，"美德即知识"。从美德与知识相统一的观点出发，苏格拉底提出了"德行可教"的主张。①

他论证了美德皆源于知识的共同性，认为美德具有共同的、客观的、绝对的价值标准，出自人所共有的理性本质，但美德的形成却有赖于后天的教育和训练。美德即知识，知识是可教的，美德亦可教。因此，通过传授知识和发展智慧，就可以培养有道德的人；知识教育是道德教育的主要途径。苏格拉底所构建和倡导的道德教育哲学的出发点和宗旨就在于，通过知识教育和道德训练来恢复人性之中的善，从而使雅典城邦的社会生活建立在严谨的理性价值基础之上。所以，苏格拉底一直致力于公共教育事业，其本意就在于以伦理或道德原则来改造雅典人的思维方式和精神生活，教育人们努力成为有德行的人。他的道德教育标准是使人达到正义（正义就是守法）、勇敢（一种融合了大无畏精神、知识和智慧的品质）和节制（一切美德的基础）。

"美德即知识"是苏格拉底伦理和教育哲学最重要的命题，也可以说是苏格拉底道德教育思想的核心。其意义在于肯定了理性知识在道德教育中的决定性作用，更加充分说明了教育的作用和影响。②

（二）亚里士多德：美德在于实践

亚里士多德，古希腊哲学家、思想家和教育家。他的教育思想主要散见于《伦理学》《政治学》和《论灵魂》等著作中。亚里士多德认为，美德（virtue）一词，不仅指道德，也含有长处、特点、效能的意义，有时译为德性、德行。亚里士多德将美德分为理性美德和伦理美德两类，后者才是伦理学讨论的对象。伦理美德就是中道，中道在两种过错之间，一方是过度，一方是不及。道德品质是被过度和不及破坏的。如痛苦或快乐的情感，过多和过少都不好。有的人沉湎于一切快乐不能自拔而成为放纵；有的人则如一个苦行者，回避一切快乐而成为一个冷漠无情的人。这都是对中道的破坏。若是在应该的时间、按应该的情况、对应该的人、为应该的目的、以应该的方式来感受这种情感，那就是中道，是最好的……所以德行就是中道，是对中间的命中。所以，美德就是适度，恰如其分，恰到好处。亚里士多德并不将欲望排除在美德之外，欲望、意向、理性的统一，理性的东西和非理性的东西的统一，也就是介乎两个极端之间的中项，就是美德，美德也包含非理性的环节在自身之内。

① 单中惠：《外国教育思想史》，高等教育出版社，2007 年，第 7 页。
② 王保星：《外国教育史》，北京师范大学出版社，2008 年，第 19~20 页。

亚里士多德认为，美德既非出于本性而生成，也非反乎本性而生成，自然给了我们接受德行的能力，它以潜能的形式存在，然后以现实活动的方式展示出来，我们必须先进行有关德行的现实活动，才能获得德行，只知道德行是不够的，还要力求应用或者以某种办法得到善良。在实践德行中，亚里士多德强调动机与效果的统一、知与行的统一、主观与客观的统一。合乎德行的行为，本身具有某种品质还不行，只有当行为者在行动时也处于某种心灵状态，才能说它们是公正的节制的。首先，他必须是有知、自觉的；其次，他必须是有意识地选择行为的，而且是为了行为自身而选择的；最后，他必须在行动中勉力地坚持到底。①

二、我国古代爱心培育思想的发展

在我国，有关爱心培育思想的论述最早可以追溯到春秋战国时期。16 世纪至 19 世纪初期，有关爱心培育思想发展迅速。

（一）孔子：仁者爱人

孔子，名丘，字仲尼，鲁国陬邑人。孔子主张以"礼"为道德规范，以"仁"为最高道德准则。凡符合"礼"的道德行为，都要以"仁"的精神为指导。因此，"礼"与"仁"成为道德教育的主要内容。在道德教育中，提倡礼的教育要贯注仁的精神，是其进步的方面。他说："人而不仁，如礼何？"做人而缺乏仁德，怎能去实行礼仪制度？礼和仁的关系就是形式和内容的关系，礼是仁的形式，仁是礼的内容。有了仁的精神，礼才能真正充实。"仁"被孔子作为最高的道德准则，也是他学说的中心思想。他经常谈论"仁"，在《论语》中"仁"字出现 109 次。仁最通常的意思就是"爱人"，也就是承认别人的资格，把人当作人来爱。"爱人"并不是不分善恶而普遍地爱一切人，而是以"仁"为基本准则，有所爱也有所憎。孔子说："好仁者，无以尚之；恶不仁者，其为仁矣，不使不仁者加乎其身。"孔子的学生曾参也说："唯仁者能爱人，能恶人。""仁"的道德品质是成为君子的重要条件。孔子说："君子去仁，恶乎成名？君子无终食之间违仁，造次必于是，颠沛必于是。"不论何时何地，君子始终都要保持仁德。②

"礼"是社会关系的基本准则、规范和仪节，"仁"是这些准则、规范和仪节所包含的基本精神。把"礼"和"仁"推及社会关系的各个方面，以父子之间的亲为基础，君臣之间要忠，兄弟之间要悌，朋友之间要信。君臣、父子、兄弟、朋友，人与人之间各有其礼，各遵其德。这就是道德教育所要达到的目标。道德教育与一般知识的学习有着共同的规律，也还有一些特殊的要求，不仅要有道德认识，而且要有道德情感、道德意志，尤其要有道德行为。③ 孔子在长期的教育实践中对此有深刻的体验，摸索出不少进行道德教育的规律，提出许多有价值的道德教育原则：立志、克己、力行、中庸、内省、改过。孔子热爱学生，对学生无私无隐 。他把"仁者爱人"的精神倾注在学生身

① 吴式颖、李明德、单中惠：《外国教育史教程》，人民教育出版社，2011 年，第 77～79 页。
② 孙培青、杜成宪：《中国教育史》，华东师范大学出版社，2008 年，第 41 页。
③ 王炳照、郭齐家、刘德华等：《简明中国教育史》，北京师范大学出版社，2007 年，第 35 页。

上，对学生怀着深厚的感情，他说："爱之，能勿劳乎？忠焉，能勿诲乎？"正是对学生的热爱使他不知疲劳，全力教诲。①

（二）孟子：扩充"善性"

孟子，字子舆。孟子认为："恻隐之心，仁之端也；羞恶之心，义之端也；辞让之心，礼之端也；是非之心，智之端也。"所谓"端"，是指事物的开头或缘由。人所具备的恻隐、羞恶、辞让、是非四种心理倾向，不过是仁义礼智的起始点或可能性。可能不等于现实，要将四"端"转化为现实的道德品质，需要靠学习与教育，所谓"学问之道无他，求其放心而已矣"，或者说"求则得之，舍则失之"。所以，孟子以为，教育的作用就在于引导人保存、找回和扩充其固有的善端。尽管孟子强调了教育是扩充人固有的善端，但他承认这种扩充借助于外力，外界环境对人性善的形成同样不可缺少。他谈到物质生活条件时，认为"有恒产者有恒心"，如果能够使粮食多得像水火那样平常，"民焉有不仁者乎"？所以，道德和善也有赖于人们后天的社会生活。孟子所说的"善端"只是人的某种可能性，将可能变成现实，要靠教育、物质生活条件、社会环境等诸多因素的共同作用，以促使人所固有的"善端"成长起来。依孟子的看法，教育的全部作用在于经过扩充人固有的善进而达到国家的治理。他说："凡有四端于我者，知皆扩而充之矣，若火之始燃，泉之始达。苟能充之，足以保四海；苟不充之，不足以事父母。"扩充善端，如同星火燎原，如同涓滴成河，由此保证天下安定。因此，孟子理想的政治是从教育入手的，而教育又是扩充善端的过程。这就是孟子的逻辑。②

（三）墨子：兼相爱，交相利

墨翟，世称墨子。墨子的中心教育思想是兼爱、非攻。墨子主张教育要培养"贤士"。"贤士"的主要品德是"兼爱"，有时也称作"兼士"，就是"必兴天下之利，除去天下之害"的人。墨子主张培养的"兼士"不仅要"厚乎德行"，还要"辩乎言谈，博乎道术"。这与孔子培养的"君子"在本质上是相同的，都是要培养治术人才，"所以为辅相承嗣也"。墨子的"兼爱"与孔子的"仁"也有相近之处，两者同样要求"为人君必惠，为人臣必忠，为人父必慈，为人子必孝，为人兄必友，为人弟必悌"。但也有很大的不同，"兼爱"强调无差别的爱，而儒家的"仁爱"强调"爱有差等"，针对不同的对象要有不同的爱。墨子为了培养"贤士"，在教育内容上，除了以"兼爱"为核心的道德教育外，同时还注重"辩乎言谈"方面的训练，亦即思维方法的教育，目的在于锻炼论辩能力。③

（四）董仲舒：以仁安人，以义正我

董仲舒，汉代思想家和教育家，被称为"汉代孔子"。与先秦儒家一样，董仲舒特

---

①　王炳照、郭齐家、刘德华等：《简明中国教育史》，北京师范大学出版社，2007年，第36～39页。

②　孙培青、杜成宪：《中国教育史》，华东师范大学出版社，2008年，第68页。

③　施克灿：《中国教育思想史》，高等教育出版社，2008年，第66～67页。

别强调"仁""义",并将其作为道德的善恶标准,不过,其解释和先秦不同。先秦讲"义",有两层意思:一是使宗法亲疏远近各得其宜,义者宜也,适宜、合理的事称"义";二是"仪",指礼仪、容止,包括等级制度。董仲舒认为"三纲五常"及其相应的忠、孝、仁、义等都出于"天意",是道德教育的基本内容。他认为道德教育的总原则是"正其谊(义)不谋其利,明其道不计其功",实质上是要求臣民重义轻利,不要追求物质利益、计较个人得失,以牺牲个人利益来服从统治者的利益。义利之辩是儒家关于行为价值观方面的重大论题,以孔子"君子喻于义,小人喻于利"为发端,追求功利的行为总是被视为不合道义的。董仲舒认为:凡处事应以正义、明道为行为动机及准则,而不应考虑功利得失。

"以仁安人,以义正我",这是教导人们修己待人的态度,要求养成严于责己和宽以待人的德行。[1]"仁"是建立在对人类生命珍视热爱的基础上的,凸现的是对个体生命价值与权利的尊重。"义"是从封建国家的公利出发确定的行为准则,凸现的是个人对社会及其他个体的责任与义务。在道德实践中,人们往往易于要求别人履行责任、义务,而过于扩张自己的价值与权利。董仲舒认为,个人修养中应该特别注意"以仁安人,以义正我"。"仁之法在爱人,不在爱我;义之法在正我,不在正人。"他要求人们从尊重他人的价值与权利出发,以"仁者爱人"的情怀去爱护、关心他人,宽以容众,"躬自厚而薄责于人"。这实际上是对先秦儒家强调主体道德自觉精神的继承与发展。[2]

(五)颜之推:德艺周厚

颜之推,魏晋南北朝著名的学者、史学家、教育思想家。代表作有《颜氏家训》。他认为士大夫教育的目的,就是培养"德艺周厚"的统治人才。在德育方面,他承袭了儒家以孝悌仁义等道德规范为主要内容的传统,认为树立仁义的信念是德育的重要任务,而实践仁义则是德育的最终目的。士大夫为实践仁义道德的准则,应不惜任何代价,以至牺牲生命。他说:"行诚孝而见贼,履仁义而得罪,丧身以全家,泯躯而济国,君子不咎也。"关于"艺"的教育,他主张以广博知识为教育内容,以读书为主要教育途径。关于德育与艺教两者之间的关系,他认为是互相联系的。以德育为根本是毋庸置疑的,但艺教也不是可有可无的。他指出知识教育是道德教育的基础,并为道德教育服务。[3]

(六)朱熹:存天理,灭人欲

朱熹,宋代理学集大成者。代表作有《四书集注》《童蒙须知》等。道德教育是理学教育的核心,也是朱熹教育思想的重要内容。朱熹十分重视道德教育,主张将道德教育放在教育工作的首位。道德教育的根本任务是"明天理,灭人欲"。朱熹说:"修德之实,在乎去人欲,存天理。"朱熹所说的"天理",是指以"三纲五常"为核心的封建伦

① 施克灿:《中国教育思想史》,高等教育出版社,2008年,第87页。
② 孙培青、杜成宪:《中国教育史》,华东师范大学出版社,2008年,第119~120页。
③ 孙培青、杜成宪:《中国教育史》,华东师范大学出版社,2008年,第151~152页。

理道德。对此他说得十分明确："所谓天理，复是何物？仁、义、礼、知岂不是天理？君臣、父子、兄弟、夫妇、朋友岂不是天理？"他所说的"人欲"，则是指"心"的毛病，是为"嗜欲所迷"的心。因此，要实现道德教育"明天理，灭人欲"的根本任务，就必须进行以"三纲五常"为核心的封建伦理道德教育，这是朱熹道德教育的基本内容，也是他道德教育思想的重要特点。关于道德教育的方法，他概括为立志、居敬、存养、省察、力行。[①]

（七）王守仁：明人伦

王守仁，明代中叶一位主观唯心主义思想家、教育家。王守仁所要培养学生形成的优良品德，具体地说，就是封建的伦理道德。因此，他把"明人伦"作为道德教育的目的。所谓"人伦"，在王守仁看来，即是"父子有亲，君臣有义，夫妇有别，长幼有序，朋友有信"五者而已。他说："唐虞三代之世，教者惟以此为教，而学者惟以此为学。当是之时，人无异见，家无异习。安此者谓之圣，勉此者谓之贤，而背此者，虽其启明如朱，亦谓之不肖。下至闾井田野，农工商贾之贱，莫不皆有是学，而惟以成其德行为务。"在道德教育和修养的方法上，王守仁以"知行合一"思想为指导，提出了四个基本主张：静处体悟、事上磨炼、省察克制、贵于改过。[②]

（八）王夫之：理欲统一

王夫之，明末清初进步教育思潮的代表人物。王夫之反对理学家的"存天理，灭人欲"之说，"天理"即在"人欲"之中，二者是统一的，"终不离人而别有天，终不离欲而别有理也"，"有欲斯有理"，理与欲皆自然而非人为。王夫之这个观点的重要意义在于，他把人们正当的物质利益要求，即"人欲"看作是人类生存所不可缺少的。绝不能灭人欲以求天理。禁欲、窒欲都是阻碍人性发展的。要推己及人，要节欲而反对灭欲。他说："推其私而私皆公，节其欲而欲皆理。"王夫之的这种道德观，是适应资本主义萌芽和新兴市民阶级需要的，有着要求解脱束缚的意义。[③]在道德修养方面，他提出以下三点：立志、自得、力行。

● **爱的榜样**

1. 阅读并思考以下典型教育案例，阐述其对爱心培育的价值和意义。
2. 你还知道哪些爱心培育的经典案例？可以通过"云爱平台"进行分享。

---

① 孙培青、杜成宪：《中国教育史》，华东师范大学出版社，2008年，第237~238页。
② 孙培青、杜成宪：《中国教育史》，华东师范大学出版社，2008年，第257~259页。
③ 王炳照、郭齐家、刘德华等：《简明中国教育史》，北京师范大学出版社，2007年，第236页。

★榜样一

开花的佛桌：给浪子回头的机会①

曾经有一个小和尚，极得方丈宠爱。方丈将毕生所学全数教授，希望他能成为出色的佛门弟子。没想到，他在一夜之间动了凡心，偷偷下了山，五光十色的城市迷住了他的眼睛，从此花街柳巷，他只管放浪形骸。

20年后的一个深夜，窗外月色如洗，澄明清澈地洒在他的掌心。他忽然忏悔了，披衣而起，快马加鞭赶往寺里请求师父原谅。方丈深深厌恶他的放荡，不愿再收他为弟子，说："你罪孽深重，必堕阿鼻地狱。要想佛祖饶恕，除非桌子上开花。"浪子失望地离开了。

第二天，方丈踏进佛堂时，看到佛桌上开满了花朵。方丈在瞬间大彻大悟，连忙下山寻找弟子，却为时已晚，心灰意冷的浪子重又堕入荒唐的生活，而佛桌上的那些花朵只开放了短短的一天。是夜，方丈圆寂，临终遗言："这世上，没有什么歧途不可以回头，没有什么错误不可以改正。"

一个真心向善的念头，是最罕有的奇迹，好像佛桌上开出的花朵。而让奇迹陨灭的，不是错误，是一颗冰冷的、不肯原谅、不肯相信的心。

★榜样二

无声的教育：老禅师的育人技巧②

相传古代有位老禅师，一日晚在禅院里散步，看见院墙边有一张椅子，他立即明白了有位出家人违反寺规翻墙出去了。老禅师也不声张，静静地走到墙边，移开椅子，就地蹲下。不到半个时辰，果真听到墙外一阵响动。

少顷，一位小和尚翻墙而入，黑暗中踩着老禅师的背脊跳进了院子。当他双脚着地时，才发觉刚才自己踏上的不是椅子，而是自己的师傅。小和尚顿时惊慌失措，张口结舌，只得站在原地，等待师傅的责备和处罚。

出乎小和尚意料的是，师傅并没有厉声责备他，只是以很平静的语调说："夜深天凉，快去多穿一件衣服。"

● **爱的感言**

1. 总结概括亚里士多德、孟子、墨子"爱的教育"内容，阐述该思想对当下教育教学的指导意义。

2. 简述苏格拉底"德行可教"和孔子"仁者爱人"思想及其启示。

● **爱的践行**

1. 像教育家一样思考：以表格的形式，提炼概括我国古代爱心培育思想发展的

---

① 吴智文：《佛桌开花》，《星火》，2005年第3期，第55页。
② 《无声的教育》，《中学生》，2009年第Z3期，第68页。

历程。

2. 像教育家一样行动：设计教学活动方案，在幼儿园中实地开展爱心培育，撰写反思日记和观察记录。

第二节 近现代爱心培育思想的发展

◉ 爱的认知

一、国外近现代爱心培育思想的发展

17 世纪中期以后，生产力的发展和科学技术的进步为爱心培育思想理论的研究提供了科学基础。越来越多的教育家主张改革旧教育制度，不断总结爱心培育的经验，极大地丰富了爱心培育的理论和实践。这一时期代表人物主要有夸美纽斯、卢梭、裴斯泰洛齐、苏霍姆林斯基。

（一）夸美纽斯：论道德教育

夸美纽斯，17 世纪捷克著名的教育实践家和理论家。代表作有《大教学论》《母育学校》《世界图解》。在夸美纽斯的泛智教育思想中，道德教育思想也是一个重要的组成部分。夸美纽斯认为，人类有了道德，也就"高出一切造物之上"。因此，他强调指出，道德应当通过学校这个"人类的锻炼所"来培养。在夸美纽斯看来，学校应当着重培养的德行是"持重、节制、坚忍与正直"。他要求学校培养学生会对事物作健全的判断，使正确的判断成为学生的"第二天性"；要求学生了解"一切不可过度"的道理，学会节制；要求学生正直待人，不损害他人利益，乐于助人，避免虚伪与欺骗；要求学生学会坦率大方地与人交往并养成忍劳耐苦的品格。至于如何进行德育，夸美纽斯提出的道德教育的方法主要有：实行、榜样、教训与规则、避免不良社交和惩罚。德育应当尽早进行，在邪恶尚未占住心灵之前就教；德行应当通过练习养成，可以从服从学会服从，从节制学会节制，从说真话学会真实；道德教育需要榜样和教诲，要避免不良的社交；道德教育需要用纪律制止邪恶的倾向等。[1] 夸美纽斯还在德育内容中纳入了当时是崭新的概念——劳动教育。[2]

（二）卢梭："爱"是道德的中心

卢梭，是 18 世纪法国杰出的启蒙思想家、哲学家和教育思想家。代表作有《社会契约论》《爱弥儿》。卢梭认为在人的善良天性中，包括两种先天存在的自然感情，即自爱心和怜悯心。自爱心是为了生存而具有的原始的、内在的、先于其他一切的自然欲

---

① 单中惠：《外国教育思想史》，高等教育出版社，2007 年，第 70~71 页。

② 吴式颖、李明德、单中惠：《外国教育史教程》，人民教育出版社，2011 年，第 209 页。

念。因为它只涉及自我保存，所以它本身并不是邪恶。相反，只要顺其自然发展，就能达到高尚的道德。怜悯心是使我们设身处地地与受苦者共鸣的一种情感，调节着每一个人自爱心的活动，所以对于人类全体的相互保存起着协助作用。因此，怜悯心可以使人的自爱心扩大到爱他人、爱人类，产生出仁慈、宽大等人道精神。卢梭提出自爱心与怜悯心的善良与合理，具有反禁欲主义的启蒙作用，也提供了教育顺从天性的理论基础。

卢梭认为道德教育应从发展人的自爱自利开始。自爱是本性，人若不能自爱，就谈不上爱护其财产，也谈不上爱护别人。但是进入社会以后，若还停留在这种自然的自爱水平上，自爱就会发展成卑劣的自私。"仁者爱人"德育的目标就是把这种自然的天性扩展开来，只要把自爱之心扩大到爱别人，就可以把自爱变为美德，也可以得到别人的爱。卢梭提高"爱"的地位，以"爱"作为道德的中心内容，推动了18世纪的"博爱"潮流，以抽象的人类之爱冲击了封建的等级观念。[①]

（三）巴西多：泛爱学校

巴西多，生于德国汉堡。按照卢梭的教育观点，巴西多提出了培养博爱、节制、勤劳的美德，注重实用性和儿童兴趣，寓教育、教学于游戏之中的办校设想。为更好实现自己的泛爱主义教育理想，巴西多在歌德等人的推荐下，于1774年在安哈尔特德绍建立了一所"泛爱学校"（又称"一视同仁"学校）。泛爱学校以人类互爱精神为学校的办学指导思想，并在教学实践中着意体现人文主义教育观，体现民主、平等的教育理想。泛爱学校在招生上无贫富差别、无等级区分；在教学内容的安排上，注重自然科学（自然史、解剖学、物理、化学、数学等）、实用技术（绘画、木工等）、语言（现代语文的阅读与写作）的学习；在教学实践中注重采用夸美纽斯、卢梭的直观性教学原则，重视选用对话、游戏和参观等教学方法；在教学过程中注意发挥儿童学习的主动性与积极性，主张儿童在理解的基础上掌握所学内容，并发展儿童的智力；在道德教育方面，注意培养儿童养成温良、谦逊的态度及互助互爱的精神；注重儿童的体育训练活动，经常组织开展赛跑、角力、游泳、骑马、户外散步与游戏等活动，培养儿童养成健康的体魄和良好的生活习惯。无论在教学活动或在管理活动中，注重采用正面的鼓励与引导，严禁体罚或以其他惩罚性的方式管理教育儿童。[②]

（四）裴斯泰洛齐：爱的教育

裴斯泰洛齐，19世纪瑞士著名的民主主义教育家。代表作有《林哈德和葛笃德》《葛笃德怎样教育她的子女》等。他毕生关注和从事"拯救农村、教育救民"的教育和社会活动，被誉为"人民传道者""孤儿之父""人类教育家"。在裴斯泰洛齐看来，"爱"是教育的主要原则。德国哲学家费希特曾说，裴斯泰洛齐生活的灵魂是爱。他热爱儿童、尊重儿童，热爱教育事业，是西方教育史上爱的教育的首创者和虔诚实践的楷模。

---

① 吴式颖、李明德、单中惠：《外国教育史教程》，人民教育出版社，2011年，第278~279页。
② 王保星：《外国教育史》，北京师范大学出版社，2008年，第173页。

裴斯泰洛齐非常重视道德教育，认为它是整个教育体系的关键问题，也是培养"和谐发展"的"完善的人"的重要方面。他认为，道德教育的任务就是要发展人的各种天赋的道德力量的萌芽，通过对儿童的抚养教育，逐步唤起儿童的道德情感，形成儿童的道德观念，进而养成道德习惯。裴斯泰洛齐的道德教育思想，以"爱的教育"或"教育爱"著称，通常包含两层意思：首先，教育者要对教育对象报以真诚的、全身心的无保留的关心与热爱，即便面对有缺陷的儿童也要如此，这是教育取得成效的必要前提条件。其次，爱的教育要提升儿童的价值，即在教育者奉献一段时期的"爱"后，取得一定的成果，受教育对象不仅能独善其身、自尊自爱，还能乐于助人，对他人有益。

按照裴斯泰洛齐的设想，道德教育通常分为三个阶段：①第一阶段是唤起道德情感阶段，要用纯感情来培养一种道德情感。这个阶段的道德教育，必须与家庭式的教育相联系，以母爱为起点，通过对儿童慈母般的热爱、信任等情感，来激发、唤起儿童的爱、信任和感激的种子；儿童对于母亲的爱，进而及于兄弟姐妹、周围的邻人，以至扩大到所有的人，乃至上帝，即博爱。②第二阶段是道德行为的训练和养成阶段。在第一阶段的基础上，通过做好事的活动来加强道德行为习惯。③第三阶段是对道德品质问题进行议论和思考的阶段。在这一阶段，要有意识地向儿童表达道德概念，让他们对所处的法律和道德环境进行思考和比较，从而培养他们对道德的理解力。[①]

（五）赫尔巴特：教育性教学原则

赫尔巴特，19世纪德国著名的教育家、心理学家和哲学家。代表作有《普通教育学》。赫尔巴特认为，道德普遍地被认为是人类的最高目的，因此也是教育的最高目的。这种以培养道德为主要目标的教育目的，体现的是社会对人在政治上提出的要求，赫尔巴特称之为"道德的目的"（又称作"必要的目的"）。他指出，这种道德教育的主要目标，不是发展某种外表的行动模式，而是在儿童心中培养明辨是非的观念以及相应的意志力，使之具有"绝对清晰、绝对纯粹的善与正义的观念"，并把"所有任意的冲动推回去"。也就是说，要培养安分守己，既不怀疑现存社会秩序，又能遵守并服从既定法制的人。在赫尔巴特看来，道德教育要以五种道德观念为基础，即"内心自由""完善""仁慈""正义""公平或报偿"。他认为，具有这些完善道德观念的人，是"能将世界导之于正轨"的。赫尔巴特继承和发展了前人有关教学应具有教育性的观点，重视教学对教育的作用。他在西方教育史上第一次明确提出"教育性教学"的概念，并从心理学上论证了这一问题。教育性教学的含义是指：没有任何无教学的教育，也没有任何无教育的教学，教学是实施教育的基本手段。由于道德的目的是教育的最高目的，因此，教学如果没有进行道德教育，只是一种没有目的的手段，道德教育如果没有教学，只是一种失去手段的目的。他甚至认为，教学最高的、最后的目的和教育的最高目的一样，就是培养德性。如此，赫尔巴特将道德教育与学科知识教学统一在同一个教学过程中。[②]

① 王保星：《外国教育史》，北京师范大学出版社，2008年，第224页。
② 王保星：《外国教育史》，北京师范大学出版社，2008年，第239～241页。

（六）凯兴斯泰纳：劳作教育

凯兴斯泰纳，德国教育家。代表作有《公民教育要义》《劳作教育要义》等。在凯兴斯泰纳的教育理论体系中，劳作教育理论既是公民教育理论的有机组成部分，又是一个相对独立的部分。他认为"劳作"是一种身心结合、体脑并用的活动，它与游戏、运动和活动不同，是具有教育价值的个人活动方式，既有客观目的，又要历经艰辛。因此，"劳作"是学生的独立活动，应激起个人客观兴趣，产生内在需求，按照自己的计划想方设法去完成。据此，他为劳作学校确立了三项基本教育任务：第一个任务是"职业陶冶"，为个人将来的职业作准备，并把重点放在"体力工作"的职业方面；第二个基本任务是"职业陶冶的伦理化"，即把个人工作与社会进步联系起来，把职业陶冶与性格陶冶联系起来；第三个基本任务是"团体的伦理化"，即要求学生在个人伦理化的基础上，培养团队合作精神。① 此外，凯兴斯泰纳认为劳作学校还担负着性格养成的责任，要求对学生进行道德教育与训练。他提出劳作学校应该把主要精力放在思维、道德判断和手工操作能力的培养上，而不应只注重知识的积累。

（七）苏霍姆林斯基：和谐教育

苏霍姆林斯基，苏联著名的教育理论家和教育教学改革专家。代表作有《给教师的一百条建议》《把整个心灵献给孩子》等。苏霍姆林斯基全面论述了和谐教育的内容和途径。他提出学校教育应把德育、智育、体育、美育以及劳动教育有机地结合在一起，使儿童的个性获得全面和谐发展。苏霍姆林斯基认为全面和谐发展的人，就是把丰富的精神生活、纯洁的道德、健全的体格和谐结合在一起的人，是高尚的思想信念和良好的科学文化素养融为一体的人，是把对社会的需求和为社会劳动和谐统一起来的人。要实现这样的目标就必须实施全面和谐发展教育，即把教育看作由德育、智育、体育、劳动教育、美育五部分有机地相互联系并相互渗透的统一的整体。苏霍姆林斯基指出，和谐全面发展的核心是高尚的道德。因此，在个性全面和谐发展的教育中，德育应当居于首位。道德教育应当培养青少年良好的道德习惯。苏霍姆林斯基认为，诸如同情心、乐于助人、尊重他人、热爱劳动、珍惜一切劳动创造等基本道德素养应当从小培养，并形成习惯。在道德习惯的形成过程中，自觉性、自尊心和责任感这三大要素起着重要的作用。道德教育应当培养学生高尚的道德情感。在他看来，德育首先要培养人对美好的、惹人喜爱的、令人神往的东西的敏感性，也要培养对于丑恶的、不能容许的、不可容忍的东西的敏感性。道德教育应当以帮助学生确立道德信念为目标。道德教育的最终结果就是确立个人的道德信念。在他看来，道德概念只是人们对道德问题的知识性理解，而道德信念不只是指人知道些什么，而首先是指他怎样把这些知识变为他的行动。

二、我国近现代爱心培育思想的发展

19 世纪中期以后，我国教育家主张教育救国，改革落后的教育制度，吸收西方资

---

① 吴式颖、李明德、单中惠：《外国教育史教程》，人民教育出版社，2011 年，第 478～480 页。

产阶级教育思想的精华，推动了爱心培育理论的发展。这一时期代表人物有蔡元培、黄炎培、陶行知等。

（一）蔡元培：五育并举

蔡元培，近代著名的资产阶级革命家、杰出的民主主义教育家。蔡元培在哲学思想上受康德二元论的影响，把世界分割成现象世界和实体世界两部分。简单地理解蔡元培指的现象世界，就是指人们生活的与时间、空间不可分割的实实在在的这个世界，而实体世界则是一个最高的、永恒的，不占时间、空间的"世界"，实际只存在于想象之中。从这种世界观出发，他把教育也分成两部分：一部分属于现象世界，包括军国民教育、实利主义教育及公民道德教育；一部分属于实体世界，包括世界观教育与美感教育。其中公民道德教育，也就是德育。他认为德育就是完全人格之本，若无德，虽体魄、智力发达，也只能助其为恶。对德育的内容，他说："法兰西之革命也，所标揭者，曰自由、平等、博爱（亲爱）。道德之要旨，尽于是矣。"体现了他要以资产阶级道德观念培养学生的愿望。①

（二）黄炎培：敬业乐群

黄炎培，近现代著名的爱国主义者和民主主义教育家，是我国近代职业教育的创始人和理论家。黄炎培职业教育思想体系的另一重要特色和组成部分是他的职业道德教育思想。黄炎培把职业道德教育的基本要求概括为"敬业乐群"四个字，并以之为中华职业学校的校训，亲书之匾，时时警策学生。所谓"敬业"，是指"对所习之职业具嗜好心，所任之事业具责任心"，即热爱所业，尽职所业，有为所从事职业和全社会作出贡献的追求。所谓"乐群"，是指"具优美和乐之情操及共同协作之精神"，即有高尚情操和群体合作精神，有"利居众后，责在人先"的服务乃至奉献精神。在黄炎培看来，职业教育从内涵上看，应包括职业知识的学习、技能的训练与职业道德的培养两方面，缺一不可。离开职业道德的培养，职业教育也就失去方向。他曾反复指出人们认识上的一个误区，即认为职业教育是为了个人一己谋生的，而正确的理解是其不仅是为个人谋生的，并且是为社会服务的。

黄炎培重视职业道德教育，首先是出于他对职业教育培养目标的设想。在中华职业学校成立 15 周年纪念会上，他号召学生人人都要做一个复兴国家的新国民，人格好，体格好，有一种专长，为社会、国家效用"。所谓"人格好"，即有高尚纯洁之人格、博爱互助之精神、侠义勇敢之气概、刻苦耐劳之习惯、坚强贞固的节操，献身于国家和民族的生存事业。其次是出于他对职业教育社会职能的认识。他认为，职业教育是增加社会物质财富、调整社会人际关系的手段。人们对所从事职业的理解、热爱和兴趣，是激发其责任心、事业心、创造力的动力；个人良好的道德情操，将有助于人们在工作和生活中的和谐与有效合作。再次是出于他对传统教育观念的反思。职业教育的目的是培养农工商各业的劳动、技术人才，但中国传统社会向以"读书做官"为荣，以"读书谋

---

① 孙培青、杜成宪：《中国教育史》，华东师范大学出版社，2008 年，第 370 页。

事"为耻。重士而轻农工商的心理当时依然存在。黄炎培将此种社会观念喻为"职业教育之礁",意欲扫除之。他反复告诫青年:人生必须服务,求学非以自娱;只要有益于社会,职业平等,无高下,无贵贱;求学与求事不是两橛,如能相互贯通,其乐无穷。[①]

(三) 陶行知:爱满天下

陶行知,现代杰出的人民教育家、大众诗人和坚定的民主战士,他把自己毕生的精力都献给了教育事业。纵观陶行知先生的一生,"爱满天下"的教育情怀可谓是支撑他理论生成与实践创新的不竭动力。在陶行知的观念里,"爱满天下"中的"爱"所指称的是一种广博的爱。在其一生的教育事业中,陶行知始终秉持博爱的理念。陶行知所言之爱是一种最广泛意义上的爱。他认为作为教师不仅应该爱学生,同样也应该把爱大众作为自己最基本的职责,正所谓,你若把你的生命放在学生的生命里,把你和你的学生的生命放在大众的生命里,这才算是尽了教师的天职。陶行知心目中的爱还是一种平等的爱。博爱还应该是一种不断传递中的爱。在 1916 年发表的《中国的道德与宗教教育》一文中,陶行知即指出,中国道德和宗教教育的方向应该是,孩子必须被置于一个充满着爱、服务和牺牲的社会温床当中,并且受到教育,让他们可以自主地去爱、去服务,以至为人牺牲。[②]

(四) 霍懋征:大爱教育

霍懋征,第一次全国教育工作会议上被评为中国现代百名教育家之一。几十年来,霍老师受到了周恩来、温家宝等历届党和国家领导人的接见,周恩来称她为"国宝",温家宝称她是"把爱心献给教育的人"。师爱是一切教育教学方法的根基,离开了爱,再巧妙的教育技巧都会成为空中楼阁,终将经不起时间的考验。而师爱本身也是衡量一个教育者是否合格的标准之一。霍懋征老师一直把爱作为教育的根本,认为教师应该有爱的情感、爱的行为、爱的艺术。在霍懋征老师心里,爱是一种信任、一种尊重、一种鞭策、一种激情,更是一种能触及灵魂、触动心灵的教育过程。如果一种教育不能触动人的心灵,无法引起人的共鸣,不能震撼人的情感,那就不可能说是成功的教育。霍懋征老师的教育思想集中体现在一个爱字上,她对学生、对教育事业充满了爱,用她诚挚的爱去了解学生、信任学生、尊重学生、教育学生,以"爱"育人,用她充满爱心的"激励、赏识、参与、期待"引导、激励每个学生上进。

霍懋征老师说:"我和学生平等相处,爱他们、尊重他们,帮助他们解决渴望解决的一切问题,他们也爱我、尊重我、听我的话,所以我知道,在老师面前,没有不可教育或教育不好的学生。"霍懋征老师相信"人之初,性本善",不论怎样淘气的学生,其心灵是纯洁的。她坚信每个孩子都是好孩子,都有很强的可塑性,都能在老师的正确指

---

① 孙培青、杜成宪:《中国教育史》,华东师范大学出版社,2008 年,第 466 页。

② 许庆如:《仁爱与博爱的融合:论陶行知"爱满天下"的办学精神》,《教学与管理》,2014 年第 36 期,第 15 页。

导下长大成才。霍懋征老师对学生的爱是一视同仁的，从教六十年，霍懋征老师没有丢掉一个学生，用她母亲般温暖的心灵关怀，成功地教育好了每一位学生，用她的教学实践证明了"没有教不好的学生"。霍懋征老师以陶行知先生的话为指引，根据自己多年的教学实践，总结出教育教学的根本目的是要让学生"十学会"：学会做人，学会自律，学会学习，学会思考，学会审美，学会创新，学会乐群，学会健康，学会生活，学会劳动。在语文教学中，霍懋征老师坚持"教在今天，想在明天"的教学理念，全面提高学生的素质，注重培养学生的学习兴趣、实践能力和创新精神，在促进学生全面发展的基础上，突出对学生做人的基本素养方面的培养，为学生的一生奠基。

在霍懋征老师的班级里，实现了"有爱无类"的平等教育。她爱所有的学生，无论学习好的还是学习差的、家庭条件优越的还是家庭经济困难的，她都一视同仁。霍懋征老师用她母亲般温暖的心灵关怀和充满教育智慧的育人方法，滋润着每一个学生的心灵，激励着每一个学生上进。[①]

◉ **爱的榜样**

1. 阅读并思考教育家苏霍姆林斯基、皮尔保罗校长、陶行知、霍懋征典型教育案例。

2. 你还知道哪些国外教育家爱心培育的经典案例？可以通过"云爱平台"进行分享。

★榜样一

永不凋谢的玫瑰[②]

在苏联的一所学校，校园的花房里开出了美丽的玫瑰花，每天都有很多同学前来观看，但都没有人去采摘。

一天清晨，一个就读于该校幼儿园4岁的小朋友进入花房，摘下了一朵最大、最漂亮的玫瑰花。当她拿着花走出花房时，迎面走来了该校的校长。校长十分想知道小女孩为什么要摘花，便弯下腰亲切地问：

"孩子，你可以告诉我你摘下的花是送给谁的吗？"

"送给奶奶的。奶奶生了重病，我告诉她学校里有一朵很大、很漂亮的玫瑰，奶奶不信，我这就摘下来送给她看，希望她早点好起来，等奶奶看完了之后我会把花送回来。"

听完孩子的回答，校长的心颤动了。

他牵着小女孩的手，从花房里又摘下了两朵大玫瑰花，说道：

"这一朵是奖给你的，你是一个懂事的孩子；这一朵是送给你奶奶的，感谢她培养了你这样的一个好孩子。"

① 蔺晓康：《"大爱无疆"：霍懋征教育思想研究》，渤海大学，2014年，第11～19页。
② 胡天和：《永不凋谢的玫瑰》，《中学语文园地》，2003年第Z3期，第27页。

这位校长是谁呢？他就是伟大的教育家、万世景仰的育人楷模苏霍姆林斯基。

★榜样二

一句话改变学生的命运①

"我一看你修长的小拇指就知道，将来你一定会是纽约州的州长"，一句普通的话，改变了一个学生的人生。

此话出自美国纽约大沙头诺必塔小学校长皮尔·保罗之口，话语中的"你"是指当时一名调皮捣蛋的学生罗杰·罗尔斯。小罗尔斯出生于美国纽约声名狼藉的大沙头贫民窟，这里环境肮脏、充满暴力，是偷渡者和流浪汉的聚集地。因此，他从小就受到了不良影响，读小学时经常逃学、打架、偷窃。一天，当他又从窗台上跳下，伸着小手走向讲台时，校长皮尔·保罗将他逮个正着。出乎意料的是，校长不但没有批评他，反而诚恳地说了上面的那句话并给予语重心长的引导和鼓励。

当时的罗尔斯大吃一惊，因为在他不长的人生经历中只有奶奶让他振奋过一次，说他可以成为五吨重的小船的船长。他记下了校长的话并坚信这是真实的。从那天起，"纽约州州长"就像一面旗帜在他心里高高飘扬。罗尔斯的衣服不再沾满泥土、罗尔斯的语言不再肮脏难听、罗尔斯的行动不再拖沓和漫无目的。在此后的40多年间，他没有一天不按州长的身份要求自己。51岁那年，他终于成了纽约州的州长。

★榜样三

宽容的力量②

教育家陶行知当小学校长时，有一天看到一个学生用泥块砸自己班上的同学，当即制止他，并令他放学时到校长室里去。

放学后，陶行知来到校长室，这个学生已经等在门口了。可一见面，陶行知却掏出一块糖送给他，并说："这是奖给你的，因为你按时来到了这里，而我却迟到了。"学生惊讶地接过糖。

随之，陶行知又掏出一块糖放到他手里，说："这块糖也是奖给你的，因为我不让你再打人时你立即住手了，这说明你很尊重我，我应该奖给你。"那个同学更惊讶了。

陶行知又掏出第三块糖塞到他手里，说："我调查过了，你用泥块砸那些男生，是因为他们不守游戏规则，欺负女生。你砸他们，说明你很正直善良，有作斗争的勇气，应该奖励你啊！"那个同学感动极了，他流着泪后悔地说："陶校长，你打我两下吧！我错了，他们毕竟是我的同学啊！"陶行知满意地笑了，他随即掏出第四块糖果递过去，说："为你正确地认识错误，我再奖给你一块糖果，可惜我只有这一块糖了，我的糖完了，我看我们的谈话也该完了！"

---

① 《一句话改变学生命运：保罗校长"妙手回春"》，《生活教育》，2011年第17期，第4～5页。
② 《陶行知先生的四块糖果》，《中学生》，2009年第Z3期，第68页。

★榜样四

没有爱就没有教育①

有一天，退休在家的霍懋征接到一个电话，电话里传来激动的声音："我可找到您了。您就是我的亲娘啊！"霍懋征一下愣住了，问："您是不是打错电话了？""没错，霍老师，您就是我的亲娘，没有您也不会有我的今天。""那您贵姓？""我姓何。""你是何永山。""是我，是我。"

何永山上学的时候，是学校里出了名的"淘气鬼"，而且已经留了两年级。上课的时候，随便说话喊叫是家常便饭。课下还经常欺负同学，就是班主任也拿他没有办法。

一次开校务会的时候，霍懋征听说学校准备把何永山送到工读学校去，就找校长说："您把这个孩子交给我吧。"校长说："这可不行，我可不能让这孩子影响你们的优秀班集体。""请您相信我，看看我们班是否有力量来改变何永山。"在霍懋征的恳请下，校长终于同意她把何永山领走了。

因为两次留级，何永山比其他同学都大，而且身高体壮有力气。一天，霍懋征对他说："永山，你当个组长吧。挑上三个同学，再加上老师，咱们五个人负责打扫班里的卫生区怎么样？"何永山一听先是一愣，然后大声说："行！"从第二天早上开始，何永山每天总是第一个到校给大家准备好笤帚、簸箕，干得非常认真。有一天早上，他扛着一把长把笤帚兴冲冲地走到霍懋征跟前说："老师，您用这把笤帚扫吧。""为什么？"霍懋征有些不解。"霍老师，我发现您的腰有毛病，您用这把笤帚扫地就不用弯腰了。"一个被认为不可救药的孩子也会关心别人了。

一天，霍懋征看见何永山站在学校鼓号队旁边比画着敲大鼓，眼里流露出羡慕的神色。因为他不是少先队员，所以根本没有加入鼓号队的资格，只能眼巴巴地看着。霍懋征发现他的这一兴趣后，就去找大队辅导员，说："你看何永山那么大的个子，打大鼓最合适了。而且通过少先队这个集体也能帮助他进步。"大队辅导员不敢肯定，只说："那就试试看吧。"结果，何永山非常遵守鼓号队的纪律。那年"六一"儿童节活动，霍懋征特意给何永山买了白衬衫、蓝短裤。这一天，何永山第一次在全校同学面前受到了大队辅导员的表扬。

活动之后，何永山抱着白衬衫、蓝短裤送还给霍懋征。霍懋征亲切地说："这衣服是老师送给你的，拿回家去吧。你今天很漂亮，只是脖子上少一样东西。"没等霍懋征说完，何永山仰起脸说："我知道，我还没有红领巾呢！"何永山进步了，课上不随便说话了，课下也不胡闹了。上课老师都说："何永山像变了一个人。"不久，他真的加入了少年先锋队。

● 爱的感言

1. 总结概括裴斯泰洛齐、霍懋征"爱的教育"内容，阐述该思想对当下教育教学

① 霍懋征：《没有爱就没有教育》，《教育文汇》，2005 年第 4 期，第 9～10 页。

的指导意义。

2. 简述苏霍姆林斯基"和谐教育"和陶行知"爱满天下"思想及其启示。

◉ **爱的践行**

1. 像教育家一样思考：以表格的形式，提炼概括国外爱心培育思想发展的历程。

2. 像教育家一样行动：设计教学活动方案，在幼儿园中实地开展爱心培育，撰写反思日记和观察记录。

第三节 我国当代大学生爱心培育现状

◉ **爱的认知**

加强爱心培育是学生思想道德建设亟待解决的现实问题与时代重任。随着人们对爱心培育的关注，爱心培育在理论和实践方面取得了丰硕的成果。

一、爱心培育理论的发展

（一）爱心培育与学生管理

高校是培养高素质人才的摇篮，有效的学生政治辅导工作是培养学生优秀品格、良好个性、进取精神、创新意识的重要保证。爱心，是辅导员做好思想政治工作的重要前提，是成功教育的原动力。辅导员要有爱心，主要体现在对辅导员工作本身的热爱以及对自己学生的热爱。对学生要做到以理服人，以情感人，培养学生自立能力和自强意识，达到"润物细无声"的效果，做到既有情感中的教育，更有教育中的情感。秉持"人化"管理思想，主张尊重人、关心人、理解人、信任人、爱护人，以激发人的积极性和自觉性，挖掘其潜能；强调把关心人、尊重人、激励人、爱护人作为学生教育管理工作的出发点与落脚点；强调在学校这个独特的环境中，要承认大学生作为人的客观存在，他们具有自身的尊严和人格，是自由的，也是充满活力的；要明确大学教育本身就具有维护"人"的独立性的功能。以宿舍管理为平台的爱心教育因其能发挥环境育人与实践育人的作用，功效较为明显。宿舍应该成为爱心教育的主阵地。多主体参与宿舍区的爱心教育、发挥大学生的主体作用、制定相应制度保障爱心教育的可持续性会使爱心教育的功效得到进一步的增强。

（二）爱心培育与校园文化建设

爱心教育的实施有助于繁荣校园文化、增强学校的文化力和竞争力，从而促进学校的和谐发展。为确保爱心教育的实施，学校需充分利用校园文化建设这一有效途径和载体，努力调动全体师生的积极性、创造性，着力加强物质文化、制度文化、精神文化等层面的校园文化建设。一方面，要加强校园规划和建设，按照绿色校园、文明校园、数

字化校园的要求，力争建成一个功能优化、布局合理、个性鲜明、格调高雅、人文与自然和谐、传统与现代交融的现代化大学校园，使学校的园、林、水、路、楼等达到使用功能、审美功能、教育功能的完美统一，陶冶学生热爱自然、热爱学校、关爱他人、热爱社会的情操；另一方面，要加强校园文化建设，通过精心设计各种思想健康、内容丰富、形式新颖、吸引力强的校园文化活动，积极举办各种讲座、展览、竞赛，开展人文素质教育和科学精神教育活动，使师生在活动的参与中受到潜移默化的影响，思想感情得到熏陶、精神生活得到充实、道德境界得到提升。

（三）爱心培育与课堂教学

任课教师要严格按照"有理想信念、有道德情操、有扎实学识、有仁爱之心"的好老师标准要求自己，坚持把爱心培育工作落实到教学活动中，更好地担当起培养学生有爱心、养成学生好行为、提升学生高素质的重要责任。课程教学是实施爱心培育的核心路径和主干渠道。各学科教师重视发挥课堂爱心培育功能，理科讲透科学精神和科学理性，文科教学增进学生文化自信，公共基础课与专业课程同向同行；把基本原理变成身边道理，引领学生树立正确的世界观、价值观和人生观。一是优化人才培养方案，调整人才培养目标，将"爱心培育"的理念融入人才培养方案、课程大纲、教学计划等里面去，切实形成教育合力，共育有"爱心"的优秀人才。二是精心组织开展爱心课程，加强日常课程爱心教育的渗透，编写与完善"爱心培育"读本等系列教材，充分发挥《学前教育学》《教师职业道德与教育政策法规》《大学生心理健康教育》《思想道德与法律基础》等日常课程的教育作用。三是创新高校思想政治理论课的教学内容。在进行思想政治基本理论教学的同时，针对大学生的特点，科学设计教学内容，找准思想政治基本理论教学与爱心教育的契合点，把爱心教育的内容渗透到基本理论的教学中去，注重大学生爱心的培养。

二、爱心培育的实践探索

（一）南通科技职业学院："爱心教育三段式"育人模式

近几年，南通科技职业学院机电工程系在长期探索、创新实践学生思想政治教育工作方法的进程中，逐步形成了一支以党总支为核心，以党支部、团总支（学生会）为网络的爱心工作队伍，构建了以贴近实际、贴近生活、贴近学生为原则，以"创建爱心集体，争做爱心教师，培育爱心学生"为目标，以"以点带线，以线促面"为思路的"爱心教育三段式"育人模式，即牢固树立"服务学生、帮助学生"的教育理念，在全系范围内具体生动地探索和推进"爱心教育三段式"育人模式，在体验和实践过程中，以身边的典型事迹为依据，通过爱心活动来感化学生、熏陶学生、引导学生，使大学生将"爱他人，爱校园，爱社会"的思想内化成自主行为，从而促进他们养成自觉高尚的人格修养。

1. 第一阶段：思想萌芽阶段

通过"感恩、启蒙"教育，触动心灵的自我体验。"感恩、启蒙"教育主要从情感需求出发，注重心灵感悟，"晓之以理，动之以情，导之以行"，以润物无声的方式在潜移默化中增强大学生的感恩意识。该阶段主要针对大一学生开展一系列的思想启蒙教育，比如通过新生入学系列教育活动和党团基本知识的启蒙教育活动营造感恩氛围，引导学生树立正确的世界观、人生观和价值观，培养他们的爱心意识，帮助他们克服拜金主义、享乐主义、个人主义等消极观念的影响，促使他们能够正确处理与他人之间的利益关系，提高自身的思想认识。

2. 第二阶段：行动体验阶段

通过"体验、实践"教育，感悟人生。自主践履"体验、实践"教育具有亲历性、自主性、生成性、综合性和开放性等特征，是在前一阶段"感恩、启蒙"教育的基础上，注重"做中学、学中悟、悟中行"，学生活动与教学活动相结合，通过校内外资源的整合和实践平台的搭建，精心设计爱心活动，感化学生的内心，使学生自觉改变其行为方式。该阶段主要针对大二学生设计教育活动，不拘泥于教育内容的完整性，更强调学生即时的感受；不提倡单纯的教育理论灌输，更注重学生内心的体会与领悟；不局限于课堂、校内的知识学习，更强调在具体的体验和实践中领会和感悟。围绕学生这个中心，充分发挥辅导员、班主任、任课教师的引导作用，在分享、总结经验、解决问题的基础上，引导学生发生态度、观念的转变，提高学生自身高尚的人格修养。

3. 第三阶段：实现奉献阶段

通过"实现、奉献"教育，实现价值的自我追求。"实现、奉献"教育阶段主要针对高职院校毕业班学生，是对前两个教育阶段基础上的提升，强调以大学生自身为主体，指导老师为引路人，提高学生服务社会、回馈社会的意识和能力，引导大学生利用自身所学知识和技能，奉献社会、回馈社会，在实现个人价值的同时为社会多做贡献，实现人的社会价值并使其最大化。"实现、奉献"阶段的教育是以就业为导向，强调"自主实践、自觉奉献"，在前两个阶段心灵、实践引导教育的基础上，促使学生将外驱力变为自主的策动力，自觉服务社会、回馈社会，实现自身的社会价值。[①]

（二）湄洲湾职业技术学院：将地域文化融入爱心培育

湄洲湾职业技术学院在开展大学生思想政治教育过程中，注重学生爱心意识教育和责任感培养，将爱心教育放在大学生思想政治教育突出位置。在爱心教育活动中，注重融合莆田地域特色文化——妈祖文化。"立德、行善、大爱"是妈祖文化的核心精神，学校充分挖掘妈祖文化的爱心教育因素，结合妈祖文化精髓，形成富有特色的校园爱心

---

① 刘志刚、刘建琴、钱娅娴等：《"爱心教育三段式"育人模式在学生管理工作中的实践》，《职教通讯》，2015 年第 23 期，第 45~46 页。

教育体系。

1. 妈祖文化进环境，营造爱心文化氛围

依托妈祖文化资源，建设妈祖文化馆，并围绕"大爱妈祖"主题，发动师生通过国画、书法、油画、雕刻、剪纸、漫画、平面设计等艺术形式，创作妈祖文化作品，丰富文化馆内容。建设博爱公园，制作妈祖精神石刻，将妈祖文化元素融入校园环境。在新校区建设中，依托旧有的妈祖宫，规划妈祖公园，作为妈祖文化的校内实践基地。学院通过各种形式将妈祖文化元素融入校园环境中，营造爱心文化氛围，让师生浸润其中，接受爱心文化熏陶。

2. 妈祖文化进课堂，倡导爱心精神理念

构建爱心课堂教育体系，立足马克思主义理论课主阵地，同时挖掘莆田地方特色文化的爱心元素，弘扬妈祖的立德、行善、大爱精神。编写《妈祖文化导论》校本教材，作为必（选）修课程。积极开展第二课堂——爱心主题讲座、演讲、主题班团会等教育实践活动，让学生在聆听他人故事，发现、讲述身边好人好事的过程中，感受爱心的力量，用鲜活的爱心事例来影响、感染、带动学生爱心意识的养成，拓展了爱心教育渠道。

3. 妈祖文化进实践，强化爱心行为养成

一是体验式爱心实践活动。举办爱心节系列活动，如"学会感恩"爱心讲座、"为爱奔跑"环校跑、"爱心墙"签名仪式、"爱心游园"等活动。二是创新式爱心实践活动。设计爱心形象大使"湄宝"。"湄宝"以妈祖形象为原型，突出萌娃形象。开展爱心行为艺术活动。学生以身体作为道具，设计以"爱"为主题的形体动作组合，诠释青春"爱"能量。利用微博上的"湄宝体"，在网络上弘扬了校园正能量。三是奉献式爱心实践活动。注重扶持建设具有妈祖精神特质的学生社团，通过爱心公益事业凝聚全体社员，开展形式多样的志愿服务活动，如经营博爱超市，鼓励贫困生积极、广泛地参与爱心行动，以此获得爱心积分，兑换相应物品。学生通过志愿服务活动，奉献社会、回馈社会，在奉献中完善自己的人格，升华自己的爱心。[①]

（三）浙江万里学院：构建以二级学院为平台的实践活动体系

浙江万里学院文化与传播学院爱心教育体系的构建是在学院党、团总支领导与支持下，开展各种学生爱心活动，并以院二级网站和其他社会资源作为合理的补充。自学院成立以来，在大学生思想政治工作中积极探索，先后探索实践出"毕业林""阳光1+1""绿色书库"等爱心教育活动，有效地构筑了爱心教育体系，并在实践中逐渐巩固和完善，有力地促进了文传学院"如何培养人"和"培养什么人"的思想政治工作卓有成

---

① 李超、任清华、黄心闲：《基于地域特色文化的高职院校爱心教育研究——以湄洲湾职业技术学院为例》，《武汉交通职业学院学报》，2017年第1期，第44~45页。

效地开展。

1. 体验式学习，塑造学生的爱心品格

文化与传播学院创建了一个以爱心活动为主旨，义务支教为方式的组织——"阳光1+1"，在"携手民工子女，许下十年之约"的爱心奉献中，先后与宁波市20余所民工子弟小学签订协议，对学生进行助学帮困。大学生们的亲身体验，不仅使其用爱心给外来务工人员子弟营造了晴朗的天空，更多地使他们提高了参与社会实践的兴趣，丰富了人生经历，而且在每次活动中体验到爱心活动的付出与回报的心理愉悦。

2. 参与式奉献，培养爱心教育活动氛围

高校爱心活动、学生社团等蓬勃发展显示了大学生具有较高的社会责任感，因此文化与传播学院在爱心教育活动实践中，结合大学生的身心特点，以"爱心基金""绿色书库""好心有好报"等多种方式尝试对学生进行"关爱他人"等爱心教育。如"好心有好报"活动就是通过4年上千人次学生参与的卖报活动，所得资金全部捐助给宁波市慈善总会，获得全国、省市大小数十家媒体的广泛关注，也深受宁波市民的支持。学生在活动中体验与感受爱心，同时也激发了自己和全社会主动参与爱心奉献的热情。这些活动都是通过举办活动吸收学生自愿参与，在参与中使其受到感染和熏陶，从而达到培养其积极奉献的爱心教育目的。

3. 创造性的实践活动，拓展爱心活动的空间

创造性的实践活动是激发大学生积极参与，实施爱心教育的主要方式，而且这种方式比较容易吸引大学生积极参加，深受学生群体欢迎。学院先后探索、实践出"毕业林""绿色书库""好心有好报"等活动，鼓励和支持学生成立相关社团，创造形式多样的爱心实践活动，并一届一届继承发展下去，避免流于形式地搞活动，真正地营造了爱心文化氛围，真正发挥了爱心教育活动的影响力。[①]

（四）燕山大学：高校帮学助困与爱心教育相结合

燕山大学电气工程学院"希望基金会"是由大学生这个主体和学生工作者共同组成的一种互助性公益组织，基金会以"奉献爱心、共铸希望"为宗旨，以"取之于学生、用之于学生"为原则，群策群力，努力为遇到困难的学生解决实际问题。学院的每位学生自愿加入成为"希望基金会"的会员，有向基金会借款的权利。每学期每位会员储蓄一次，数额不等（原则每人至少20元，但同学们积极踊跃，有的学生最多一次存款550元），毕业时一次性返还。除此之外，师生和社会捐款也是基金会的资金来源。同时"希望基金会"成立了希望基金会委员会，由学院学生科专人负责并监控资金的周转，以保证基金的正常回笼和最大限度地流通。当学生遇到生活有困难或突发事件时，

---

① 许国君、陈万怀、张明明：《大学生爱心教育体系的构建与实施》，《浙江万里学院学报》，2008年第3期，第113~114页。

都可以向希望基金会借款，以解燃眉之急。希望基金成立至今最高收集资助资金近20万元，每学年帮助学生达600人次，最高一次性单额帮助学生看病提供医疗费用23000元，可以说"希望基金会"的每一分钱都用在了帮学助困上。经过多年的探索和实践，"希望基金会"的帮学助困作用越来越大，"人文关怀"凸显，同时爱心教育已经由最初的被动形式转变成主动的形式，起到了很好的德育教育作用，并已被广大同学接受，成为解决学生经济问题的好帮手和帮助学生健康成长的"爱心教育组织"。

"希望基金会"在学院内搭建了爱心平台，培育了爱心文化，不仅有效地帮助家庭经济困难的学生顺利完成学业，更是在系列活动中实现了双向教育。"希望基金会"向学院学生宣传希望基金会的宗旨和帮助学生的事迹，并组织了报告团通过受到帮助的同学向同学们作报告，还组织了"希望基金会志愿者"团体帮助学院有困难的学生，并开展各类志愿活动。这些活动在让学生们受到资助的同时，也明白了"自爱、自强、自尊"是他们赢得帮助的唯一条件，使得他们在以后的人生路上用积极的人生态度不断前进。所有受到资助的学生必须与学院签订"诚信合约"，承诺在毕业后有了固定收入的时候，通过"无息无期"的方式偿还"爱心款"，再用这笔"爱心款"去资助其他需要帮助的同学。这样不仅实现了爱心教育，更是将这珍贵的"爱"生生不息地传递下去。让被"爱"的人学会"自爱"并去"爱他人"，这才达到了我们道德教育的初步目的。"希望基金会"促使学生在各种爱心活动实践中学会爱自己、爱他人，学会做人，并将这种爱扩展到对他人、对社会的无限的爱，这就是践行爱心教育的深刻内涵。①

（五）川北幼儿师范高等专科学校："1243"爱心培育育人体系

习近平总书记在全国高校思想政治工作会议上指出，高校立身之本在于立德树人。爱心培育的提出是践行立德树人根本任务的集中体现。学前教育系注重科学架构，顶层设计，打造全过程全方位爱心培育育人格局。如图2—1所示，学校将爱心培育工程分解为两大内涵和四大层次，进而采取一系列措施来培养学生"爱"的品质。四大层次包括爱的理论认知、爱的情感体验、爱的实践行为和爱的反思提升，两大内涵包括大爱情怀和师爱品格。大爱情怀是指爱他人、爱物、爱家国，主要通过开展专题讲座、班团活动、征文比赛、志愿服务、主题辩论等多种多样的活动来实现。师爱品格是指仁慈之爱、理智之爱和教育之爱，主要通过专业课程、事迹报告、宣誓仪式、专业实践、毕业设计等途径来达到预期目的。经过不断实施和提炼，以期形成"1234"（即1条主线、2大内涵、3阶递进、4个层次）爱心培育育人体系。②

---

① 产佳、王晓丹、严冰：《高校帮学助困与爱心教育相结合的有效途径探索——燕山大学"希望基金会"在大学生爱心教育上的实践与思考》，《长春理工大学学报（高教版）》，2009年第7期，第1~2页。
② 孔露、任颖、邢春娥：《幼专学前教育专业学生爱心培育现状调查与分析——以川北幼儿师范高等专科学校为例》，《四川职业技术学院学报》，2019年第1期，第85页。

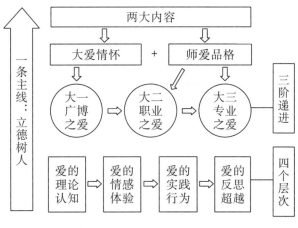

图 2—1　"1243" 爱心培育育人体系

◉ 爱的榜样

1. 阅读并思考教育家张伯苓、陶行知、蔡元培典型教育案例。

2. 你还知道哪些国外教育家爱心培育的经典案例？可以通过"云爱平台"进行分享。

★榜样一

人格的力量：张伯苓先生以身作则戒烟①

我国著名教育家张伯苓，1919 年之后相继创办南开大学、南开女子中学、南开小学。他十分注意对学生进行文明礼貌教育，并且身体力行，为人师表。

一次，他发现有个学生手指被烟熏黄了，便严肃地劝告那个学生："烟对身体有害，要戒掉它。"没想到那个学生有点不服气，俏皮地说："那您吸烟就对身体没有害处吗？"

张伯苓对于学生的责难，歉意地笑了笑，立即唤工友将自己所有的吕宋烟全部取来，当众销毁，还折断了自己用了多年的心爱的烟袋杆，诚恳地说："从此以后，我与诸同学共同戒烟。"果然，打那以后，他再也不吸烟了。

★榜样二

陶行知喂鸡②

有一次，陶行知先生在武汉大学演讲。他走向讲台，不慌不忙地从箱子里拿出一只大公鸡。台下的听众全愣住了，不知陶先生要干什么。陶先生从容不迫地又掏出一把米放在桌上，然后按住公鸡的头，强迫它吃米。可是大公鸡只叫不吃。怎么才能让公鸡吃米呢？他掰开公鸡的嘴，把米硬往鸡的嘴里塞。大公鸡拼命挣扎，还是不肯吃。陶先生

---

① 《人格的力量：张伯苓先生以身作则戒烟》，《生活教育》，2011 年第 15 期，第 4 页。

② 邹国华：《有感于陶行知"喂鸡"》，《江西教育》，2001 年第 10 期，第 11 页。

轻轻地松开手，把鸡放在桌子上，自己后退了几步，大公鸡自己就开始吃起米来。

这时陶先生开始演讲："我认为，教育就像喂鸡一样。先生强迫学生去学习，把知识硬灌给他，他是不情愿学的。即使学也是食而不化，过不了多久，他还是会把知识还给先生的。但是如果让他自由地学习，充分发挥他的主观能动性，那效果一定好得多！"台下一时间掌声雷动，为陶先生形象的演讲开场白叫好。

★榜样三

蔡元培请喝茶①

曾经有一位北京大学学生对成功充满着渴望和憧憬，可他在生活中却屡屡碰壁，鲜有所获。沮丧的他便给时任北京大学校长的蔡元培先生写了一封信，希望能够得到指点。蔡元培在百忙中回了信，并约了一个时间让那位学生到办公室面谈。

学生激动地来到校长的办公室。没等他开口，蔡元培先生就笑着招呼道："来，快坐下，我给你泡杯茶。"说完便起身，从抽屉中拿出茶叶，放进杯子里，倒上开水，递到学生面前的桌子上。"这可是极品的绿茶哟，是朋友特地从南京给我带过来的，你也尝尝。"蔡元培先生和蔼地说道。

受宠若惊的学生端起茶杯喝了一口。几片茶叶稀疏地漂浮在水面上，水也是惨白惨白的，没有一点绿色，喝到口中也像白开水似的，没有一点茶的味道。学生的眉头不禁一皱。蔡元培好像并没有注意到学生的表情，依旧东拉西扯地谈一些漫无边际的话题，似乎完全忘记了学生来的目的。学生极不自然地听了很久，好不容易等到蔡元培稍稍停顿一下，忙找了个理由告辞。

蔡元培眯着眼若有所思地微笑道："急什么，把茶喝了再走，这可是一杯极品的绿茶。千万别浪费了。"

学生无奈地又端起了茶杯，礼节性地喝了一口。可就在这时，一股清香浓郁的味道沁入心脾！学生愣住了，诧异地打量着茶杯：茶叶已经沉浸入杯底，杯中的水已是一片碧绿，像翡翠般灿烂夺目。不仅如此，整个办公室里可以闻到一种清新的香气！

蔡元培似笑非笑地望着他，满含深意地问道："你明白了吗?"

学生恍然大悟，惊喜地喊道："我明白了，你的意思是说，想追求成功就要像这绿茶一样，不能只停留在表面；凡事都要静下心来，认认真真，踏踏实实地沉浸下去。"

生活就是一杯绿茶，只有静下心来沉浸进去的人，才能领略到成功和幸福的甘醇！

◉ 爱的感言

1. 请说一说"陶行知喂鸡"教育案例对当下爱心培育的指导意义。

2. "蔡元培请喝茶"，你喝出了什么味道？请谈一谈对爱心培育的启示。

---

① 李云贵：《蔡元培为学生泡茶》，《海南日报》，2019年7月29日，第26版。

● 爱的践行

学习教育家的教育理念和教育艺术，与自己的职业相结合，学以致用，大胆尝试。

【推荐欣赏】

1.《把爱献给教育的人——霍懋征》，作者：赵萱、曾曙春。

内容简介：《把爱献给教育的人——霍懋征》是一部全面、系统展示我国当代著名教育家霍懋征博大精深的教育思想和丰富多彩的教育教学实践，为培养霍懋征式的优秀教师和教育家服务，促进我国教师教育科学发展的教育读物。本书紧扣21世纪第一次全国教育工作会议和《教育规划纲要》精神，力求体现时代性。本书总结了霍懋征教育教学经典案例，注重遵循教育教学规律和学生发展规律，力求体现科学性。本书由著名教育专家从教育学、心理学、课程论、教学论的角度，评析典型案例，彰显霍懋征教育思想与实践的学术价值，力求体现权威性。本书注重学思结合、知行统一，引导教师在感悟、体验霍懋征崇高师德、育人智慧、教学艺术精髓的基础上，拓展教育教学实践活动，力求体现实效性。本书由全国教师教育课程资源专家委员会审定，适合全国中小学教师、师范院校师生、教师教育工作者及中小学生家长学习、阅读和参考。

推荐理由："没有爱就没有教育"，一个老师必须热爱学生才能教好他们。在她的眼中，没有教育不好或者不可教育的孩子。关心和爱护学生，是贯穿于霍老师整个教育实践过程中的一条红线，"全心全意爱自己的学生"是她一生的座右铭。霍懋征老师爱每一个孩子，相信每个孩子都可以成才。她强调教育者要先爱教育，塑造灵魂者要先做到心灵美，这是真善美的先决条件。霍懋征正是凭着这份真挚的爱，在她多年的教育生涯中，做到了不让一个学生掉队。爱的教育确实是一门深而活的学问，爱的教育将是一本大书，让我们每一个人学习霍懋征，用爱的实践写下自己一生珍贵而值得回味的一页吧。

2.《爱心与教育》，作者：李镇西。

内容简介：本书是著名教育专家李镇西的成名作、代表作，以手记的形式，叙述了李镇西老师教书育人的感人故事。

学生汪斌的父亲执意留下一筐鸡蛋感谢李老师对儿子的关爱，李老师每天煮上一个给汪斌送去。家境困难而品学兼优的宁玮生活节俭，李老师送钱给她补充营养。父亲病逝、家庭欠债的伍建有了辍学的念头，李老师支持同学们给他捐款捐物。假期，李老师带着学生步行三十多里山路，来到伍建劳作的田头，齐声大喊："伍——建——你——好！"伍建泪水长流。李老师教育"后进生"万同转化的过程，更像一个惊心动魄的传奇故事……

李镇西对学生真挚的爱，学生对李老师爱的回报，让成千上万的读者——教授、学者、公务员、学生及其家长感动流泪。很多教师读了本书后，深为震撼和自省，从此改变态度，因而改变了人生。

1999年，本书荣获中共中央宣传部"五个一工程"奖、冰心儿童图书奖、中国教育学会"东方杯"科研成果一等奖，全国各大媒体纷纷报道传播，时至今日，因为广大

教师的追捧，《爱心与教育》已成为教育新经典。

推荐理由：没有夸夸其谈，李老师运用许多学生的原话真实地写出他怎样地爱学生，学生又是怎样地爱他。言语之间，是一种幸福的味道、和谐的师生关系、快乐的校园生活。"爱"，正是本书的主调。"当一个好老师最基本的条件是什么？""是拥有一颗爱学生的心！"李老师如是回答。爱学生，就必须善于走进学生的情感世界，就必须把自己当作学生的朋友，去感受他们的喜怒哀乐。基础教育阶段的儿童处于生命中最主要的集中学习时期，他们缺乏社会经验，各方面处于形成阶段，有着多方面的需求和发展，充满生命活力和潜力。这段时期的教育影响远远越过该阶段而扩展到终身。因此最需要老师对学生的爱，懂得儿童时期对生命的独特价值，并善于开发其生命潜力。

3. 《把整个心灵献给孩子》，作者：苏霍姆林斯基。

内容简介：本书记述作者五年期间与一个班的三十一名学生朝夕相处的平凡岁月，内容是一年小学预备班和四年小学班的日常教育和教学工作，乍看之下没有什么奇特之处。那么这本书的魅力何在？掩卷细思，一颗热爱教育工作、热爱儿童的火热的心所迸发出来的无穷创造力和生命力，正是它的魅力所在。

推荐理由：大师书中字里行间充盈着的、流露出的是爱。包括他对教育事业的爱、对孩子的爱以及对孩子实施爱的教育，让他们拥有爱心、懂得怎样去爱别人。这是一本献给教师的心灵之书。这也是一本缓释教师心理压力、启发教师生活与教学智慧的书。它用温情、智慧和爱意诠释了教育的真谛，用一首首教育诗篇礼赞教师工作的神圣，用一个个真实而平凡的故事抚慰我们的心灵。作为教师的最基本的条件之一是爱孩子。爱孩子，就要成为他们的知心朋友。苏霍姆林斯基说：教师不仅要成为一个教导者，而且还要成为学生的朋友，和他们一起克服困难，一起感受欢乐和忧愁；要忘记自己是个教师，而只有这样，孩子才会把一切都告诉他。这一点，对于我们教师尤为重要。

第三章　培育广博之爱　涵养大爱情怀

> 泛爱万物，天地一体也。
>
> ——《庄子·天下篇》

【学习目标】

通过本章节的学习，你需要：

1. 理解广博之爱的内涵，体会"大爱"的本质。

2. 明确幼儿教师具备广博之爱的重要品质，懂得广博之爱的三种类型。

3. 结合具体案例分析广博之爱的表现。

4. 通过专业学习和深刻感悟，践行幼儿教师的"大爱情怀"。

【学习建议】

在学习本章节之前，你可以：

1. 结合自己的成长经历，说说你熟知的那些关于"爱"的故事。

2. 观看纪录片《鸟瞰中国》，认识美丽中国，培养幼儿教师的民族认同感和国家自豪感。

3. 阅读书籍《爱的艺术》（作者：艾里希·弗洛姆）。

【内容导学】

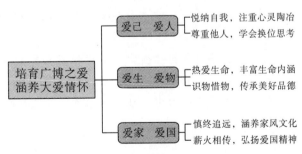

"博"即广泛、广大；"爱"即"惠"，惠及众人。博爱，是指广泛地爱，惠及所有的人的爱。古人认为，"安民则惠"，使民众安定生活就是"惠"。"爱"是"仁"的体现，而"仁"则是与人亲密。"博爱"犹言爱民、惠民，是一种执政理念，意在使国家的制度、法令、政策、措施的受益面尽可能最大化，使更多的人得到好处。博爱也指与众人亲密相处、友善相待、相互扶助的一种社会伦理、个人品格或情怀。在中国古代，儒家代表思想家孟子就曾经说过："老吾老以及人之老，幼吾幼以及人之幼。"就是宣扬了一种博爱精神。拥有一颗博爱的心，给别人温暖的同时，也会温暖自己。在今天的社会中，我们可以理解"博爱"是一种道德情操，更是一种社会修养，拥有了它，你既可以获得爱，又能够付出爱。正如雨果所说："世界上最辽阔的是大海，比大海辽阔的是天空，比天空辽阔的是人的胸怀。"雨果所说的人，就是富有博爱之心的人。

【案例导读】

• 案例描述

书写人生大爱①

吐逊汗·那依甫是新疆柯坪县阿恰勒乡库木鲁克村一位普通的农村妇女。当三儿子患小儿麻痹症、婆婆瘫痪、姐姐因风湿病双脚不能走路时，她不离不弃、悉心照顾，用赢弱的双肩撑起生活的重负，用浓浓的亲情保持了一个家的完整。

2009年，吐逊汗年近90岁的婆婆瘫痪在床，吃喝拉撒全在床上，吐逊汗义无反顾地承担起照顾婆婆的责任。夏天天气炎热，加之婆婆大小便失禁，为了减轻婆婆的痛苦，吐逊汗有时一天要帮婆婆换洗十余次衣服，累得连饭都不想吃。当有邻居对吐逊汗说："你何必这样辛苦，又不是你亲娘。"她总是微笑着回答："她不是我亲娘，却胜似亲娘。婆婆教我做人，教我持家，帮我带孩子，她以前也很辛苦，我应该好好照顾她！"

2011年，吐逊汗的婆婆去世了，同年3月，吐逊汗的姐姐艾丽姆汗·那依甫由于长时间患风湿病，双脚不能走路。姐姐与姐夫结婚仅3年，姐夫就因病去世，一家人的生活很困苦。现在姐姐失去了劳动能力，家里还有一个身体很弱的女儿，于是吐逊汗把姐姐和外甥女接回了自己家。她对姐姐说："不要怕，有我在，我养你！"她还笑着对邻居说："照顾病人，我有经验，我又上岗了！"

她的姐姐艾丽姆汗，躺在床上，头发梳理得一丝不乱，身上盖着一床大红色的花被子，旁边放着暖瓶和鲜花。这个房间是整套房子中光线最好、面积最大的一间。"吐逊汗每天都是这样照顾她姐姐，特别细心。"在柯坪县阿恰勒乡库木鲁克村几乎没有人不知道吐逊汗的故事。村民们说起吐逊汗，随口就提起了她耐心照顾婆婆、姐姐的事情，对其大为称赞。

吐逊汗是一位坚忍而善良的普通农村妇女，她文化程度不高，却懂得感恩；她直面人生，却能笑傲困难，把全身心的爱倾注给这个家庭；她没有过多言语，却能默默用爱的行动感染周围的每一个人。在村民的心中，吐逊汗永远是绽放在阿恰勒乡最美丽的一朵月亮花。

• 交流讨论

1. 吐逊汗·那依甫的品行彰显了中华民族的哪些传统美德？

2. 从吐逊汗·那依甫身上，我们能够学到什么？

---

① 张婧、汪霞：《书写人生大爱》，http://mc.m.5read.com/url.ht?id=863370。

·综合分析

　　吐逊汗·那依甫是一位伟大无私的女性，她淳朴善良、勤劳勇敢，勇于牺牲、敢于奉献，她不辞辛劳地照顾着自己的婆婆和姐姐，把全部的爱倾注到了这个家庭，默默用爱的行动感染着身边的每一个人，用自己的付出诠释着孝行无疆、大爱无言的精神品质，是我们当代青年大学生学习和效仿的楷模。

第一节　爱己　爱人

◉ 爱的认知

一、悦纳自我，注重心灵陶冶

(一) 认识自己，了解自己

　　法国思想家、文学家罗曼·罗兰先生的《米开朗琪罗传》讲述了这样一个故事：1500年，意大利佛罗伦萨采掘到一块质地精美的大型大理石，它的自然外观很适于雕刻一个人像。宝石在那里放了很久，没有人敢于动手。后来一位雕刻家来了一下，但他只在后面打了一凿，就感到自己无力驾驭这块宝贵的材料而住手了。后来，大雕刻家米开朗琪罗用这块大理石雕出了旷古无双的杰作大卫像。但由于先前那位雕刻家的一凿打重了，伤及了人像肌体，竟在大卫的背上留下了一点伤痕。有人问米开朗琪罗："那位雕刻家是否太冒失？""不，"米开朗琪罗说，"那位先生相当慎重，如果他冒失轻率的话，这块材料早已不存在了，我的大卫像也就无从产生。这点伤痕对我未尝没有好处，因为它无时无刻不在提醒我，每下一刀一凿都不能有丝毫的疏忽，在我雕刻大卫的过程中，那位老师自始至终都在我身边告诉我要提高警惕。"[①]

　　故事中的两位雕刻家都通过自己的行动去正确地认识自己，一位能有自知之明，明白自身的能力，没有牵强地继续雕刻下去；而另一位则是虚心吸取前人的教训，认真雕刻。老子说："知人者智，自知者明。"了解他人的人，只能算是聪明。能够了解自己的人，才算是真正的有智慧。人贵在有自知之明，就是说要真正地认清自己。事实上，没有哪个人可以在人生的各个方面都表现得很出色。如果我们高估或低估自己的力量，那么我们因决策失误所遭受伤害的程度就会增加。在现实生活中，很多人之所以失败和痛苦的根源就是不能正确认识自己。

　　苏格拉底曾说："认识自己，方能认识人生。"尼采曾说："在认识一切事物之后，人才能认识自己，因为事物仅仅是人的界限。"但是要做到真正认识自己并不是一件容易的事。有的人活了一辈子都不能认识自己，而有的人感叹自己不了解别人，却认为完

---

　　① 罗曼·罗兰著，傅雷译：《米开朗琪罗传》，中国书籍出版社，2017年，第34页。

全了解自己，这都是不能正确认识自己的表现。要认识自己，就是说，包括认识自己的情感、气质、能力、水平、优缺点、品德修养和处世方式等，能对自己做出较为准确的估量和评价，不掩饰，不溢美。

英国著名诗人、哲学家乔叟说："自知的人是最聪明的。"在漫长的人生历程中，必须正确地认识自己。把自己估计过高，会脱离现实，守着幻想度日，怨天尤人，一事无成；把自己估计过低，会产生强烈的自卑感，导致自暴自弃，最后抱怨终生。可见，认识自己多么重要。倘若能正确认识自己，面临成功，不会忘乎所以，瞧不起别人；遇到挫折失败，也不会丧失信心，只能更加谦虚，更加勤奋。

那么，究竟该如何认识自己呢？首先要通过各种方法了解自己，找准自己的"人生坐标"。苏东坡在诗中曾经写道："不识庐山真面目，只缘身在此山中。"认识自己，首先要自己跳出"庐山"，以旁观者的眼光分析和审视自己。要实事求是地去分析问题和解决问题，避免看待问题的主观性和片面性。其次要通过与别人比较来认识自己，发现自己的优势和不足。把自己放在年龄相似并较熟悉的人中间作比较，认识自己的实际水平及在群体中的地位，找到差距和努力方向。再次要通过交往征求别人意见，依靠朋友，向他们了解对自己的看法，从中总结自己。正确认识自己，才能使自己充满自信，才能使人生的航船不迷失方向。正确认识自己，才能合理定位人生的奋斗目标。有了正确的人生目标，充满自信，并为了它奋斗终生，才能此生无憾，即使不成功，自己也会无怨无悔。

（二）爱护自己，善待自己

每个人一来到这世上，就生活在与他人的关系中。生活中的人，也常被标记为两种：有一种人，凡事只想着自己，很少为他人考虑。这样的人，只爱自己。另一种人，凡事总盯着他人，常常忽略自己，可谓慷慨无私。这样的人，只知爱别人。这两种看似截然相反的人生观，却根植于相同的问题——最终都归结到是否"自爱"这件事上。

古往今来，中国人最看重做人的格调，讲究自爱自敬。人格的伟岸与渺小，与金钱无关，与地位无关，却与修身养性息息相关。在中国古代，生活困顿的黎民百姓，自爱自敬，可以得到别人的敬重。像中国古代的伯夷、叔齐等"小人物"，却能在汉代著名文学家、史学家司马迁的笔下熠熠生辉。每一个人在历史上究竟留下什么样的名声，最终取决于这一个人自爱自敬的程度。

西汉扬雄的《法言·君子篇》中讲道："人必其自爱也，而后人爱诸；人必其自敬也，而后人敬诸。自爱，仁之至也；自敬，礼之至也。未有不自爱敬而人爱敬之者也。"[1] 人一定要自爱，才会获得别人之爱；人一定要自敬，才会获得别人的尊敬。自爱和自敬，是获得别人的爱与尊敬的前提和条件。伟大的人格、高尚的品格，并非一日铸就，而须经历一个积少成多、由量变到质变的过程。真正意义的自爱自敬，必然蕴含着道德修养的提升。古人修身讲求"吾日三省吾身"，提倡"闭门思过"，"君子之爱人也以德，细人之爱人也以姑息"，这必然一个自爱自敬的过程。

---

① 扬雄：《法言义疏》，中华书局，1987年，第515页。

古人爱己，但并未只是停留于自爱自省，而是提倡"修己以达人"。在古人看来，修身是一种内在的道德实践，不仅对个人具有突出意义，而且对政治社会秩序有着重要引导作用，是齐家治国平天下的起点。古代典籍《大学》特别强调修身："古之欲明明德于天下者，先治其国；欲治其国者，先齐其家；欲齐其家者，先修其身；欲修其身者，先正其心；……心正而后身修，身修而后家齐，家齐而后国治，国治而后天下平。"①

叶圣陶曾经说过教育就是培养好习惯。斯宾塞·约翰逊说过世界唯一不变的就是变化本身。与其抱怨，不如改变。如果希望一切都能变得更加美好，就必须要从改变自己做起。而改变自己最重要的事情就是要学会自律。什么是自律？自律，就是自我管理和自我约束，是自己和自己的约定，是一种自省、一种素质、一种自爱、一种觉悟。当自律成为一种习惯，会让人感到幸福快乐、淡定从容、内心强大，充满积极向上的力量。而一个约束不了自己、明知道不可为却为之的人，常常会感到沮丧、失落、愧疚，容易进入不思进取、得过且过的恶性循环里。

【典型案例】

- 案例描述

请你大声说话②

他5岁以前，口齿伶俐，是一个性格外向的男孩。邻居一个男人说话结巴，他和小伙伴们好像发现了新大陆，兴奋地跟在结巴男人的背后学着结结巴巴地说话。孩子们中只有他学得最像，所以他很得意，越发学得起劲。孩子们的恶作剧并没有惹恼结巴男人。结巴男人善意地提醒他："别，别学我说话，我就是，就是小时候模仿结巴叔叔说话，后来说话才结巴的！"他认为结巴男人在骗他，把男人劝导的话惟妙惟肖地再次模仿了一遍，逗得所有的孩子都哈哈大笑……

没有想到，结巴男人的话一语成谶！上学了，他说话也开始结巴。当同学们都惊奇地望着他时，他越发紧张，说话更加磕磕绊绊……是的，7岁时，他说话也成了结巴。以前他取笑别人，现在成了同学们取笑的对象。在课堂上，他最怕老师提问他。因为他一开口，课堂里就充满了笑声。他难堪极了，尴尬极了！

转眼间，他升入了中学。第一天，他就再次遭遇尴尬。由于中学老师们都不了解他的情况。各科老师都按照学生花名册点名提问。数学老师让他回答问题时，他说："我，我说话结巴！"数学老师是一个年轻的女教师，她示意他坐下，眼中充满了理解和尊重。历史老师让他回答问题时，他说："我，我说话结巴！"历史老师是一名老教师。这位老教师走到他面前，抚摸了一下他的头，让他坐下，脸上写满了怜悯与同情。语文老师提问他时，他仍旧低着头小声说："我，我说话结巴！"语文老师兼着班主任，是一位30

---

① 王国轩：《大学·中庸》，中华书局，2006年，第4页。
② 杰克·坎菲尔德、马克·维克多·汉森、马德琳·克莱普斯等：《就让我和这个世界不一样》，湖南文艺出版社，2015年，第51页。

多岁的男教师。语文老师好像没有听清他的话。"请你大点声，请你大声说话！""我，我说话结巴！"他有些羞涩地略微抬高了说话的语调。"我没有听清，请你大声说话，回答我提出的问题！"课堂里一片寂静，似乎能听到心跳的声音。

他第一次遇到这样一位没有人情味、蛮不讲理的老师。他有点恼怒地抬起头来，赌气似的结结巴巴地大声回答语文老师提出的问题。语文老师很平静地听他回答完问题，示意他坐下。自始至终好像没有发现他说话结巴似的。以后，语文老师在课堂上经常提问他。开始的时候，他很紧张，说话时断时续。后来经历提问的次数多了，紧张的心情得到缓解，再回答问题时，话也利索多了。因为语文老师总爱提问他，他在学习语文上格外下功夫，语文成绩进步非常快。后来，其他科目的老师也开始陆续提问他。他用结巴织成的自我防护的盔甲被老师们轮番的提问彻底击穿了。

在他14岁时，他说话不再结巴。他学业优秀，又变成了一个活泼开朗的人。他心里明白，这一切都是语文老师一手导演和造就的。18岁时，他顺利考进了一所师范大学。大学毕业后他成了一名语文教师，学生们都沉迷于他滔滔不绝的口才。他的教学能力是全市最棒的，学生的成绩也是名列前茅的，他得到了学生和家长的广泛好评。

- 交流讨论

案例中，语文老师的做法和其他老师有什么不一样？语文老师"强迫"他大声说话有什么作用和效果？

- 综合分析

了解自己，才能真正认识自己。文章中的"他"因为一时恶作剧而落下了结巴的毛病。中学时期，他遇见了"最严厉""最不通人情"的语文老师，"强迫"他一定要大声说话。实践证明，在语文老师的"强迫"下，他的信心被唤醒了，他的自卑被击碎了，他开始相信自己，自此以后，他开始释放出无穷的潜力。如果你想拥有表达的勇气，想像他一样，请记住，一定要大声说话！

二、尊重他人，学会换位思考

（一）欣赏他人，真诚待人

尊重他人，是一个人的美德，更是个人内在修养的外在体现。懂得尊重的人，会为他人着想，会维护他人的尊严。当然，一个懂得尊重他人的人，必定会得到别人的尊重。有这样一个故事：宋代大文豪苏东坡平生喜欢访僧问禅，有一次脱掉官服，换上便衣到某座寺庙去游玩拜会。走进庙里，方丈打量了他一番，见他仪态一般，穿戴寻常，便说："坐。"又叫一声："茶。"意为以随便的茶水招待。得知客人从京城而来，方丈恭敬站起，立马领苏东坡入内厅，改口为："请坐，泡茶。"再经过一番细谈，得知来人是名动天下的大学士苏东坡，急忙向他深施一礼，满脸堆笑地领苏东坡入禅房，尴尬地赔笑道："请上座，快快，上好茶。"苏东坡临走时，方丈拿出纸笔，一定要请苏东坡留下墨宝，以光禅院。只见苏东坡和颜悦色，挥毫书写了这样一副对联："坐，请坐，请上坐；茶，泡茶，泡好茶。"方丈见此，羞愧不已。

　　这个故事告诉我们：愿意去包容、尊重他人的人，才更值得他人尊重。

　　教育家苏霍姆林斯基曾说过：在人类心灵的花园中，最质朴、最美丽，也最高贵的花朵就是人的教养。世界就是一个你中有我、我中有你的整体，人与人之间的关系是唇齿相依的关系。对善良的尊重，是人性最高贵的教养。只有善待周围的每一个人，在学习和生活中，才会得到意外的收获。在日常生活中，因为每个人所处的环境、地位、角色不同，所以每个人对同一个事物的想法也会有所不同，因此，我们不能只从自己的立场出发来想事情，要懂得从别人的立场上看问题。只有真正设身处地为他人考虑，才能真正了解他人的想法，理解他人的行为。因此，学会换位思考不仅是一种态度，更是一种品德。懂得换位思考的人，才值得别人尊敬。

　　有这样一个故事：中亚有两个村庄处在一个沙漠的两端。从一个村庄到另一个村庄，如果绕过沙漠走，至少需要马不停蹄地走上三十多天；如果横穿沙漠，那么只需要五天。但横穿沙漠实在太危险了，许多人试图横穿沙漠，结果无一生还。很多年过去了，两个村庄的人都习惯绕着沙漠边缘来往。

　　终于有一天，一位旅行家经过这里，他让村里人找来了很多胡杨树苗，每半里一棵，从这个村庄一直栽到了沙漠那端的村庄。旅行家告诉大家说："如果这些胡杨有幸成活了，你们可以沿着胡杨树来来往往；如果没有成活，那么每一个走路的人经过时，要将枯树苗拔一拔，插一插，以免被流沙给淹没了。"这些胡杨苗栽进沙漠后，很快就全部被烈日烤死了，成了路标。沿着"路标"，这条路大家平平安安地走了几十年。

　　某一年，村里来了一个乞丐，他坚持要一个人到对面的村庄去要饭。大家告诉他说："你经过沙漠之路的时候，遇到要倒的路标一定要向下再插深些；遇到要被淹没的路标，一定要将它向上拔一拔。"乞丐点头答应了，然后就上路了。他走啊走啊，走得两腿酸累，浑身乏力，一双草鞋很快就被磨穿了，但眼前依旧是茫茫黄沙。在遇到一些就要被尘沙彻底淹没的路标时，这个乞丐想："反正我就走这一次，淹没就淹没吧。"乞丐没有伸出手去将这些路标向上拔一拔；遇到一些被风暴卷得摇摇欲倒的路标，他也没有伸出手去将这些路标向下插一插。但就在乞丐走到沙漠深处时，寂静的沙漠突然刮起龙卷风，有些路标被淹没在厚厚的流沙里，有些路标被风暴卷走了，没有了影踪。这个乞丐像没头的苍蝇似的东奔西走，却怎么也走不出这个大沙漠。在气息奄奄的那一刻，乞丐十分懊悔：如果自己能按照大家吩咐的那样做，那么即便没有了进路，还可以拥有一条平平安安的退路啊！①

　　这个故事告诉我们：我们给别人留路，其实就是给自己留路。善待他人、关爱他人，实际上就是善待自己、关爱自己。善待他人，真诚地去帮助别人，这样你才会得到快乐和温暖，才会感到来自内心的一种亲切感。善待他人，用理性、善意、爱心和责任去面对生活。懂得善待他人，才能把自己融入人群，获得友谊、信任、谅解和支持；学会善待他人，才能调整失衡的心态，解脱孤独的灵魂，走出无助的困境；真心善待他人，才能在人生的道路上拥有充满快乐的感觉，踏入充满机遇的境界，走向充满希望的未来。多一点爱心和付出，才能收获更多的关怀。

---

　　① 柳韩斐：《静心　宽心　修心》，百花洲文艺出版社，2013年，第85页。

（二）友爱他人，关心他人

古人认为，天地之间，人最宝贵，所以"仁者爱人"，将"爱人"由道德情感层面推及国家层面就体现为"爱民"。人民是国家的根本，决定着国家的安危与成败，所以统治者要把爱民、亲民、利民、顺应民心作为治国理政的最高原则。制定政策、法律，确立制度，都以保障人民的利益为出发点和最终目的。它不仅是儒家"仁政"思想的体现，也是法家制定法律、依法治国的重要理念，彰显了中华民族崇高的人文情怀。

子曰：弟子，入则孝，出则悌，谨而信，泛爱众，而亲仁。行有余力，则以学文。[1] 意为在家就孝顺父母，出门在外则谦恭有礼，对人如兄弟一般团结友爱；谨慎而诚实可信，要广泛地去爱众人，亲近那些有仁德的人，以贤德的人为榜样，不断激励自己，努力实践，完善自己的道德修养。现代人一般都希望得到他人的关爱，得到他人的尊重，但自己付出了什么，却很少去思考。有的人甚至唯我至上，目空一切，任何人都不放在眼里。如果自己心中没有了别人，就难得到别人的尊重，特别是生活中诸多不如意的人、忧患多于欢乐的人，更不容易做到自尊自爱，因此，任何时候都要保持一颗真诚的心，真心赞扬他人，真心对待他人。在家孝顺父母、友爱姊妹，在外亲近朋友、热爱社会，进而爱国家、爱天下，广泛地爱人，就如同爱自己一样。

春秋战国时期有这样一个故事：秦穆公在岐山有一个王室牧场，饲养着各种名马，有一天几匹马突然逃跑，管理牧场的牧官大为惊恐，因为一旦被大王知道，定遭斩首。牧官四处寻找，结果在山下附近的村庄找到了部分疑似马骨的骨头。他心想，马一定是被这些农民吃掉了。牧官大为愤怒，把整个村庄的三百个农民全部判以死刑，并交给秦穆公定夺。穆公听了不但不怒，还说这几匹马是精肉质，就赏赐给农民下酒。结果这三百个农民被免除了死刑，高兴地回家了，心里一直铭记着穆公的恩德。

几年后，秦穆公与晋惠公交战，平时在战场上战无不胜的秦穆公，此次却陷入绝境，士兵被敌军包围，眼看快被消灭，秦穆公自己也性命堪忧。这时敌军的一角开始崩裂，一群骑马的部队冲进来，靠近秦穆公的军队协助战斗。这支部队非常勇猛，晋军节节败退，最后只得全部撤走，穆公脱离险境。到达安全地点后，穆公向这些勇敢善战的士兵表达自己的谢意，并询问他们是哪里的队伍？他们回答说，他们就是以前吃了大王的名马而被赦免死罪的农民。[2]

儒家思想家孟子曾经说过："爱人者，人恒爱之；敬人者，人恒敬之。"爱人的人，别人总是爱他，尊敬别人的人，别人总是尊敬他。你怎样对待别人，别人也往往会用同样的方式对待你。若想要受人敬爱，就必须先要学会敬爱他人。正是因为秦穆公宽厚仁爱，对待百姓不计得失，所以百姓才会知恩图报，冒死奋战营救。可见，仁爱之人得到他人的帮助和爱戴，绝非偶然。

---

① 杨伯峻：《论语译注》，中华书局，1958 年，第 4 页。
② 唐明毅：《儒谈人生与自身修养》，中国城市出版社，2012 年，第 5 页。

● 爱的榜样

1. 学习以下两则事例，思考作为一名幼儿教师应当如何引导幼儿去爱己、爱人。
2. 你还知道哪些爱己、爱人的事例？可以通过"云爱平台"进行分享。

★榜样一

19 岁脑瘫少年，你真是太棒了！[①]

语文 111 分、数学 130 分、外语 125 分、综合 257 分，总分 623 分，超过理科一本线 108 分！取得这样好成绩的学生叫小姚，一名 19 岁脑瘫少年，他逆风飞翔的人生既励志又让人感动。

小姚在襁褓中就被确诊为脑瘫。唯一值得庆幸的是小姚的智力没有受到影响。为了训练肌体灵活性，小姚从小就坚持每天在操场上走圈。从幼儿园到读高中之前，他几乎从不午睡，坚持走步锻炼。由于脑瘫导致的痉挛性抽筋，他的双手不太灵活，导致写起字来特别费劲。写不完作文，成了小姚读中学以来，最难解决的问题。

高考时，学校和父母为他申请了高考延时，而这次是小姚唯一一次写完语文作文的考试。小姚说，感谢自己的父母和老师。"我的父母特别好，从小学到高中，老师对我都非常好，让我感受到了温暖和关怀。"

因为行动不便，小姚上学都是爸爸背着去学校。学校的老师们也对小姚很照顾。小姚的班主任说："很难想象，一个生活无法自理的脑瘫少年，为了超越自己付出了多少努力，他的毅力、拼搏和乐观都激励着我们班上每位同学。"

对于以后的打算，小姚说："困难总能克服的。"他想报考上海或南京等地的大学，离家近一点，方便家人的照顾，减轻父母负担。对于小姚努力学习的精神和取得的好成绩。网友纷纷表示感动："他付出了多少努力，可想而知！""努力的人不会被辜负！"

"向前跑，生命的广阔不历经磨难怎能感受到；继续跑，带着赤子的骄傲，生命的闪耀不坚持到底怎能看到。"这段话，正是小姚人生的缩影，逆风飞翔，也可以同样精彩！加油少年，未来可期！

---

① 《脑瘫少年高考 623 分，他的这句话超励志！》，https://mp. weixin. qq. com/s?＿＿biz＝MjM5MjAxNDM4MA＝＝&mid＝2666340728&idx＝1&sn＝441a3c2a6fe3d8f0015dad96c4adbb19&chksm＝bdb5483b8ac2c12d37cfbf4bea3da1376732c91ff9313c4cbf35ddb4f28a3d4b7afa6b036224&mpshare＝1&scene＝23&srcid＝0129mq3HTXuGvWfBly69Huy9&sharer＿sharetime＝1611932095100&sharer＿shareid＝eacc5fb116596af5ed9c5e4ec 867f82b♯rd。

★榜样二

赵海伶：我创业的每一步恰与时代合拍①

无论是大学毕业时的青涩时光，还是获得了各种奖牌荣誉之后，赵海伶从来没有离开过大山。2009年大学毕业后，她放弃了大城市生活，选择回乡创业，从成都"逆行"回到因汶川特大地震后满目疮痍的家乡四川省广元市青川县，开起淘宝店卖山货。过去十年间，她扎根青川，克服没有物流，没有网络，没有住房等困难，借助现代科技，采用电子商务的模式，在网上销售家乡土特产，一年里就销售农户上百万元土特产。

2010年，她成立海伶山珍商贸有限责任公司，不但解决了自身的就业问题，还带动了一批大学生就业，帮助深山的老百姓实现了增收。她这种电子商务创业模式为广大相对落后农村地区发展提供了可借鉴的范例。随后各种荣誉也接踵而来：她被阿里巴巴评为"年度十佳网商"，入选"全国十佳农民"2017年度资助项目，应邀登上了新中国成立70周年群众游行彩车……2020年4月，赵海伶被授予第24届"中国青年五四奖章"。

时代正等待着赵海伶这样的年轻人登场。青川县位于川甘陕三省交界处，位置偏远，交通不便，但有丰富的绿色农林产品，发展电子商务成了青川重建的一条新出路。在那段时间里，赵海伶仿佛从朋友圈子里消失了一样，她几乎没有时间睡觉：早晨8点至深夜12点，守在电脑前接单，半夜回到家里开始给白天的订单打包，短暂休息后，清晨6点前就要把货送到青川客运站，通过第一班车送到成都发快递到客户手中。"幸好那时候年轻，有用不完的精力。"赵海伶说。

灾后重建为赵海伶事业的起步提供了机遇，她的创业也为青川的灾后重建注入了生机。在互联网上，青川的山货通过赵海伶的电子商务渠道卖到了全国各地。灾后重建任务完成后，青川脱胎换骨，跨入了新的发展阶段。赵海伶也开始了新的摸索，尝试着从一个"淘宝上卖货的"，转变为一个专业的公司经营者。过去，赵海伶常常翻山越岭收山货，再通过网络卖出去。野生或散种的山货品质参差不齐，离标准化产品尚有差距。2013年，她在青川流转了400亩土地种植木耳，尝试标准化种植。为了让山货品质趋向标准化，她指导山里的老百姓如何按照市场需求种、采、收，既保证绿色品质，又满足市场对产品品质的标准化要求。在脱贫攻坚的时代背景下，赵海伶耕耘十多年的电子商务让贫困地区的老百姓与市场牵上了手。

如今，除了四川青川县，还有陕西、甘肃、青海等地的老百姓因此受益，总共达4000多户。但赵海伶却说："不是我在帮助他们，我们是合作伙伴，是在互相帮助。"

● 爱的感言

1. 勇敢地说出自己的优点和缺点，并对自我进行正确的评价。
2. 找到班上你最想认识的同学，告诉他（她）你的兴趣和爱好。

---

① 王鑫昕：《赵海伶：我创业的每一步恰与时代合拍》，http://news.youth.cn/sh/202005/t20200520_12335096.htm。

● **爱的践行**

1. 亲手做一件手工礼物，送给自己的家人或朋友。
2. 邀请班上你最好的朋友，说一说彼此之间发生过印象最深刻的事。

第二节 爱生 爱物

● **爱的认知**

一、热爱生命，丰富生命内涵

(一) 感受生命，领悟人生

人最宝贵的是生命，世界因生命而美好。生命是智慧、力量和一切美好情感的载体。我们是父母爱的骄子，是父母给了我们生命的载体——身体。父母的精心爱护和养育，使我们从一个出生时弱小得无法站立的生命，成长为今天有着健康身体的独立人，让我们可以享受阳光，享受爱，有机会体验人生的种种酸甜苦辣。

法国著名文学家蒙田在《热爱生命》中写道：他们以为生命的利用不外乎将它打发、消磨，并且尽量回避它，无视它的存在，仿佛这是一件苦事、一件贱物似的。至于我，我却认为生命不是这个样的，我觉得它值得称颂，富有乐趣，即使我到了垂暮之年也还是如此。我们的生命来自自然的恩赐，它是优越无比的，如果我们觉得不堪生之重压或是白白虚度此生，那也只能怪我们自己。糊涂人的一生枯燥无味，躁动不安，却将全部希望寄托于来世。[①] 蒙田犹如一位睿智的老者，在迟暮之年回味自己的人生之时，并未因虚度年华而感到遗憾。他告诉我们生命的厚度握在自己手中。生命的长度未可知，也难以改变，但只要用心生活，尽情享受人生，便能对生命的意义多一份理解、多一份体味，生命的内容和质量就会得到无限的丰富。蒙田无论生活艰辛或安逸均善待生命的生活态度，无疑为他的人生谱写了一曲精彩的赞歌。

生命是唯一的，是宝贵的，也是脆弱的。生命是拥有一切的基础，失去生命就会失去一切。值得一提的是，当代大学生出于社会、家庭的种种压力，对于自己的生命往往不够重视。在当今社会，大学生自杀事件时有发生，其产生的后果和危害是极为严重的。大学阶段是人生转折的关键时期，社会的快速发展使有些当代青年大学生产生了较大的精神压力和较多的心理问题，导致他们在生活中迷失了自我，面对理想与现实的巨大反差，他们往往会选择逃避，甚至用自杀来寻求解脱。这种做法是极其错误的，生命只有一次，当今社会的大学生应当培养自身的良好心态，养成健全的美好人格，学会热爱生活，珍爱生命。

---

① 蒙田著，梁宗岱译：《热爱生命：蒙田试笔》，中央编译出版社，2010年，第426页。

（二）热爱生命，成就人生

生命怀揣着喜怒哀乐、风霜雨雪，只有积极的态度才能面对生活所赐予的一切，才能忘记摩擦、误会，甚至仇恨。怎样热爱生命呢？答案就是要学会适当宽容。用一颗宽容的心去宽容一切，人间就会多一份理解，多一份真善，多一份珍重与美好，生活中的酸甜苦辣也将化作五彩的乐章。学会宽容，乐于赏识和赞美他人，让心灵慢慢趋向平静，从容愉快地面对人生，生活会变得更温馨更美好。

热爱生命，就会对生活有所追求，就会明确生活的意义。热情、朝气、生机勃勃，不断地探索，勇敢地前进，努力实现自己的奋斗目标，彰显自己的社会价值和个人价值，就是真正的热爱生命。没有热情就没有目标，没有热情就没有追求，那么生命的意义也就不存在。只有对生活充满爱，才会找到自己人生的价值。

热爱自己的生命就是要相信自己生命的价值，既不过分地抬高自己，也不暗自贬低自己，而是让自己的价值闪耀出真色彩。热爱自己的生命就要为自己的生命设置一个可能达到的目标，使生命产生应有的价值和意义。这个目标的设置是你热爱自己生命的理由。如果每天"饱食终日，无所用心"，那么与行尸走肉何异？有了目标，生命就能够承受难以想象的考验与打击。韩信年轻时，一群无赖地痞故意刁难他，让他从胯下爬过去。面对这种羞辱，在明知不敌的情况下韩信没有以卵击石，愤而反抗，而是选择了屈辱地顺从。为什么韩信能忍受这奇耻大辱呢？因为他心中有更高、更大、更宏伟的目标。在我们的现实生活中，这样的小事每天都会发生，没有远大目标的人就会为这种小事赤膊上阵，决一胜负乃至生死，这是对自己生命的不负责任，热爱生命的人不会这样做。

有了目标，生命就有了前进的方向，就有了动力，你会觉得日子过得很充实，你每天都很快乐，因而你就会更加热爱自己的生命。热爱自己的生命就要付诸实际行动。热爱自己的生命是你走向生活的第一课，热爱自己的生命，才会懂得热爱他人的生命。具体应该怎么做呢？我们不妨试试下面的方法：

（1）每天照照镜子，看看自己的神态是否快乐。

（2）注意穿着服饰。穿衣不必追求奢华，但求整齐、洁净、合适、得体。

（3）微笑面对每一天。

（4）按计划完成每天的学习，不要拖延，不要明日复明日。

（5）每天把寝室整理得井井有条，不要把东西杂乱无章堆放在一起。

（6）每天坚持一个小时的身体锻炼，或打球，或散步，保持健康体态。

（7）至少在大学里参加一个感兴趣的社团活动。

（8）每天都和同学、室友交流，谈谈学习上的困难、生活中的困惑。

（9）助人为乐，广行善事。

如果你能做到以上几点，那么恭喜你，你是真正在热爱自己的生命，真正在热爱自己的生活。

【典型案例】

• 案例描述

这条小鱼在乎①

在暴风雨后的一个早晨，一个男人来到海边散步。他一边沿海边走着，一边注意到，在沙滩的浅水洼里，有许多被昨夜的巨浪卷上岸来的小鱼。它们被困在浅水洼里，回不了大海了，虽然近在咫尺。被困的小鱼，也许有几百条，甚至几千条。用不了多久，浅水洼里的水就会被沙粒吸干，被太阳蒸干，这些小鱼都会干死。

男人继续朝前走着。他忽然看见前面有一个小男孩，走得很慢，而且不停地在每个水洼旁弯下腰去。他捧起水洼里的小鱼，并且把它们送回大海。这个男人停下来，注视着这个小男孩，看他拯救着小鱼们的生命。

终于，这个男人忍不住地走了过去，说："孩子，这水洼里有几百几千条小鱼，你救不过来的。"

"我知道。"小男孩头也不抬地回答。

"哦？那你为什么还救？你这样做，有谁在乎呢？"

"这条小鱼在乎！"男孩儿一边回答，一边捧起一条鱼送进大海，"这条在乎，这条也在乎！还有这一条，这一条，这一条……"

• 交流讨论

文章中的小鱼真的会"在乎"吗？小朋友的做法给了你什么启示？

• 综合分析

善念如花，善举似果。善念之花常开，善举之果却不易结。善行比善念更重要，行动比观念更重要。以行动为导向，把善念化成善举，涓滴又何尝不能汇成大海？倘若总在"值不值得""需不需要"的犹豫中延宕，我们往往就错过了让一条条小鱼重返大海的机会。每个人的内心深处都有悲悯之情、乐善之意，可是否伸出这只手、迈出这一步，却成为平庸与高尚的分界线。

二、识物惜物，传承美好品德

(一) 勤俭节约，爱物惜物

勤俭节约，是人们勤劳、简单、朴素、淡泊的生活态度和行为，是中华民族数千年文化所孕育的传统美德。数千年来，勤俭节约一直为广大劳动人民及开明的封建君主所称颂和奉行，并视之为修身养性、治国齐家的法宝。这个古老的传统美德以其独特的魅力融入于民族精神之中。

古人云："俭，德之共也；侈，恶之大也。"勤俭是中国人的传统美德，是中华民族

---

① 青岛市教育发展研究会：《不可不读的198个中外教育故事》，青岛出版社，2010年，第2页。

的优良传统。小到一个人、一个家庭，大到一个国家整个人类，要想生存，要想发展，都离不开勤俭这两个字。也就是说，修身、齐家、治国都离不开勤俭。诸葛亮把"静以修身，俭以养德"作为修身之道；朱子将"一粥一饭，当思来处不易；半丝半缕，恒念物力维艰"当作齐家的训言；毛泽东以"厉行节约，勤俭建国"作为治国的经验。随着我国国力的增强，人们的物质生活极大丰富，有些人却把勤俭节约的优良美德弄丢了，当前社会随意浪费的现象比比皆是，消费观念由节俭型向享受型转变，这一行为习惯尤其体现在一些当代大学生的思想和行为之中。

有这样一个小故事：美国洛克菲勒财团的创始人约翰·洛克菲勒16岁时决心自己创业。于是，他开始研究如何致富，但是却一直找不到致富的门路。有一天，洛克菲勒在报纸上看到一则宣称有发财秘诀的书的广告，于是赶紧去买这本能够教人发财的书。当他急匆匆地打开这本神秘的书时却惊呆了，原来全书只有"把你所有的钱当作辛苦钱"这几个字。洛克菲勒感慨万分，他认识到，一个人只有学会珍惜自己辛苦挣来的钱，勤俭节约，才有可能成为富翁。爱惜眼前就会珍惜今后。其实，在我们的日常生活、工作、学习中又何尝不是这样呢？有许多眼前看似鹅卵石一样的东西被我们如敝屣般地丢弃了。然而，忽然有一天当我们需要它的时候，它就变成了钻石，而我们却不得不为以前丢弃它而后悔不迭。

（二）热心公益，爱护公物

社会发展到今天，我们不难明白，公德意识是现代社会人人必备的素质。对待公共财物是爱惜、保护，还是浪费、破坏，是检验一个人社会公德水平的试金石。公共财物是人民群众创造的社会财富，是国家富强和人民幸福的物质基础，只有公共财物的日益增加，才能不断提高人民群众的物质和文化生活水平。从这个意义上讲，爱护公物体现了当代青年大学生对祖国和对人民的热爱，同时也体现了一个作为中国公民的道德品质。

社会公共生活离不开一定的物质条件，许多公共财物都是为公共生活服务的，如公共场所的各种建筑、花草树木、道路桥梁、设施设备等。因此，爱护公物是每个公民的职责和义务，也是全体公民必须遵守的社会公德。公共财产是国家、人民根本利益所在，爱护公共财物集中反映了个人对国家、集体利益的关心，表现了爱祖国、爱人民的道德品质。

同时，爱护公物是热爱劳动、尊重他人劳动成果的重要体现。在我们国家，爱护公共财产已成为一种良好的社会道德风尚，要使这种道德风尚不断地巩固和发展，既要靠教育，也要靠法制。要综合运用教育、法制、行政、舆论等手段，营造爱护公共财产的氛围，培养公民爱护公共财产的文明习惯，从而把爱护公共财产作为每个公民应尽的道德义务和法律义务。

公共财物从广义上是指国家即全民所有和属于劳动人民集体所有财产，具体包括矿藏、森林、草原、山岭、土地、河流等和其他海陆资源，铁路、公路、广播、电视、银行、工厂、交通工具等，政府机关、学校、医院、图书馆、博物馆、影剧院、体育场的设施及财产等，还有风景游览区、自然保护区、历史文物、古建筑、古遗址等。总之，除了个体所有的少数生产资料和属于个人所有的物品外，其他的大部分物品一般属于公共财物。随着经济的发展，社会财富的不断积累，用于公共设施的投入也不断增加，公共设施日臻健全和完善。当代大学生应当积极爱护公物，其内容包括两方面：第一，必须爱惜和维护国家的和集体的财产，对公共财产的任何侵犯和浪费都是对人民利益的极大损害；第二，当公共财产遭受破坏、损害或出现危险的时候，每个大学生都有责任维护公共财产，有责任同损害和浪费公共财产的行为作斗争，努力学会做一个爱护公共财物的文明大学生。

【典型案例】

• 案例描述

歌德为儿子写的诗①

歌德的名字为许多人熟悉。他是一个伟大的诗人和作家，是十九世纪后期德国文艺界"狂飚"运动的领袖。人们大都知道他的名著《浮士德》，许多青年男女更爱读他的《少年维特之烦恼》，从这里领略一个带有感伤色彩的真挚的爱情故事。

可是，人们不大知道歌德的一首劝人珍惜时间、多做贡献的短诗，那是写在他的儿子的纪念册上的。歌德的儿子，在自己的纪念册里，摘引了别人写的一段诗："人生在这里有两分半钟的时间，一分钟微笑，一分钟叹息，半分钟爱，因为在爱的这分钟中间他死去了。"

歌德偶然看到了儿子纪念册上的这些话，很不满意。他认为对人生采取这样玩世不恭的态度，太不严肃了。于是他提笔写道："一个钟头有六十分钟，一天就超过了一千。小儿子，要知道这个道理，人能够有多少贡献。"

这是两种明显对立的计算时间的尺度。把一生只当作两分半钟，嬉戏人生，那就只能无所作为，浪费宝贵的光阴，糊里糊涂地打发过去了事。真正用每一分钟作为时间单位来计划自己的一生，争分夺秒地学习、工作和创造，那就成了时间上的大富翁，就可以比那些用年、月、日来计算的人，多做许多事。歌德给儿子写的这首诗，正是抓住了对孩子教育中的这个关键问题。

• 交流讨论

1. 歌德的诗歌与儿子摘引的诗歌有什么不同？

2. 这个故事告诉了我们什么样的道理？

• 综合分析

"读书不觉已春深，一寸光阴一寸金。"著名诗人歌德感受到了时间宝贵，认为应该珍惜时光，所以撰写了诗歌来以此警诫自己的孩子。知识是靠时间积累起来的，珍惜时间、注重知识积累，不断充实和丰富自己，应该是当代青年大学生从上述故事中受到的重要启发和教育。

---

① 余心言：《名人家庭教育故事》，上海人民出版社，1982年，第112页。

● 爱的榜样

1. 学习以下事例，思考作为一名幼儿教师应当如何引导幼儿去爱生、爱物。
2. 你还知道哪些爱生、爱物的事例？可以通过"云爱平台"进行分享。

★榜样一

王羽潇：讲述中国文化故事，爱上中国动画①

王羽潇大学读的是热能与动力工程专业。大二时，她喜欢上了宫崎骏的动画电影，《千与千寻》《龙猫》《红猪》……每看一部她都感叹："原来动画还能做成这样！"

听见内心的声音

为了心中的梦想，大学毕业后，王羽潇选择到北京发展。在北京，为了应聘到梦想的动画公司，她忙碌了三天三夜，争分夺秒地去完成对新手来说难度很高的"逐帧动画"镜头。然而，由于技术水平的限制，她没能在规定的时间内完成。考官却在作品和创作过程中看到了她的热爱、执着和创意，最终录取了她。

王羽潇没有专门学过绘画，这块短板时常不能让精彩的创意得以发挥。倔强的王羽潇每天5点起床，临摹、练习、再临摹……随着绘画水平的提高，她的创作才能也得到了完美的展现，进入了公司的主创团队。"进入动画行业，不是终点，而是新起点。我想要出去看一看，这样才知道怎么进步，如何超越。"之后，王羽潇选择去留学，读动画专业研究生。

讲述中国文化的故事

留学期间，王羽潇遇见了作家西蒙·希金斯。西蒙表示他从小仰慕中国文化，少年时就研读过《墨子》《道德经》《孙子兵法》等中国经典书籍，其中《论语》已经被翻得脱线了。谈话中，王羽潇惊讶于一个外国人能够对自己祖国的文化如此投入，更为中华民族悠久的历史文化而自豪。

怀着一个梦想和一腔热情，王羽潇在广西桂林创办了以"感恩、创新、智慧、树人"为理念的坤鹤文化传播有限公司。团队当时只有3个人，分别负责创意编剧、动画制作、对外事务。忙的时候，大家就在办公室里吃饭，有时候讨论起来会到夜里一两点钟。因为有梦想，每个人的脸上都带着自信的微笑，身上都仿佛有源源不断的能量。

送给可爱孩子的礼物

"我意识到，经典文化作品可以影响一代人。我想通过动画作品，在孩子们的心中埋下一颗美好的种子。坚持做下去，做好这一件事就是成功。"2012年，为推动中国公益广告事业的发展，中央电视台面向全球广泛征集公益广告。"坤鹤"团队创作的《大象洗澡》从3000多条创意及成片中脱颖而出，成为"首度评审会获奖作品"。几乎同时，"坤鹤"团队创作的另一部作品《可可小爱》，在中央电视台少儿频道等12个频道

---

① 解琳：《王羽潇：让小朋友爱上"可可小爱"，爱上中国动画》，https://baijiahao.baidu.com/s?id=1669230894377152326。

66

播出，爱奇异、腾讯、优酷等网站的年点击率突破 30 亿次，荣获"CCTV 全球电视公益广告征集大赛奖"等奖项。

★榜样二

窦桂梅：做一个永远热爱读书的人①

窦桂梅，清华大学附属小学校长，她的学校每年会给学生颁发校长奖，而她每年都会给同学们手写书信，与孩子们倾心交谈，讲述自己的童年、榜样学生的故事，与孩子们进行心灵对话。

小黎同学便是同窦校长写信的众多学生中的一个，他说自己从前完全不爱读书，直到有一天在学校图书馆的家长读书会上，遇到了正在给家长讲书的窦校长。一时间小黎竟听入了迷，从此便爱上了读书。

窦校长给小黎写了回信，说起了自己的阅读经历。姥姥、姥爷讲的故事，班主任拿给她的小人书，乡村候车室租书处的阅读时光都是她童年的美好记忆。爱上读书让她对所有文字都入迷，在进入师范学校之前，就连报纸她都会捧着看好久。

阅读的好处不言而喻，但并不是每个人都能体会到阅读的乐趣，甚至很多人都不知道应该读什么书。窦校长告诉同学们，阅读是一种习惯，而经典是求学中的孩子们最应该读的。

"经典"是前人思考的结晶，是我们这些现代人可以信赖的精神家园，它历经时间淘洗而传承下来，保存了我们人类文明中真善美的火种，令你取之不尽、用之不竭。在未来充满歧路的选择中，它将帮你拥有强大的理解力与价值判断力，成为一个有根的人。在阅读中，与那些健全的人格靠近、靠近、再靠近，那些真实的人物传记，或虚拟的人物故事，或许会在某一时刻，匡正你人生的方向，甚至成为你人生的坐标。

一个人无论何时，始终保有对生活的好奇、对知识的渴望、对人生的领悟，很大程度源于一生拥有的学习状态。亲爱的同学，不管你在小学、中学、大学的学习压力有多大，不管你将来做什么，成为一名学者、一位教师，或者只是普通劳动者，在火车上、飞机上、地铁里，恳请你要读起来，哪怕单篇美文，哪怕微信短文，每天读一篇，哪怕一段。这不是用读书装扮自己，不是书本本身了不起，而是阅读能帮助你更好地解释生活。在你还没有完全认同和理解这个世界的时候，书本会给你力量，会给你追求和奋斗的勇气与智慧，为你的未来思考提供另一种选择性与可能性。

随着你慢慢长大，如果你发现自己根本没有读书的习惯与热情，而且还不以为然，没有负罪感，你就该知道，某种程度上说，你已"堕落"了。亲爱的同学，把书捧起来，读经典的书，做有根的人，让经典改变人生。阅读的过程，就是在阅读里安身，去靠近那些伟大的灵魂。

---

① 《世界读书日｜做一个永远热爱读书的人》，https://wap. peopleapp. com/article/rmh12912157/rmh1291257。

● 爱的感言

1. 说一说：当代青年大学生应该怎样爱惜自己的生命？
2. 谈一谈：幼儿教师该如何教导小朋友爱护公物？

● 爱的践行

1. 假设人的寿命为 80 年，即为 960 个月，请在一张 A4 纸上，画出 30×32 的表格，每一格代表一个月，请问你现在已经用掉了多少格子？
2. 情景案例：一天中午，一位妈妈将小朋友送来幼儿园，告诉带班老师，孩子因为生病没睡午觉，让他睡一会儿。家长走后，带班老师就带着该幼儿去寝室睡觉了。可是因为身体原因，该幼儿哭闹不止，影响了其他小朋友睡午觉，这时作为带班教师的你会怎么办？

第三节 爱家 爱国

● 爱的认知

一、慎终追远，涵养家风文化

（一）珍惜亲情，学会感恩

亲情是什么？亲情指的是具有亲密关系的人发生的情感。只有懂得珍惜亲情，才能培养我们尊重长者、孝敬父母的传统美德，才能使我们成为一个有爱心、对社会有益的人。亲情需要彼此精心呵护，懂得相互宽容与理解。在社会生活中，亲情是不能选择的。我们不能选择自己的父亲或是母亲，但父母永远是最爱自己儿女的人。亲情永远是我们每个人健康成长的动力。

亲情是维系我们人类社会存在、发展、稳定的重要因素，是人生最永恒的美好情感。一个充满亲情的环境，能培养出充满爱心之人。多个充满爱心之人，就能造就一个充满爱心的环境。老师心中有亲情，照顾关切学生才能发自内心；学生心中有亲情，才能对长辈真心行孝，对他人真诚关爱。一个充满亲情的学校，师生之间相互尊重，同学之间相互关怀照顾，像是一个和睦融洽的大家庭。一个充满亲情的社会就会有爱心，一个充满亲情的民族也会是更加仁爱的民族。

孝敬父母，感恩父母，爱护亲人是中华民族的传统美德，是每个人都应该有的基本道德，更是每个人的一种责任。在中国古代，先贤古人们留下了许多歌颂亲情的诗歌："谁言寸草心，报得三春晖""爱子心无尽，归家喜及辰""洛阳城里见秋风，欲作家书意万重""露从今夜白，月是故乡明"等。父母不但给予了我们生命，而且以无私的亲情哺育我们成长。能否孝敬父母、尊重长者，不单单是子女与父母、长辈的关系问题，

68

其本质是一个能否关心他人、爱戴他人的大问题。在家能养成孝敬父母的好习惯，在学校才能关心同学、尊敬师长，到社会中才有可能做到关心同事，也才有可能做到对祖国的忠诚。

（二）关爱家庭，和谐社会

家庭是社会的基本组成部分。一个家庭的组合形式、信仰、家规、习惯以及其他成员的所思所想、所作所为无不受到传统、价值观等大的社会文化背景的影响。家庭价值观是个人对于家庭事务所抱有的一种观点、态度或信念，也是一个评价家庭意义与目的及理想家庭的标准，并影响着个人经营家庭生活与家庭相关事务的决定。因此，凡是家人关系、夫妻关系、亲子关系、亲属关系及其他家庭或婚姻事务相关的观点、态度以及信念，都属于家庭价值观。

中国人深受儒家思想影响，家庭观念极强。在个人、家庭、团体三者中，家庭占有异常突出的地位。在处理个人与家庭的关系上，家永远是神圣的、第一位的。个人利益从属于家庭利益（而家庭利益和家族利益紧密相连），而且往往合二为一。家庭是社会的基本单位，但是它还可以进一步分解为个人。

家庭是社会的基本细胞，是人生的第一所学校。不论时代发生多大变化，不论生活格局发生多大变化，我们都要发扬光大中华民族传统家庭美德，促进家庭和睦，促进亲人相亲相爱，让下一代健康成长，让老年人老有所养，使千千万万个家庭成为国家发展、民族进步、社会和谐的重要基点。中华民族自古以来就重视家庭、重视亲情。家和万事兴、天伦之乐、尊老爱幼、夫妻和睦、勤俭持家等，都是中国人最提倡的家庭观。当代青年大学生应该在家庭关系中主动营造家庭和谐的人际关系氛围，团结友爱家庭成员，与之和睦相处、相亲相爱。每个家庭成员之间互相关心、互相尊重，常常一起互动沟通、分享趣事，共同营造出新时代家庭的好氛围、好家风。

【典型案例】

· 案例描述

无产阶级革命家叶飞[①]

出生在菲华混合家庭的无产阶级革命家叶飞，从小就有两个家乡、两个家庭、两家亲人。他在处理"小家"与"大家"、自己与亲人的关系上堪称楷模。

1940 年末，叶飞和在新四军服务团工作的王于畊有了战争年代的"新家"。夫人怀孕，他从不让她骑马，也不叫警卫员照料她，让她跟战友们一样行军走路。他说："部队要打仗，战士们更苦，我怎能只管老婆呢？"夫人则说，这就是丈夫爱她的方式，她爱的"就是这样的丈夫"。有了孩子后，每逢一个战役开始，叶飞在前方浴血奋战，夫人则在后方边带孩子边做支前工作。

1958 年在厦门指挥过一生中最后一次战役——炮击金门的叶飞，早在 1991 年，就

---

① 刘西水：《叶飞与家庭、家人、家乡及其他》，《炎黄纵横》，2012 年第 2 期，第 14~15 页。

对台塑王永庆先生拟来厦门建设大型石化项目十分关注，曾同夫人和长女小楠说："我死后就葬在厦门，这是对你们俩正式的交代！"女儿最理解父亲的深思熟虑。她说，父亲"生不能看到祖国统一，死也要在这离金门、台湾最近的地方，等着那一天"。2000年春，叶飞和夫人的骨灰一起安放到厦门烈士陵园。陵园里安息着为解放厦门而牺牲的烈士，当年炮击金门的战斗英雄安业民的陵墓也建在这里。指挥过千军万马的将军，最后选择的还是"和他的战士们在一起"，等着看到祖国统一的那一天。

菲律宾奎松省地亚望镇是叶飞的出生地，他回国从事革命后，长期无法与故里双亲团聚，为了一睁眼就能够看见亲生父母的笑容，为了能在双亲慈祥目光注视下开始一天的工作，他便在自己居室卧床的对面墙上，悬挂上亲生父母的半身照片，日复一日地与双亲进行无言的交流。20世纪50年代的一天，叶飞接到大妹妹爱玛寄来的求援信，说家里生活困难，碾米厂面临倒闭，希望能给予资助，帮家里渡过难关。那时他已是"封疆大吏"，"位高权重"，却"囊中空空，无金无银"。但作为家中的大哥，他又不能不管，考虑再三，给大妹妹回信，表示如果弟妹们愿意回国，他可以供他们上学，帮助他们就业。此信一去，爱玛再也没有回信，"想必是难以理解吧"！

1990年6月，他坐着汽车回故乡，汽车一驰上狭窄山径就颠簸起来，陪同的村支书说，这里出了个交通部部长，"公路也不交通"。随行的他弟弟叶启东说："这才是好事咧，如果部长首先'交通'自己的家乡，那就坏了！"到家后，陪同的干部挤满一堂，提出要整修叶飞的老宅，叶飞却说："这屋还能用，就给村里公用；我对家乡毫无建树，就作这一点小贡献吧！"占石人民深知他作的都是大贡献，带兵时想的是部队"大军营"、担任福建省党政领导时想的是全省"大家庭"、当交通部部长时想的是全国"大交通"，对他更加敬佩。

- 交流讨论

1. 叶飞身上体现了怎样的革命精神和崇高品格？

2. 查阅资料，说说叶飞为民族的独立和解放做了哪些贡献。

- 综合分析

对家庭和家乡，叶飞就是这样无私却有情；对自己则是无私又无情。在中国革命战争史上，叶飞是个传奇式的英雄。但人们心目中的叶飞，是一位可亲可爱的将军，一位功勋卓著而品德高尚的将军，一位钢铁炮弹和"糖衣炮弹"都打不倒的将军。

二、薪火相传，弘扬爱国精神

（一）热爱祖国，奉献人民

热爱祖国、崇尚民族气节是中华民族的美德。"先天下之忧而忧，后天下之乐而乐""国家兴亡，匹夫有责"是炎黄子孙激发爱国之情的千古名言。"苏武牧羊""精忠报国""投笔从戎"等爱国故事千古传诵。南宋末年的文天祥，在元朝军队大举南下、南宋王朝屈膝投降之际，率领一部分不愿投降的军民在东南沿海一带坚持抵抗斗争，因寡不敌众，兵败被俘。元军押解途经珠江口外的零丁洋，文天祥痛感山河破碎，身陷敌军，写下了《过零丁洋》的悲壮诗句"人生自古谁无死，留取丹心照汗青"，表达了他视死如归、不可摧折的民族气节。文天祥被押解到元大都，元朝君臣为他那崇高的民族气节所折服，千方百计要收降他。文天祥拒之不理，只求速死，死时仅 47 岁。像文天祥这样，为了祖国统一、民族尊严奋起抵抗侵略，反对民族压迫、视死如归、坚贞不屈的民族英雄、爱国志士还有千千万万，他们与天地共存，与日月同辉。

在中国的历史上还有一大批爱国诗人如屈原、李白、杜甫、陆游、辛弃疾、龚自珍等，他们在各个历史时期，都满怀深情地歌颂祖国河山的壮丽、历史的悠久、文化的灿烂，写下了无数动人心魄、脍炙人口的不朽诗篇，深刻表达了中国各族人民对祖国的无比热爱和自豪。千百年来，为了祖国繁荣发展，立志改革迎难而上的志士仁人，有如群星灿烂，永垂青史。古代的商鞅、王安石、张居正等，近代的康有为、谭嗣同、孙中山等，就是其中杰出的代表。

中华民族的爱国主义传统源远流长、世代相传。无论是在祖国兴旺发达的时期，还是暂时衰败的时期都有这种崇高的情感支撑着中华民族的脊梁，这成为一种伟大的凝聚力和向心力，给予中国的历史发展以重大的影响。在我国历史上，爱国主义情感从来就是动员和鼓舞人民团结奋斗的一面旗帜，是各族人民的共同精神支柱，在维护祖国统一和民族团结、抵御外来侵略和推动社会进步中发挥了重大作用。

爱国主义情感是人们千百年来，世世代代积淀下来的一种崇高的感情。这种深厚的感情根植于对祖国的疆土、山河、人民的眷念，对民族悠久历史和优秀文化的自豪，对国家民族前途命运的关切。生于斯、长于斯，就会渐渐地在自己的思想和感情上打下永不磨灭的印记，从而化为巨大的精神力量。中华民族的爱国主义传统是中华民族生机和活力的源泉，是一笔宝贵的精神财富。

在中国共产党领导下，中华民族的爱国主义传统得到更丰富的充实、更崇高的升华。如果说在旧时代，爱国主义表现为对于祖国山河破碎的巨大悲愤，表现为反对压迫的艰苦卓绝的斗争。那么，在新社会、新时代，就表现为对社会主义制度的热爱，对祖国统一的维护，不为名、不为利、不怕死、不怕苦，甘愿把自己毕生的精力和生命奉献给壮丽的共产主义事业。

（二）投身报国，勇担使命

"国无德不兴，人无德不立。"追求美好崇高的道德境界是中华民族生生不息的文化源泉。中华民族一代接着一代追求美好崇高的道德境界是注重温良恭俭让、文明礼仪的修养与陶冶，是注重担当精神、责任意识的树立与充实，是注重"志存高远"、理想信念的追求与锤炼。爱祖国、爱人民，这是中华民族精神的根本所在，是最重要的素质。任何一个优秀的大学生必定是深深地爱着自己的祖国的。古今中外的人们对爱国者都充满了敬仰、爱戴之情，歌颂他们的事迹，他们在人们心里流芳百世。

爱国是本分，报国是职责。一个人的人生格局，应该自觉与国家需要和民族命运相结合。新时代中国青年处在中华民族发展的最好时期，建功立业的舞台空前广阔、梦想成真的前景空前光明，要把热爱祖国、报效祖国作为立身之本、成才之基、立德之源，以实现中华民族伟大复兴为己任，把个人理想志愿与国家前途、民族命运相结合，把至诚至深的家国情怀镌刻进自己生命的年轮，努力成长为建设祖国的有用之才、栋梁之材，从而留下最为充实、温暖、持久、无悔的青春回忆。对每一个中国人来说，爱国是本分，也是职责，是心之所系、情之所归，也是无愧于前辈、无愧于时代、无愧于人民的壮丽篇章。

当代青年大学生报国的基础条件就是要把中华民族追求崇高道德境界的精神融入自己的血液里，沁入自己的骨髓里。在面对纷繁复杂的世界，面对社会的各种思潮，面对多元的价值观，面对学习上的困难、情感上的痛苦时，自觉脱离低级趣味，抵制社会中的歪风邪气，更不能在精神上空虚，意志上消沉，生活上奢靡，行为上猥琐，思想上颓废，而是要不忘初心、牢记使命，始终胸怀祖国和人民，努力成长为德才兼备、全面发展的社会主义合格建设者和可靠接班人。

【典型案例】

• 案例描述

奋斗是女排精神的永恒主题①

"每一次比赛，我们的目标都是升国旗，奏国歌！"

9月28日，中国女排主帅郎平的话在女排世界杯上再一次得以实现。在3比0干脆利落地战胜塞尔维亚女排之后，中国女排以十连胜如愿在日本大阪提前一轮蝉联女排世界杯冠军，也第十次登上世界之巅。这支承载了中国体育诸多荣誉与期待的集体，又一次成功地捍卫了"三大球"的尊严，并为新中国70华诞献出了一份富有意义的礼物。

这就是中国女排。总是让我们心潮澎湃，总是让我们热泪盈眶。而与中国女排并列出现最多的往往是另一个国人熟悉的名词——女排精神。

在中国女排成功卫冕女排世界杯、为新中国成立70周年献礼之际，中国女排五连冠群体获得新中国成立70周年"最美奋斗者"荣誉称号。一代又一代的中国女排教练员、运动员发扬并传承的"女排精神"，为时代奏响最强音。奋斗，始终是"女排精神"的永恒主题。

在一代又一代中国女排教练和运动员的眼中，"女排精神"就是奋斗出来的。陈忠和曾回忆，正是通过向一代代女排教练员、队员们学习、传承"女排精神"，让他和队员们并肩奋斗，一同迎难而上，实现了中国女排在21世纪再创辉煌。老队员周苏红说，能够从一个普通的乡村姑娘取得事业上的成功，离不开的就是奋斗二字。郎平也常说一句话，拼搏的人生没有终点，而女排精神"不是赢得冠军，而是知道有时不会赢，也会竭尽全力，是一路虽走得摇摇晃晃，但站起来抖抖身上尘土，依然眼中坚定"。

经过70年的伟大奋斗，新中国日益繁荣强盛，新中国的体育事业也取得了一项又一项令人瞩目的成就。但中国女排和"女排精神"仍然时时刻刻被人们提及，为人们所传颂，是因为以艰苦奋斗为核心价值的"女排精神"无论何时都不会过时。

---

① 苏畅：《奋斗是女排精神的永恒主题》，https://baijiahao.baidu.com/s?id=1646072821949365518。

· 交流讨论

1. "女排精神"是一种怎样的精神？

2. 在当今社会背景下，"女排精神"是否依然有用？

· 综合分析

崇尚英雄才会产生英雄，争做英雄才能英雄辈出。中国女排是我们时代的英雄，女排精神在英雄辈出中薪火相传。新时代，我们更要传承女排精神，"团结协作、顽强拼搏"不仅在从体育大国向体育强国迈进的征程中具有重大意义，而且在中国特色社会主义建设中，同样会激励和鼓舞全社会继续为伟大的事业而奋斗。

◉ 爱的榜样

1. 学习以下两则事例，思考作为一名幼儿教师应当如何去践行爱家、爱国。

2. 你还知道哪些爱家、爱国的事例？可以通过"云爱平台"进行分享。

★榜样一

马骁：家书·家教·家风①

"为民除病当为己任，处事求其于心无愧。"我的爷爷马耀武是一位乡镇医生，这句话是他的座右铭，也是他一生的缩影。2017年9月20日，他73岁时因病与世长辞。在此之前，父亲马国兴整理了爷爷与他的十年往来家书，并精选其中文字，发表在多家刊物。

看过爷爷与父亲的173封家书，我清晰地看到一名男孩蜕变成男人的迷惘与喜悦，一位父亲化身为朋友的关爱与指导，一个家庭传承发展的家教与家风。

父亲与爷爷通信始于1992年。起因是，他在县一中读书时，曾邀请同学到家里玩，爷爷从外面回来，得知其中有女生，脸上一寒。父亲为了解释原委，回到学校，给爷爷写了一封信。

1992年5月6日，爷爷回信表示理解，写道："关于你的来信，在文风上太啰唆，篇幅太长。一封家信，应主题突出，简而明之，一目了然。以后写信、写文章要注意。不过，我在文学方面缺乏研究，一生致力于研究医学，欣有一技之长，为民解除痛苦，济世救人。虽不是菩萨，可有慈悲心肠，普度众生，救死扶伤。"

第二年，父亲高考落榜，选择到省城一所自费自考高校就读，从此，"鸿雁捎书"成为他生活的一部分。

1993年12月11日，爷爷在信中写道："今年农历腊月十八，是你爷爷的七十大寿，你若不能参加，要来信向他祝福，以慰老人心。一封家信的问候比给钱更有价值。"

父亲临近毕业时，爷爷写信建议："关于工作一事，我的看法是，要能够发挥你的专业特长，更好地为人民服务。当然，也要考虑工资、福利和待遇。大学生有思想抱

---

① 马骁：《家书·家教·家风》，https://epaper.gmw.cn/gmrb/html/2019-04/15/nw.D110000gmrb_20190415_3-04.htm。

负，志向远大，但很多时候不切实际，好高骛远，你要务实一点。"

1998年初，父亲被调往办公室从事采购业务，参加了北京图书订货会。2月13日，爷爷在信中写道："一年之计在于春。今年春天你去参加了北京会议，从中得到锻炼、开阔眼界、增长见识，这在书本上读不到、学不来，只有你亲身去体验、去参与、去总结，方能提高。"

经过两年多交往，父母步入婚姻殿堂。当年5月7日，爷爷在信中写道："结婚了，家庭建立了，夫妻之间要互相帮助，互相尊重，遇事共同商量，处理好各方面的关系。家庭生活是一首锅碗瓢勺交响曲，生活少不了米面油盐酱醋柴。俗话说得好，'酒肉朋友，米面夫妻'。看似平常，过好日子，的确不容易。"

爷爷虽是一个平凡人，但他重言传、重身教，帮助父亲扣好了人生的第一粒扣子，迈好了人生的第一个台阶。那些家书，温暖人心。爷爷将永远活在家书里，以及代代相传的家教与家风中。

★榜样二

邓稼先：假如生命终结后可以再生，我仍选择中国①

他被称为"两弹元勋"；他参与设计了中国的原子弹和氢弹；他是中国科学院院士，著名核物理学家；他在一次实验中受到核辐射，后身患绝症；他是共产党员，也是一名九三学社社员；他就是邓稼先。

1986年7月29日，邓稼先与世长辞，终年62岁。他临终前留下的话仍是如何在尖端武器方面努力，并叮咛："不要让人家把我们落得太远……"

书香世家的"娃娃博士"

1924年6月25日，邓稼先出生于安徽怀宁县的邓家祖屋。父亲邓以蛰是北京医科大学、北京大学、清华大学等校哲学系教授，与杨振宁父亲杨武之是多年至交。

1936年，邓稼先考入北平崇德中学，杨振宁大他两岁，高他两级。杨振宁常常保护这个来到陌生环境的小孩，他们很快成了好朋友。

抱着学更多的本领以建设新中国之志，邓稼先于1947年通过了赴美研究生考试，于翌年秋进入美国印第安纳州的普渡大学研究生院——由于他学习成绩突出，不足两年便读满学分，并通过博士论文答辩。他仅用一年多的时间就获得了博士学位。当时邓稼先只有26岁，再加上有张可爱的娃娃脸，钱三强、王淦昌、彭桓武等都亲切地叫他"娃娃博士"。

1950年，拿到学位后的第9天，"娃娃博士"和两百多位专家学者启程，回到百废待兴的新中国。有人问他带了什么回来，他说："带了一脑袋原子核的知识。"

为它死了也值得

回国后的邓稼先，将会迎接一个异常艰巨的任务。

---

① 《中国核事业的发展，离不开这位民主党派成员》，http://www.tuanjiebao.com/2018-06/26/content_145962.htm。

1958 年秋，二机部副部长钱三强找到邓稼先，说"国家要放一个'大炮仗'"，征询他是否愿意参加研制。邓稼先义无反顾地加入这项绝密工作中。从此，31 岁的邓稼先消失了，失踪 28 年。他的名字在刊物和对外联络中消失，他的身影只出现在严格警卫的深院和大漠戈壁。

在苏联撤走了全部专家，原子弹研究陷入困境之时，1960 年，党中央决定自行研制核武器。由 105 位科学家组成了一支特殊的科研群体。邓稼先担任中国原子弹理论设计的总负责人。

在当时，国内科研条件有限，科学家们制造精密、复杂的核武器，用的都是最原始的工具：炼制炸药用的是铝锅，精确计算时用的是手摇计算机、计算尺和算盘。但科学家们不畏艰辛，上万次的方程式推算，演算纸用麻袋装，堆满了几个仓库。24 小时倒班，带个军大衣，带着面包，带着军用壶的开水，饿了就吃点面包或者冷馒头，困了就睡在计算机边上的地板上。没有资料，缺乏条件，就自订计划、自编教材、亲自授课。邓稼先晚上备课，白天授课，有时候上完课就站在黑板前睡着了。

1964 年 10 月 12 日晚 10 时 30 分，代号 596 的原子弹装配完毕，就等着吊装上塔。10 月 16 日下午 3 时，中国研制的第一颗原子弹在新疆罗布泊成功试爆。

新闻一出，举国欢腾。

从制成原子弹到制成氢弹，美国间隔 7 年零 4 个月，英国 4 年零 7 个月，苏联 6 年零 3 个月，法国 8 年零 6 个月，中国只用了 2 年零 8 个月，这一速度在世界上引起轰动。

蜡炬成灰泪始干

研制核武器，十分可怕和防不胜防的是核辐射。

1984 年底，邓稼先仍然指挥了中国第六个五年计划期间的最后一次核试验。试验前夕，他接连几天拉肚子，大便带血，步履维艰，他却以为是痔疮出血和高血糖病。这年他 60 周岁。这也是他一生中最后组织指挥的一次核试验。

1985 年，邓稼先癌症严重，他的妻子放声大哭，但他淡淡说道："我从事核武器多年工作，对于这样一天我早就有心理准备了。我不后悔。不过我还有一个小小的要求，我想去看看天安门。"

原来，邓稼先回国后就被调配到西北地区，一直从事武器的研制工作，多少年来回北京都未能去看一眼天安门，得知自己时日无多，邓稼先才决定提出自己的小小请求。

1986 年的一个黄昏，邓稼先在工作人员的搀扶下，来到天安门广场。望着川流不息的人群，他轻声问道：十年二十年后，人们还会记得我们吗？这是一个科学泰斗、国家栋梁在生命极限时对社会和历史的感吟和叩问！

邓稼先在病床上向爱人许鹿希说："我不爱武器，我爱和平，但为了和平，我们需要武器。假如生命终结后可以再生，那么，我仍选择中国，选择核事业。"从那以后，邓稼先昏迷过两次。1986 年 7 月 29 日，邓稼先与世长辞，终年 62 岁。

1999 年，中共中央、国务院、中央军委隆重表彰为研制"两弹一星"做出突出贡献的 23 位科技专家。邓稼先被追授"两弹一星功勋奖章"。

● 爱的感言

1. 谈一谈新时代的青年幼儿教师如何在教育中做到"忠于祖国，忠于人民"？
2. 查阅资料，说一说五星红旗的故事。

● 爱的践行

1. 展开想象，用文字和图画描绘出 100 年后的中国。
2. 情景模拟：以"告白祖国"为主题，开展幼儿园主题教育活动，引导幼儿认识国旗、学唱国歌，丰富幼儿爱国知识。

【推荐欣赏】

1. 《爱心树》，作者：谢尔·希尔弗斯坦。

内容简介：《爱心树》是世界绘本的经典作品之一，是谢尔·希尔弗斯坦编写的一本书，出版多年以来，一直是绘本世界的著名典范，历久不衰。这是一个由一棵有求必应的苹果树和一个贪求不厌的孩子共同组成的温馨又略带哀伤的动人故事。

推荐理由：天才的绘本艺术家希尔弗斯坦以简单利落的线条和充满诗意又带有嘲讽幽默的文字，为各个年龄的读者创造了一则令人心醒动容的寓言——在施与受之间，也在爱与被爱之间。

2. 《爱的艺术》，作者：埃里希·弗罗姆。

内容简介：在《爱的艺术》一书中，弗罗姆认为，爱情是一种与人的成熟程度无关，只需要投入身心的感情。如果不努力发展自己的全部人格并以此达到一种创造的倾向性，那么每种爱的试图都会失败，如果没有爱他人的能力，如果不能真正谦恭地、勇敢地、真诚地和有纪律地爱他人，那么人们在自己的爱情生活中也永远得不到满足。

推荐理由：《爱的艺术》是美籍德裔社会心理学家埃里希·弗罗姆创作的心理学著作。《爱的艺术》主要内容是作者通过简洁的语言解释了爱这个深奥的话题。该书是一部以精神分析的方法研究和阐述爱的艺术的理论专著，被誉为爱的艺术理论专著中最著名的作品之一。

3. 电影《音乐之声》。

推荐理由：《音乐之声》讲述了天性自由，不受繁文缛节约束的美丽修女玛利亚和七个活泼可爱的孩子热爱音乐的故事。片中多首歌曲，如表达玛利亚对大自然热爱的主题曲《音乐之声》、轻松愉快的《孤独的牧羊人》、特来普演唱的深情无限的《雪绒花》、欢乐有趣的《哆来咪》等，都成了观众们记忆中最值得细细回味的旋律。

第四章　培育教育之爱　强化师德修养

> 教育之没有情感，没有爱，如同池塘没有水一样。没有水，就不能称其为池塘，没有爱就没有教育。
>
> ——我国近代教育家夏丏尊

【学习目标】

通过本章节的学习，你需要：

1. 理解教育之爱的内涵，尝试构建起自己的教育之爱体系。
2. 明确教师乐教勤业的具体体现，懂得乐教勤业的践行路径。
3. 结合具体的案例分析懂得教师勤业乐教的具体体现。
4. 通过专业学习和专业实习实训，践行、体验教师的"终身学习"。

【学习建议】

在学习本章节之前，你可以：

1. 回顾自己的学习经历，分享令你印象深刻的"被爱"或"为爱"的故事。
2. 观看音乐电影《放牛班的春天》，感受主人公马修老师如何借助教育之爱的力量改变了"放牛班"孩子的一生。
3. 观看传记电影《叫我第一名》，感受教育之爱的力量，理解作为一名教师具备教育之爱的重要性。

【内容导学】

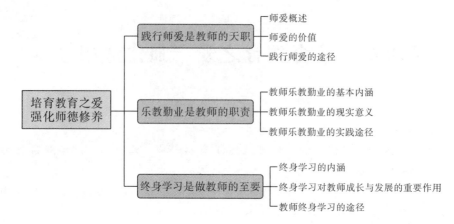

"爱是一种伟大的力量，没有爱就没有教育。"这是中国近代教育史上著名的教育家陶行知先生提出的，也是其毕生追求的教育真谛。"爱为师之魂"，教师最基本的职业道德就是对教育事业的热爱。教师只有热爱学生，才能教育好学生；教师只有勤业乐教，才能使教育的功能发挥最大限度的作用；教师只有热爱学问，终身学习，才能在师生间引起共鸣，奏响教育的华章。因此，爱是教师职业道德的核心。教师是学生心目中爱的化身，是智慧与导师的结合体，因为有了教师博大而宽容的爱，学生的心灵才洒满七色阳光。作为教师，我们要让每个学生都感受到教师的关爱和温暖，让他们在学校这个大家庭中充满自信，充满力量，充满幸福。

【案例导读】

• 案例描述

女教师刀划 41 名小学生掌心①

3月19日上午，一名年轻的女教师第一节课便让41名学生全部站着上，不允许写字。第二节课更为离谱，竟让学生依次伸出手，而她则用削铅笔的小刀子划孩子的手心。刚开始，她还是用刀背，但从第二个开始，便改用刀锋，使每个学生的掌心都被划伤出血，全班顿时哭声一片，这触目惊心的一幕，发生在河北省某县的一村镇小学。据《燕赵都市报》报道，这名老师叫刘美（化名），今年19岁，毕业于一幼儿师范学校，是这所小学的代课教师。据刘美称，她之所以有这样的动机，只是为了让孩子们"好好学习"。据悉，刘美已被刑事拘留，对该事件负有领导责任的乡镇总校校长和村小学校长已被撤职。

• 交流讨论

1. 案例中的这类事件反映出了什么问题？

2. 你觉得刘美老师为了让孩子们"好好学习"而划伤孩子们手心的行为正确吗？

---

① 《女教师刀划41名小学生掌心》，http://news.sohu.com/2004/03/22/16/news219541686.shtml。

如果你是刘老师，你会怎么做？

・综合分析

在现实生活中，像"刀划掌心"这类事件并非个别现象。对此，人们不禁要问被誉为"灵魂工程师"的人民教师，缘何频频"出轨"？在高度重视未成年人思想道德建设的今天，我们教师的师德教育也应该提升到同样重要的一个高度。

第一节　践行师爱是教师的天职

● 爱的认知

从古至今大教育家们的传世箴言中都闪烁着教育之爱的光辉，如孔子的"爱之，能勿劳乎？忠焉，能勿诲乎"，陶行知的"捧着一颗心来，不带半根草去"，德国教育学的代表人物诺尔指出的教育的根底是成熟之人与生长中之人间的情感型关系。这种以爱、信任和尊重为特征的教育关系，是教育工作的本身根底，这种关系自身是教育最为深沉的内容和最终的条件。

一、师爱概述

热爱学生是教师最宝贵的职业情感，是一切优秀教师最为珍惜的一笔精神财富。这种爱是广义的，是非血缘关系的爱，是既普通又神圣的超越之爱。这种爱，区别于父母之爱、兄弟之情，也不同于朋友之间的友谊。它不是出自任何形式的个人需求，而是体现着社会发展寄予教师的重托。它源于教师对教育事业的深刻理解和高度的责任感，源于教师对教育对象的深切理解和期望。2014年习近平总书记在考察北京师范大学与师生代表座谈时提出，做好老师，要有仁爱之心。教师这个职业最根本的东西，是热爱自己的学生，热爱自己所从事的教师这个职业，这样才会全心全意地投入培养学生的过程中。否则一切都谈不上，这是做一个好老师的前提。[①]

（一）爱与师爱

商务印书馆出版的《现代汉语词典》把爱定义为"对人或事物有很深的感情"。根据爱的本源不同，有学者提出，爱可分为两种类型：一是与人的生物性需要相联系而产生的本能的自然情感，即自然爱，主要是主体基于生物性本能而产生的、与他人的情感和意愿，如母爱与情爱。二是与人的社会性需求相联系产生的社会爱，如友爱等。而师爱的本源应是一种教育爱与社会爱。根据可考的史料文献来看，我国古代师爱思想的产生应追溯到孔子。孔子认为师爱最终应体现为"有教无类"和"诲人不倦"。也就是说，师爱应以爱始而以诲终，只有在师爱的前提条件下，学生才能愉快地接受师教。战国

---

① 邹海燕：《教育爱：教师最宝贵的职业情感》，《中小学教材教学》，2002年第6期，第48～49页。

时，孟子首先对师爱的含义做出了明确解释和具体规定。他把师爱与父爱加以区别，认为师爱之教有"如时雨化之"的功能，可以产生积极作用；而父爱之教则往往可能导致"父子相夷"的消极效果，因为"教者必以正，以正不行，继之以怒；继之以怒，则反夷矣"。

由此看来，师爱是教育者在教育教学实践活动中所流露出来的对教育本身及学生怀有的一种深挚情感。师爱是基于人性之爱而产生的，包括对教育的爱和对学生的爱，是通过教育教学实践活动表现出来的教育者应具有的价值品质。爱学生主要是指教师对学生及与学生相关工作的爱，它是教育或教学取得成功的重要因素之一。[①]

（二）师爱是师德的重要内涵

关心学生、热爱学生是教师职业道德的重要体现。历代教育名家们对于"教师要热爱学生"这一主题都极为重视，并在其论著中也有诸多论述。著名教育家苏霍姆林斯基在其书籍中多次强调：儿童的心灵极易受到伤害、极其脆弱，作为教师，一定要关心儿童、爱护儿童、热爱儿童，因为只有教师关心学生的尊严感，才能使学生通过学习而受到教育。教育的核心，就其本质来说，就在于让儿童始终体验到自己的尊严感。瑞士著名教育家裴斯泰洛齐认为，"道德的实质就是积极地爱人"，教师要像父母爱自己的子女一样来关爱自己的学生。大教育家孔子的整个教育思想精髓即要实行"仁爱"，要求教师教育学生更要"诲人不倦"。而德国教育家凯兴斯坦纳也明确指出：爱是教师最基本的素质，凡是不能为爱他人活着的人，就根本不可能成为真正的教育者。在这些古今中外教育家的论说中无一例外地都在强调师爱在教育中的重要性，并将其视为教师职业中不可或缺的道德要求。

关于师爱的相关要求在我国的教育法规中也有明确的规定。1991年颁发的《中小学教师职业道德规范》的第四条明确提出教师要面向全体学生，热爱、尊重、了解和严格要求学生，循循善诱、诲人不倦、保护学生身心健康。1993年颁布的《教师法》第八条"教师应当履行下列义务"中强调：教师要关心、爱护全体学生，尊重学生人格，促进学生在品德、智力、体质等方面全面发展。1997年，原国家教委对《中小学教师职业道德规范》进行了修订，其中第三条规定即是要求教师要热爱学生，关心爱护全体学生，尊重学生的人格，平等、公正对待学生。2008年，教育部对《中小学教师职业道德规范》进行了再次修订，其中第三条规定仍然是要求教师要"关爱学生"。关心爱护全体学生，尊重学生人格，平等公正对待学生。对学生严慈相济，做学生良师益友。保护学生安全，关心学生健康，维护学生权益。教育部2005年颁布的《教育部关于进一步加强和改进师德建设的意见》的第六条"提高教师的职业道德水平"也突出强调了教师要牢固树立育人为本、德育为先的思想，全面关心学生成长，热爱学生，尊重学生，公平公正对待学生；自觉加强师德修养，模范遵守职业道德规范。2010年颁布的《国家中长期教育改革和发展规划纲要（2010—2020年）》第十七章"加强教师队伍建设"中第五十二条"加强师德建设"再次重申要加强教师职业理想和职业道德教育，增

---

① 孟静：《关于师爱若干基本问题的思考》，《开封教育学院学报》，2018年第4期，第153～156页。

强广大教师教书育人的责任感和使命感。教师要关爱学生，严谨笃学，淡泊名利，自尊自律，以人格魅力和学识魅力教育感染学生，做学生健康成长的指导者和引路人。将师德表现作为教师考核、聘任（聘用）和评价的首要内容。因此，关于"教师要热爱学生"这一主题一直是我国师德文件中的重要内容与要求，也是构成我国师德架构的基础与精要。[①]

二、师爱的价值

"教师"是万千职业类别中的一个普通职业，但作为教师的人又通常被誉为"人类灵魂的工程师"，在人类历史上没有一个职业能像教师这样备受人们的关注与期待，也没有一个职业有教师这样特殊重要的地位。实践证明：一个人的发展与成功、一个国家的发展与繁荣、一个民族的进步与振兴都直接与教育和教师密切关联。毫不夸张地说，拥有"好老师"不仅是学生的幸运、学校的光荣，而且是国家和民族的希望。新时代民族振兴、国家繁荣、教育发展需要培养造就一支高素质专业化教师队伍，需要涌现一大批好老师。因此，习近平总书记号召："全国广大教师要做有理想信念、有道德情操、有扎实知识、有仁爱之心的好老师，为发展具有中国特色、世界水平的现代教育，培养社会主义事业建设者和接班人做出更大贡献。"这实际上从职业信念、职业道德、职业素养、职业品行四个方面规定了新时代教师职业责任。这些对"好老师"的标准不仅是受教育者、全社会以及国家对教师职业的期待，更多地表现为教师职业应然的伦理要求，体现的是一个人选择教师职业的内在的责任伦理规定。

"仁者爱人"是中华传统文化的核心理念之一，"爱"同样也是西方教育的重要理念之一。可见，教育职业本身就是一门"仁而爱人"的事业，"有仁爱之心"自然成为教师基本的职业品行标准。教师职业既是一种传播知识、思想和真理的工作，又是一项塑造灵魂、塑造生命、塑造人的工作，具有与生俱来的道德责任和榜样作用，爱是教育的灵魂，没有爱就没有教育。因此，"关爱学生、为人师表"也被作为我国各类教师共同的职业道德规范。具体来说，教师的仁爱是一种非凡的气度，是一种对己对人、对事对物的接纳和包容。教师的仁爱之心是以师生相互信赖为基础的，这种信赖主要体现为尊重、理解、关怀和宽容，要求教师具备恭、宽、信、敏、惠的品性。尤其面对世界多极化、经济全球化、社会信息化、文化多样化对人们尤其是青少年学生价值观和道德观产生的冲击，做新时代的"好老师"，要有堂堂正正的人格，用高尚的人格感染学生、赢得学生，用真理的力量感召学生，以深厚的理论功底赢得学生，自觉作为学为人的表率，做让学生喜爱的人。[②]

（一）师爱具有鲜明的教育意义

古往今来，教师扮演的角色在不断发展，如从传统的"传道授业解惑者"转变为学

①　王婷：《论师爱与师爱的艺术》，《北京教育学院学报》，2012年第1期，第57~61页。
②　韩喜平、李帅：《习近平关于新时代教师职业重要论述的价值意蕴》，《福建师范大学学报（哲学社会科学版）》，2020年第1期，第9~16页。

生学习的促进者、组织者。在这些转变中，教师的榜样角色没有变，教师是"道德的化身""人格的楷模""心灵的镜子"。

苏联教育家加里宁的一句话发人深省：教师仿佛每天蹲在一面镜子里，外面有几百双精敏的、善于窥视教师优点和缺点的孩子眼睛在不断地盯视着，世界上没有人受到这样严格的监视，也没有任何人能对年轻人有如此深远的影响。教师无时无刻不在用自己的知识、技能、能力、世界观、思想情感去感染学生。师生情感不仅构成了教育教学的一道背景，而其本身也成为一种重要的教育要素。"我喜欢老师，所以我喜欢上他的课。"学生归属的、受尊重的、自我实现的需要越来越多地在爱生尊师中得到满足。师爱有助于学生友好待人、趋向合群的良好情感的产生和活泼、开朗、乐观个性的形成。

（二）师爱具有积极的生活意义

如果教育工作仅仅是谋生的手段，一定年限后，工作就会成为重复无新意的劳动甚至产生束缚。教师只有真诚地关心热爱学生，教育才是发自内心的精神需要，教师才能每天满怀希望，从日常琐碎的工作中得到满足，从与孩子的交流中得到愉悦，从自己的成长中得到幸福。学生感受到教师的关心爱护，学校就像家一样，是温暖的港湾，学生才有幸福的童年。教师感受到学生的尊重信赖并在课堂上展示自己的价值，师生关系融洽，是师生学校生活质量高的标志。因此，教师热爱学生，具有积极的生活意义。

（三）师爱具有高尚的道德意义

教师对待学生的态度以及如何处理好师生关系，是教师道德的重要内容。热爱学生是教师在履行培养新时代接班人这一职责时所产生的崇高的道德情感。这种爱是纯正、无私的，它突出体现为教师通过辛勤劳动，满腔热情地把知识技能传授给学生，把学生培养成为德、智、体、美全面发展的新人。这种爱是有原则的，不是一种溺爱或宠爱，而是与严格要求相联系的；不是仅从生活上体贴帮助，而是要关心学生的全面成长。

教师热爱学生，有利于培养学生热爱同学、热爱班级、热爱学校、热爱他人的积极情感。这种积极的情感又将对学生的健康成长和社会主义精神文明建设产生良好的影响。教师具备了高尚的道德情操，才能有敬业精神，才能兢兢业业地工作，勇于开拓进取，才能使自己的言行符合祖国人民的利益，给学生以良好的影响。[1]

【典型案例】

• 案例描述

践行师爱，担负责任[2]

课间十分钟，小王同学铅笔盒里的十元钱不翼而飞了，同学们议论纷纷："我看见

---

① 陈纪兵：《师爱的意义及其践行途径》，《教育科学论坛》，2020 年第 5 期，第 23~25 页。
② 吴正宪：《我们不仅要对孩子的今天负责，更要为孩子一生的幸福负责》，http://blog.sina.com.cn/u/221265。

小曹一个人偷偷摸摸地在教室里，一定是他，他家只靠他妈妈一个人挣钱供姐弟俩上学，可穷了。"搜身，搜身。"不知谁提出了建议，立即有一些同学也赞成。李老师当时并没有发火，也没有搜查，只是感到心里沉甸甸的。李老师把目光一一扫过每一个学生，教室里出现了从来没有过的安静。当李老师的眼神与小曹的眼神相碰的一刹那，一种复杂的情感从他的脸上掠过。李老师马上意识到，不能伤害孩子的自尊心，要把坏事变成好事。"同学们，小王同学准备买钢笔的钱不见了，大家能帮帮她吗？""老师，我们大家每个人给他凑一点钱。""老师，我把这支钢笔送给她。"同学们纷纷伸出了热情之手。小王非常感动，李老师也被这一颗颗可爱的童心感染着。李老师接着说："同学们表现得很好，当别人遇到困难时一定要鼎力相助，使他感受到集体的温暖。我不能断言这十元钱一定被某个同学拿走了，但肯定是咱们班的同学，我猜他一定遇到了什么困难，我想他心里也很难受。我们班是个优秀的班集体，希望每位同学都做诚实的孩子，不希望再发生这样的事。"

第二天，李老师在语文书里发现了十元钱和一封短信："老师，真对不起，我不应该做出这样的事。爸爸去世后，妈妈为供我和姐姐上学累倒了，我想给妈妈买点药……"泪水顿时模糊了李老师的视线。随即李老师也给他回了一封信，悄悄地放进了他的铅笔盒："小曹，看了你的信让我很感动。你是个懂事的孩子，生活的重担过早地压在了你的肩头，但人穷不能志短，有困难我和同学们都愿意帮助你。"在以后的学习生活中再也没有发生过这样的事情，李老师号召大家共同帮助他，小曹在爱的呵护下，学习成绩提高得很快。正如一位教育家所说："一个真诚的教育者必定是一位真诚的人道主义者。一个受孩子衷心爱戴的老师，一定是一位富有人情味的人。"

- **交流讨论**

1. 李老师的这种做法体现了师爱的何种现实意义？为什么？
2. 如果你是李老师，你会怎样处理这件事？请利用所学知识进行交流与讨论。

- **综合分析**

爱学生，就要深入地理解学生，就要发挥师爱的力量。正是师爱的这种感化、引领作用，激发起师生之间的反馈，才能形成一种爱的回流。师爱的力量是伟大的，只有爱的阳光，才能让坚冰融化，才可以使枯木逢春。一个老师光有责任心不行，还要有耐心、爱心，学会欣赏和鼓励那些容易被我们忽视的孩子，让他们也有被爱的权利，也有健康成长的平等机会。我们对每个孩子都要不抛弃、不放弃，把爱洒向每一个角落。作为教育工作者站在三尺讲台上，每天都要面对几十双眼睛。但是由于每个孩子的资质不同，再加上许多不同的原因，有的是基础不好、不爱学习；有的是贪玩、好动或家庭因素等致使他们的成绩不好，使这些学生成为一个特殊的群体。很多时候教师的冷漠、学生间的隔膜使他们的心理受到了伤害，他们把希望藏到了裹着坚冰的心里，寂寞无聊地打发时间。可是，他们并不是顽固不化、不可救药的。他们还是幼小的孩子，年幼的心里渴望成长，渴望与其他同学享受同等待遇，也渴望老师的关怀、微笑和表扬，而教师的不在乎有可能会使他们渐渐失去希望，久而久之，他们也就渐渐地甘愿沉默。所以，爱学生，要把学生当成自己的孩子，放在心坎上。爱学生，就要尊重和信任学生，用爱呵护每一颗幼小的心灵。

三、践行师爱的途径

提到师爱，我们往往只想到一些感人的事迹——老师重病在身，却依然坚持在讲台上；学生突然发病，老师背着学生往医院跑；学生有困难，老师给予资助——这些都是师爱的体现。但是师爱的表现形式不止这些。通过前两部分知识的学习，同学们在了解了师爱的内涵及特征后，我们不妨从抽象和具体两个层次来探讨践行师爱的途径。抽象地说，教师的爱心体现在两方面：一是热爱教育事业，二是热爱学生。教师对教育事业的热爱，是通过热爱学生来体现的，热爱学生就等于热爱教育事业。由此推之，关心、尊重、宽容、理解、严格要求等是师爱最具体的表现形式。以下内容主要从具体的层次阐述如何践行师爱。

（一）关心与尊重学生

从教育目的与功能的角度来说，教师对学生的爱也可以理解为一种对事业的爱，其目的就是要把学生培养成德、智、体等方面全面发展的社会主义事业建设者和接班人。因此，师爱的内容应包括关心学生的成长、成人及成才。教师对学生的关怀，首先就是要关怀学生的身心健康，让他们健康成长。其次，"无德不以成人"，教师必须坚持以德育人，对学生进行晓之以理、动之以情的思想情感教育，以"润物细无声"的情感和艺术引导学生树立正确的世界观、人生观、价值观。再次，教师主要是"传道授业解惑"，这就要求教师必须把书教好，努力为学生成才打下扎实的知识基础。另外，教师对学生的爱应该是一种博爱，要坚持爱生无类、尊重个性、因势利导、因材施教。

热爱学生必然尊重学生，既尊重学生的主体性，又尊重学生的独特性，特别是要尊重学生的人格，保护其自尊心，使学生具有良好的自尊感，不但心理健康，而且行为积极，从而充分彰显学生身上积极美好的一面。尊重是现代教育的第一原则。著名的人民教育家陶行知先生也曾经对一些不尊重学生的教师说过：你的教鞭下有瓦特，你的冷眼里有牛顿，你的讥笑中有爱迪生。教师要努力成为学生的知心朋友，和他们一起克服困难，一起感受欢乐和忧愁。教师尊重学生，学生也才会尊重教师。只有相互理解和尊重，才能建立起尊重、信任、宽容、友爱的师生关系。在具体的教育活动中，教师对学生的尊重主要表现为尊重个体生命的自主选择、行为方式、兴趣爱好、情感愿望、生活方式等。

（二）理解与宽容学生

理解作为人与人之间的存在方式，对师生关系而言具有特殊意义，它是师生关系和谐融洽的前提与关键。学生渴望教师的理解，他们喜欢与平易近人的教师打交道，喜欢有情有义的、懂他们、理解他们，对他们平等、坦诚相待的教师。但师生分别处在成人与儿童两个既有联系又明显不同的世界中，要想达成彼此的理解，并不是一件容易的事。这就需要教师通过感悟自己的愿望与情感、生命生长的历程，跳出成人世界而走入儿童世界来实现。

宽容是教师之爱的一种重要体现。爱本身就包含着宽容，缺乏宽容的爱是不完整的。宽容是一种美德，是人性的光辉，其实更是教育的秘诀。爱需要严师，更需要理解和宽容的爱心。在学生的生命成长历程中，教师不要紧紧盯着他们所犯的错误，不要"毫不留情"地给予批评或惩罚，不要念念不忘他们的弱项，而要善于为他们提供有形或无形的能量，以帮助和引导他们走出误区，变弱项为强项。为师之本在于"善"。宽容对待每一个学生，少些责怪，多些鼓励；少些批评，多些关心。这样，师生之间就会形成一种互相理解、真诚相待的关系。

（三）赏识与赞扬学生

教师要赏识学生，特别是学龄前的幼儿，由于其处于特殊的身心发展阶段，具有明显的向师性，教师说的每一句话都会成为他们心中的圣典。因此，教师要认识到赏识教育的意义和无形的作用，用爱心和尊重来回报学生的信任，给孩子以希望和满足。但是，在现实学校教育当中，经常看到教师的急躁、不理智，甚至粗鲁、体罚学生，这些都是违背教师道德行为规范的。另外，教师要赞扬学生，善于发现学生的闪光点。每一个学生都希望自己是成功者，都期待收获肯定和赞誉。这就要求教师去赏识、赞美学生。作为教师，我们应该懂得用师者广博的生命之爱、民主思想去赏识每个学生，浇灌学生的心田，帮助他们形成积极的自我观念和健康的人格。要知道，爱是一种触及灵魂、动人心魄的教育过程，教师若能对学生正确评价，多表扬、多鼓励，哪怕只是一句简单的"我很欣赏你"，就能激发学生的求知欲和上进心，让他们收获一份快乐，乃至改变整个人生。所以，教师千万不要吝啬自己的赞美，这是学生通往成功之路的"动力资源"。

（四）公平公正地对待学生

师爱还体现在对学生的公正对待上。师爱的本质彰显了师爱是"大爱""博爱"，而不能是"偏爱"。教师的爱是面向一切学生的，学生所需要的爱也是没有差别的，因而公平公正地对待每一位学生，就是教师的爱给予每一个学生的保证。教师公正地对待学生要求教师要公正、公平、不偏不倚、一视同仁。一方面，教师不能因为个人感情的好恶、私人关系、学生成绩的优劣等偏袒或是轻视学生；另一方面，教师不能因为学生的性别、美丑、性格特征、身体条件、家庭出身等的不同而偏袒或轻视学生。公平公正地对待学生是树立正确师生观的核心问题。教师公正地对待学生，要真正地尊重和信赖学生，从师生关系的本质上讲，学生与教师之间是平等的，学生是独立的个体，具有独立人格和被尊重的权利，教师必须保障学生的权利，公平公正地对待每一位学生，在教育教学实践中贯彻教育公平的理念。

（五）严格要求学生

严格要求学生是师爱的另一种体现。热爱学生并不等于放纵学生，而是必须要对学生严格要求、严格管理。对学生严格要求符合客观实际，符合学生身心发展规律，有利于学生全面发展。爱而不严不是真正的爱，严格要求与精心施教相结合，才能把师爱变成真正的教育力量。教师对学生要关爱，但不能溺爱。爱学生不等于无原则地迁就学生，更不能纵容学生的缺点和错误。教师应从有利于学生的成长、成人、成才的角度出发，对学生严格要求、善意批评，甚至必要的纪律处分也是一种爱。要爱中有严，严中有爱，爱而不宠，严而有格，严慈相济。常言道"严师出高徒"，又说"严是爱，宽是害""教不严，师之堕"。对学生不严格要求是难以培育出新时代的可靠接班人和合格建设者的。教师要把握好爱与严的关系，坚持爱中有严、严中有爱、寓爱于严、严爱相济，使学生在教师的真诚关爱和严格要求中成长，严要得法，严要有度。要尊重学生的人格，不随便发怒，不以威压人，更不能有辱骂和侮辱学生人格的行为。①

【典型案例】

• 案例描述

谈师爱的力量②

新的学年张盛老师接了一个新班，班上有个学生叫周某，第一周军训就不听管教，被教官罚站。烈日下的暴晒确实让他不好受，心理上也有一定压力，最后不经班主任同意私自回家。随后在上课期间，多名任课老师反映他上课注意力不集中，搞小动作，影响别人学习，且对老师的管教不服气。

于是，张盛老师找机会和他谈话，希望他遵守班级、课堂的各项纪律，知错就改，争取做一个他人喜欢、父母喜欢、老师喜欢的好学生。周某开始时很认真地口头答应了。可是过了一天，他一如既往，毫无长进，真是"承认错误，坚决不改"。此时张盛老师感到盲目、灰心，想要放弃不管，但又觉得自己身为班主任，要对学生负责任，不能因一点困难就退缩，必须面对现实。学生没有进步，或许是他并没有真正地认识到自己的错误，没有真正地要做个他人喜欢的人的念头。

为了有针对性地做工作，张盛老师决定先让周某认识到自己的错误，树立做个让人喜欢的人的思想。于是张盛老师再次找学生谈话，谈话中，张盛老师了解到他的父母分居，家庭因素给他造成了很大的心理压力。他心里其实很希望得到老师的关爱，只是上初中时老师经常批评他，家长又十分溺爱，不善于正确引导他，于是他产生了叛逆心理。

找到了原因，张盛老师首先与周某的父母进行交流，指导家长家庭教育的做法并得到父母的支持。平日里张盛老师还经常与周某沟通、交流，总是鼓励他。后来，周某在纪律上、学习上都有了进步。当他有一点进步时，张盛老师更是及时给予表扬、激励，使他处处感到老师在关心他。周某逐渐明白了做人的道理，有了明显的荣誉感和责任感。

为了更好地提高周某的学习意识，张盛老师特意安排责任心强、学习成绩好、乐于助人、耐心细致的学生跟他坐，并发动全班学生帮助他，目的是发挥学生的力量。这样

---

① 孟静：《关于师爱若干基本问题的思考》，《开封教育学院学报》，2018年第4期，第153~156页。
② 张盛：《教育教学案例——谈师爱的力量》，《考试周刊》，2013年第70期，第181页。

使整个班级都凝聚起来，增强了同学相处的和谐性。张盛老师还安排周某当舍长，增强他对集体的认识，意识到自己是班级的一员，要为班级服务，发挥自己的作用，实现自身价值。在同学们的帮助下，在周某自己的努力下，他各方面都取得了不小进步，学习上更努力了，甚至自己当起了值日生，劳动也更积极了。对此，张盛老师会心地笑了。张盛老师笑着对周某说："你长大了，懂事了，进步了。我真替你高兴。"

在第一学期期末考试中，周某取得了不错的成绩，为了鼓励他，张盛老师奖给他一本日记本，奖品虽少，但能表示他的一点心意。

• 交流讨论

根据第三节所学知识分析讨论张盛老师践行"师爱"的具体途径。

• 综合分析

1. 以人为本，付出师爱。

教师应"以人为本"，尊重每一位学生。教育是心灵的艺术。教育学生，首先要与学生建立一座心灵相通的爱心桥梁，这样才会产生热爱之情。如果我们承认教育的对象是活生生的人，那么教育的过程便不仅仅是一种技巧的施展，更是充满了人情味的心灵交融。心理学家认为"爱是教育好学生的前提"。对于学生需要敞开心扉亲近他，以关爱之心拨动他们的心弦，"动之以情，晓之以理"，用师爱融化心中的坚冰。

2. 以生之助，友情感化。

同学互助是班级管理中必不可少的方法，同学的力量有时胜过教师的力量。同学之间一旦建立起友谊的桥梁，他们之间就会无话不说。在学生群体中，不少学生不喜欢教师过于直率，尤其是对批评他们的时候太严肃接受不了。因此，张老师先让周某与其他同学交朋友，让他感受同学对他的信任，感受到同学是自己的益友，让他在快乐中学习、生活，在学习、生活中感受到无穷的快乐。

3. 因材施教，循循善诱。

一把钥匙开一把锁，每一名"问题学生"的实际情况是不同的，必然要求教师深入了解弄清学生的行为、习惯、爱好及其表现不好的原因，从而确定行之有效的对策，因材施教，正确引导。周某的情况比较特殊，对自己的错误、缺点认识不足，不能正确地对待自己和他人。因此，张老师以爱心为媒，搭建师生心灵相通的桥梁，与他谈心，与他交朋友，使其认识错误，树立做个好学生的念头。这样的举动充分发挥了学生的力量，让他感到教师的关心、重视，用关爱唤起他的自信心、进取心，使之改正缺点，然后引导并激励他努力学习。

4. 家长配合，多元影响。

在发现问题的时候，张老师及时与家长沟通交流，多方面了解学生的根本状况，从而正确地对待学生的问题。与家长沟通，会增强家长对孩子的正确认识，纠正家庭教育的不当之处，使学生尽快转变。教育家苏霍姆林斯基曾发出这样的教育感言：教育孩子是教师生命中最主要的东西。的确，没有热爱，就没有教育。学生心智还不成熟，不小心犯错，都是再正常不过的事情。学生需要的不是大声呵斥，不是严厉苛责，而是来自教师、亲人，甚至是来自全社会的关爱。真爱无痕，广博的、不求回报的师爱能成就学生的梦想。在更新教育观念的今天，一个热爱学生的教师有责任让学生树立信心进而达到育人的目的。当学生享受师爱雨露的滋润，在师爱的阳光下茁壮成长时，作为教师才可以自豪地说，我们的学生在享受真正的教育、良好的教育。

● 爱的榜样

1. 学习陈冠峰、贾益芹两位老师的感人事例。
2. 你还知道哪些教师关爱学生的感人故事？可以通过"云爱平台"进行分享。

★榜样一

把我的爱奉献给每个孩子①

陈冠峰，2008年毕业后就一直就职于普陀区宜川一村幼儿园，现任挂职副园长。他热爱幼教事业，一直扎根于教育教学第一线，与孩子们关系融洽，得到家长的一致认可。他先后荣获普陀区第一届幼儿园男教师教学活动评优一等奖、普陀区园丁奖、普陀区第三届"普陀杯"教学评优（幼儿园）一等奖、普陀区教育达人一等奖、普陀区第二届"四才"评选青年英才、上海市中青年教师教育教学评优（幼儿园）一等奖。

游戏达人

如果说在许多女老师和家长眼中，陈老师的特别在于他是一个男人、一个"异类"的话；那在孩子的眼中，陈老师就是他们的"偶像""哥哥""老爸""师傅"等。因为在陈老师工作的十年中，为孩子们开发创设了许多吸引孩子的游戏，如我是摔跤王（多个版本）、蹦床、跳垫子、攻城战等，并且还有一些有助于开发幼儿逻辑思维的游戏，如玩具小兵、梦幻水立方等。

热心好人

近年来，幼儿园招生工作和小学招生工作也逐渐开始使用网络平台。在这过程中，许多女教师都不适应，许多家长对于电脑、网络的操作也存在不少问题。针对这一问题，陈冠峰在每次招生工作正式开展以前，都会对参与招生工作的老师进行相对应的培训。并且为了帮助家长做好小学报名工作，陈老师也会对那些有困难的家长进行耐心的讲解，使他们能够以平和的心态来有条不紊地进行信息核对、登记、报名，确保幼儿园招生和小学招生工作顺利完成。

★榜样二

贾益芹：用爱点燃孩子们的世界②

贾益芹工作20多年来，始终坚守在教学一线，始终和学生在一起，兢兢业业、刻苦钻研、淡泊名利、无私奉献，在平凡的岗位上做出了不平凡的业绩，先后获得全国先

---

① 上海普陀教育：《陈冠峰：把我的爱奉献给每个孩子》，https://www.sohu.com/a/256342258_759676。
② 张菁菁：《淄博特教老师贾益芹：无声世界中的"筑梦"》，http://zibo.dzwww.com/2bxw/201505/t20150517_12392088.htm。

进工作者、全国五一劳动奖章、全国模范教师等荣誉。

自 1992 年进入特教专业时的不被人理解、备受冷落到取得信任支持和备受欢迎，贾益芹步履艰辛却硕果累累。她把"传授知识、启迪智慧、点化生命"作为工作的神圣使命，把工作作为事业来经营，把特殊的孩子当成自己的孩子对待，在生活上照顾他们、鼓励他们，做他们的良师益友。

20 多年无声世界的坚守，用特殊的语言——手语传递着知识与希望，用爱心和智慧诠释着平凡中的伟大，为特殊孩子点亮了智慧的明灯。贾益芹和她的教育团队一道，给予学生知识技能，托起学生和家长充满希望的明天，成就了学生的成才梦。

大爱无言，面对残障学生，贾益芹付出了慈母一样的爱心和心血。20 多年，贾益芹老师拥有了三把智慧的钥匙，打开了特殊孩子的心灵之锁，那就是微笑、耐心和手语。

微笑是她开启学生第一道心门的钥匙。"贾老师，你真漂亮"，有学生这样赞美她。"贾老师，你的微笑让我们感到很温暖，孩子交给你，我们放心"，好几个家长曾经这样对她说。是微笑，让贾益芹成为学生心中最美的老师之一；是微笑，让贾益芹走进了家长的心里。耐心让她打开了学生的第二道心门：耐心地倾听，耐心地重复讲解，耐心地一次次纠错。她和老师们制定个别化教育方案，一对一地进行个别化训练、辅导。第三把钥匙是手语。为了学好手语，她把《中国手语》贴满了小标签；课间十分钟，她向学生学；课下她向老教师学；学校活动，她主动请缨担任手语翻译。

"把名利看淡些，把事业看重些，生活中才不会斤斤计较，工作中才会忘我执着。"从参加工作的第一天贾益芹就被委以重任，担任二年级 14 个学生的语文教师兼班主任。她既当老师又当保姆，单身的她就住在学生宿舍隔壁，吃在学生食堂，24 小时和学生在一起。"小根夜里尿床，要每天给他晒被褥；小秋是个自尊心特强的学生，要注意交流方式；小晖天天流鼻涕，桌上要放包卫生纸；小科上课爱做小动作，要随时提醒……"贾益芹的脑子里每天都装着这些细微琐事，用爱心耐心呵护着这些受伤的稚嫩幼苗，用一颗博爱之心向孩子们敞开温情的怀抱。她把全部精力都花在学生的成长进步上。节假日她经常以校为家，对此她无怨无悔。2014 年 3 月，贾益芹做了心脏手术，但是不到 2 个月她又站在了讲台上。

手语唱响自强之歌，爱心谱写育人华章。她教的学生中，有淄博市自强模范，有淄博市第一个走出国门为国争光的聋生，也有在平凡岗位上自食其力的劳动者……"请用你宽阔与包容的心，去聆听聋人朋友是怎样用无声的歌，唱出生活的缤纷，唱出生命的旋律"，贾益芹在一首诗中这样写道，她也一直是这样做的。

◉ 爱的感言

1. 结合本节课所学习的知识，回顾你的学习经历，说一说在你的求学经历中有哪位老师的师爱事迹深深地影响着你。

2. 根据本节课所学习的师爱知识，尝试写一篇短文，谈一谈作为一名幼儿教师具备师爱的重要性。

● **爱的践行**

1. 请同学们以小组为单位，开展一次"寻找最美教师"的主题活动，寻找你身边的师爱典型事迹，并将其事迹撰写成一篇美文，发表在美篇 App 上。

2. 请同学们围绕以上寻找到的师爱事迹，在全班开展一次交流分享与学习讨论活动，以小组为单位进行演讲发言。

第二节　乐教勤业是教师的职责

● **爱的认知**

教育崛起，教师为基。教师的岗位是平凡而又伟大的，国家的发展、民族的进步、家庭的幸福、个人的成长，都离不开教育，教育关系着国家的繁荣富强、民族的兴衰成败。教师职业的纯熟性源于一名教师积极进取和勤奋敬业的精神，只有乐教勤业的老师，才能全面、深刻地认识到教育工作的伟大意义，才能为教育工作本身所具有的乐趣而深深吸引。所以，作为一名教师，应始终牢记自己的神圣职责，志存高远，把个人的成长进步同社会主义伟大事业、同祖国的繁荣富强紧密联系在一起，并在深刻的社会变革和丰富的教育实践中履行自己的光荣职责。

一、教师乐教勤业的基本内涵

乐教勤业是指教师乐于从事教育事业，勤奋努力地从事教育工作。这是针对教师在对待自己职业方面所提出的基本道德素质。这一职业道德素质就是要求教师热爱自己的工作，认真对待每日的工作任务，做事勤勤恳恳，精益求精，耐心对待学生，为学生每天的学习创造良好的环境；乐于学生的快乐成长，对工作高度负责，认真备课上课，认真准备和创设丰富的教学活动，充分体现"寓教于乐"的教育理念，养成爱岗敬业的习惯和职业情怀。

（一）好之者不如乐之者，教师要乐教

乐教，就是乐于从事教育事业，以从教为乐，乐此不疲。孔子将"乐教"视为教育完成的终极目标，孟子也把"得天下英才而教育之"视为"人生三乐"之一，乐教是我们教师应当向往和追求的最高境界。进入"乐教"境界的教师，从事教育工作不单是出于喜欢和热爱，而是因为对教育工作的伟大意义有着深刻、全面的认识，并为教育工作本身所具有的乐趣而深深吸引，从而在教育过程中能够得到内心的极大充实和满足，甚至可以以苦为乐，以苦为趣，达到物我俩忘、醉迷其中的最高境界。

乐教的关键在于要有奉献精神。这是由教师职业的特殊性决定的。从教师职业的重要性来说，教师从事的是一种崇高的社会职业，既要教书，又要育人。从微观层面来讲，它为教师的生存提供了有效的保证。从宏观层面来讲，教师的工作又不仅仅是为了

自身的生存，还关系到孩子的前途、祖国的未来、社会的发展、人类的进步。这种和孩子、国家乃至于人类利益息息相关的事业，如果没有奉献精神做保证，是很难从事与完成的。从教师教育的对象来说，教师的教育对象是活生生的人，俗话说"十年树木，百年树人"，培养人的工程最为艰巨。因为教师面对的是一个个鲜活的生命，而教育教学就是一种与生命的沟通，而与生命的沟通就需要教师时时刻刻恭谨，需要抛弃一切杂念和私欲，保证心灵的纯净与无私。"春蚕到死丝方尽，蜡炬成灰泪始干。"这句千古传诵的名句，象征着一种无私奉献的精神。春蚕一缕缕地吐着丝，直到老死；蜡烛闪亮着火光照亮人们，直到油尽成灰，毫不吝惜自己的光明。

（二）业精于勤而荒于嬉，教师要勤业

勤业，即勤于功业，勤奋工作。勤业，作为职业道德的核心，是尽职尽责的态度在日常工作中的具体展现，也是人的生命价值在平凡点滴的具体事务中实现的唯一途径。一个勤业的教师，会勤奋钻研，科学施教；一个勤业的教师会着力总结教育规律，发现真理，并按照教育规律的要求科学施教，无论是备课、上课，还是批改作业、管理班级都会将自己的教育行为置于科学认识的照察之下，在教育规律限定的范围内科学地规划、组织、实施，因材施教。一个人只有勤于功业，才能尽职尽责。

勤业，在于教学中营造和谐宽松的学习氛围，注重学生思维能力、自学能力、质疑能力、创新能力的培养，实现课堂教学氛围的优化，实现课堂教学目标的优化和课堂教学方法的优化。教师在"勤业"上要精通业务、不断学习、不断钻研、不敷衍塞责，要精益求精、勇于探索、实事求是、尽心指导、循循善诱。

二、教师乐教勤业的现实意义

教师乐教勤业，是由教育实现自身效益和社会价值的内在需要决定的。任何一种职业的存在，不仅是人们生计的需要，也是社会的需要，具有一定的社会价值。一个行业在努力实现社会价值的过程中，必然会产生对职业活动效率和效益的追求，从而唤起从业人员对职业的敬重感，使之乐于从事该职业。勤奋工作是获得行业活动质量和效益的根本保证，教育也是如此，它是育人特点和自身效益、社会价值实现的需要，内在地决定了它的从业者要乐于从教，勤奋工作。乐教勤业是从事教育工作的基础和动力，是教师职业道德原则的核心。教师的职业有苦有乐，平凡中见伟大，只有乐教勤业，教师才能积极提高自身修养，不断完善自我，在教育活动中有所收获。

（一）乐教勤业，是教师胜任教育工作，做好教育工作的首要条件

真正的乐教于人，总是和自觉的勤业联结在一起。乐教才能勤业，勤业能强化乐教。乐教是勤业的内在动因，是勤业的动力和能源；勤业是乐教的具体体现，是满足乐教需要的基本途径。这不仅是职业需要，也是敬业勤业的表现。是否乐教，影响着教师是否能够做到勤业；是否勤业，反映着一个教师是否乐教。可见，乐教勤业是制约教师教育工作成效的主要内在因素，只有乐教勤业，才能做好教育工作。新课程改革对教师勤业的要求主要有以下五点：教师要有关于课程的专门知识；教师要有对一门课程及其

教材进行多学科多角度分析评价的能力；教师要有课程建设和开发的能力；教师要有转变教学观念，采用新的教学方式的能力；教师要有对学生进行多元、多维评价的能力。

（二）乐教勤业是保持教师队伍稳定的基础

在目前我国将教育作为现代化事业基础工程的情况下，保持具有高素质的教师队伍的稳定和持续发展应成为我们的必然选择。保持教师队伍的稳定是一个系统工程，其中包括社会对教师工作意义的切实认同、国家的政策导向、教师的培养和培训工作的加强等。当然，最重要的一环是教师个体的职业道德修养。只有当所有教师发展起自己的乐教勤业精神，任劳任怨，奉献和忠诚于教书育人的大业时，教师队伍才有可靠的保障。当教师自主选择育人这一职业并具备了乐教勤业的职业道德精神时，他就会对教育工作的社会意义有更深刻、更全面的理解，就会对教师的责任和义务有更自觉、更主动的认识，就会将师德原则、师德规范自觉内化于心，刻意持守并最终达到"随心所欲不逾矩"的境界。与此同时，教师也就能够发现、发掘教育工作所特有的乐趣，享受培育人才的幸福体验。此时，任何不义之利、不当之欲的引诱，任何社会"潮流"的冲击，都不能消解和动摇教师坚定的教育信念和追求。所以说，教师的乐教勤业是保持教师队伍稳定的基础。

（三）教师只有乐教勤业，才能在岗位上有所作为

教师在岗位上能否完成教育任务，能否取得工作成就以及取得成就的大小，决定于诸多因素，例如工作条件、工作环境，包括社会舆论的支持和工作氛围、家长和社会的支持与配合、自己的学识修养等。当然，教师能否做到乐教勤业也是决定其工作绩效的主要因素之一。更明确地说，只有乐教勤业的教师才能够在工作岗位上有所作为。这是因为，乐教勤业的不懈追求能够为教师正确处理和解决教育过程中的诸多矛盾打下良好的基础或提供必要的前提。

第一，只有乐教勤业，教师才能获得对自己职业职责履行的内在自觉。教师能否自觉接受并贯彻执行国家和人民的旨意，能否遵循各种教师规范（包括道德规范）规约自己的思想和行为，直接关系到教育活动的成败，关系到工作成就的高低。反言之，如果教师谋求在工作岗位上有所作为，首先必须接受教师规范，并以此指导自己的思想和行为。

第二，只有乐教勤业，教师才能促进自我的不断完善。教育是一种专业性很强的活动，对教师的素质有很高、很严格的要求。也许任何人都能成为一名教师，但并非任何人都能成为一名合格的教师。教师应该有丰富的学识、合理的知识结构和能力结构、高尚的道德情操、良好的心理素养……这些素质要求主要是依靠教师的自我教育、自我修养、自我完善来达到。那么，教师自我教育、自我完善、自我发展的动力来自何方？来自教师对教育活动的客观要求与自身素质水平之间矛盾的深刻认识，来自解决这一矛盾的不懈追求，来自深层次的乐教勤业精神。有了乐教勤业的精神，教师就能够对自身素质水平有一个理性认识，并使之与教育事业、教育工作的客观要求不断接近，通过自身的不断完善和发展，为更好地完成教育任务提供保证。假如教师缺乏乐教勤业精神，很

难想象他会在完善自我智能结构、道德素养方面有自觉的努力，因为他不会有这方面的需要。如果说不断完善自我是教师在工作上有所作为的基础，那么，乐教勤业就是基础的基础。

第三，乐教勤业能帮助教师正确处理各种社会关系，化解各种矛盾，提高工作效率。教育是一种复杂的社会劳动。教师要面对复杂的社会关系，处理千差万别的矛盾冲突，这是完成教育任务的必备前提。教师要想取得工作成就，必须有社会的理解、同事的支持、家长的配合、学生的自觉努力，而乐教勤业精神在这些方面大有助益。教师的乐教勤业精神可以感染家长，在家长心目中树立威信，使家长和自己的沟通更加顺畅无阻；可以感染学生，在学生心目中树立进取向上、勤奋努力的榜样，让学生主动、自觉地按照自己导引的方向发展成长；乐教勤业精神也可以博得社会各方面的敬重和支持，使之为教师创造更好的工作条件、工作环境，理解教师的劳动价值，支持和配合教师的工作。这一切，无疑将有助于教师提高工作效率，巩固并不断发展教育成果。

三、教师乐教勤业的实践途径

乐教勤业不是一句空话，需要在教师的教育活动中去践行。教师实践乐教勤业的基本途径有以下几点。

(一) 热爱教育，把教育工作当成崇高的事业追求

作为一名教师必须要有对事业的执着追求，只有具备了这种对事业的精神追求，才会钟爱自己所从事的工作，才会在工作中感受到无穷的快乐和幸福。此时，工作不仅是谋生的手段，更是自我价值的体现。首先，要不断深化对教育价值的多方面认识，来增强自身的教育责任感。有了强烈的责任感，就能够乐于从事教育事业，就会主动开拓、奋发进取，充分发掘自己的潜力。其次，要不断深化教师的社会作用认识，从社会历史、现实和未来的发展中，领会教师对当今社会的文明和进步所肩负的神圣使命和所拥有的崇高的社会地位，增强教师工作的荣誉感；要善于从复杂的育人工作中，去体验艰巨劳动中的欢乐，体会从教的幸福感。最后，要不断增强热爱学生的社会责任感，认识到学生是祖国的未来，这种富有责任的教育也会促使教师热爱自己的事业。

(二) 勤业精业，勇于探索

"传道授业解惑"是古人对教师这个职业的诠释，然而在当今社会中，教师这个职业的内涵远不止这些。教师承担着培育后代，推动社会承前启后、继往开来向前发展的重任。因此，教师不仅要敬业，还要勤业精业，教师应当掌握坚实的专业知识，应当有较高的人文素质和艺术修养，以渊博的知识、高尚的道德水准和修养去教育和影响学生，展现"学高为师"的风范和良好形象。因此，教师必须勇于探索，自觉吸取新的知识，不断更新知识内容，丰富知识容量，优化知识结构，并且要能持续性学习，这样才能在课堂上灵活自如地组织各种专业知识，以满足学生的求知欲望，适应社会的要求。

（三）爱岗敬业

爱岗敬业精神是教师自觉承担社会和国家所规定的教师义务的体现，有了这种精神，教师就能把这种平凡而且艰苦的劳动当成光荣而充满趣味的工作来对待。换句话说，爱岗敬业精神是教师乐教勤业的巨大激励力量。

爱岗是指一个人热爱自己的事业、热爱自己的岗位。教师的爱岗，就是热爱教育事业，具体体现为热爱教育工作和热爱学生。热爱教育工作，意味着尊重和珍惜自己的选择，表现为对教育事业的全身心投入和不懈追求的信念、态度和决心；热爱学生，意味着对学生人格的尊重、对学生潜能和自觉的信任、对学生思想和行为的理解、对学生知识和不足的宽容，表现为对学生的关注、关心和关爱。

敬业是指一个人对工作的使命感和责任感。教师的敬业，就是对国家教育发展和学生成长的强烈使命感和责任感，具体表现为对教育教学工作的认真负责、一丝不苟和精益求精，对学生的尽心尽力和无微不至的关怀。在教育教学活动中，敬业表现为认真备课上课，认真批改作业，认真辅导每个学生；也表现为对学生的热切关注，对教育教学工作的科学设计与有效实践；更表现为在教育教学工作的环节上下功夫。

爱岗敬业精神是教师乐教勤业的动力源。当岗位职责成为教师积极情感的对象而不是一种捆绑或约束时，当教育事业的发展成为教师的精神寄托而不是无关于己的身外之事时，当学校教育工作的开展、国家教育事业的兴旺已经和自己的命运紧密联系在一起时，"爱岗敬业"就从一种道德准则或道德规范转变成了教师个人的道德理想，进而必然构成教师的行为表现。

在爱岗敬业精神的推动下，教师"乐教"的情感体验和"勤业"的行为表现，就会模糊生活与工作的界限，内外一致，表里如一，时时处处以教育者的标准严格要求自己；就会模糊个人利益的得失，以他人利益、集体利益为重，主动、自觉、创造性地担负起教书育人的职责，全面履行教育义务。

爱岗敬业是教师职业的本质要求，要求教师对教育事业具有强烈的责任感和深厚的感情。没有责任就办不好教育，没有感情就做不好教育工作。教师要始终牢记自己的神圣职责，忠诚于人民教育事业，勤恳敬业，甘为人梯，乐于奉献；把个人的成长进步同社会主义伟大事业、同祖国的繁荣富强紧密联系在一起，并在深刻的社会变革和丰富的教育实践中履行自己的光荣职责。

【典型案例】

•案例描述

爱岗　爱学生　终身学习[①]

易思蓉是西南交通大学土木工程学院的教授，打心眼里热爱教师职业的她，哪怕生

---

① 陈淋：《西南交大教授易思蓉：爱岗　爱学生　终身学习》，http://scnews.newssc.org/system/20150908/000598640.html。

病，只要站上讲台就全然忘我，"我是真的热爱教师这份职业"。回顾自己31年的教学生涯，这是易思蓉最想说的一句话。成为教师，是她从小的志向。"小学老师给我留下的印象，至今还深深印刻在我脑海。在我心里，这是一份神圣的职业。"易思蓉说，她觉得自己很幸运。研究生毕业留校任教，她的兴趣和工作结合在了一起。这也成了日后她能一直保持着源源不断工作激情的动力来源。

"我一站上讲台，就忘我了。"易思蓉笑着说。此前，攀枝花学院曾邀请她去给学生们上一堂讲座。当天早上7点，她早早起床乘车去机场。可是，她却一直感觉身体很不舒服。她强忍着坐上了飞机。整个旅途，她心里如翻江倒海般难受。一下飞机，她终于忍不住吐了。"现在回想起那个滋味都还不好受。"在酒店休息时，她的精神状态差到极点。中午1点，攀枝花学院的老师来接她去上课，隔着门，仍听到易思蓉不停呕吐。老师们很担心，劝说道："易老师，要不这次课就取消吧。您这么难受，等您休息好了再说。"但想着那么多学生都在等着她的课，易思蓉回复道："既然都来了，我还是坚持把课上完吧。"中午2点，易思蓉的讲座准点开始。她站在讲台上，一口气整整讲了两个小时，丝毫觉察不出她的病态。课程结束后，攀枝花学院的老师很惊奇地问道："易老师，您的病好了？"然而，一下讲台，易思蓉马上又吐了。"我也觉得很奇怪，只要一站上讲台，什么疼痛都感觉不到了，就一心想把课讲好。"易思蓉说。实际上，她的心脏一直不太好。原因未查明，她的内心一直有些不安。但这并没有影响她工作的激情。易思蓉平日里说话轻声细语，但只要她站上讲台，讲课总是声如洪钟、中气十足。"我还有咽炎，但我并不会让它影响我上课，只要我站上讲台，我可以讲一整天的课。"

因此，31年的教师生涯让她更加体会到要做一名合格的老师，首先要热爱教师这个职业。"只有热爱教师这个职业，才会自觉加强师德修养，敬业、乐业、勤业；才会不计得失、无怨无悔，从各个方面严格要求自己，不断提高和充实自己。只有热爱教师这个职业，才会全身心地投入教学工作中，在教学过程中找到无穷的乐趣，才会在讲台上进入一种忘我的状态。"

• 交流讨论

案例中的易思蓉老师的乐教勤业体现在哪些方面？

◉ **爱的榜样**

1. 学习王晓德、赵永宁两位老师的感人事例。
2. 你还知道哪些幼儿教师乐教勤业的感人故事？可以通过"云爱平台"进行分享。

★榜样一

乐教勤业：不开空头支票[①]

他由于治学严谨、学术造诣深厚，2013年被教育部评为"长江学者"特聘教授；

---

① 李琰之：《王晓德：科研无捷径　为师言传身教》，http://fjnews.fjsen.com/2014−02/27/content_13578967.htm

他有 2 部著作入选《国家哲学社会科学成果文库》，他就是王晓德教授，福建师范大学社会历史学院院长、世界史一级学科博士点带头人。

严谨治学：做学问要扎实

多年的潜心治学，让王晓德在学术上取得了不俗的成绩。王晓德申请博士学位的论文《梦想与现实：威尔逊"理想主义"外交研究》，近 27 万字，在写这篇论文的时候，他每天泡在图书馆里，早出晚归，边看书边翻译，最后统计翻译字数竟有数十万之多。

王晓德对学生要求也严格。他认为既然选择读研究生，选择做学问，就不能懈怠，尤其"工作忙""没时间"之类最不能成为借口，应该挤时间"忙里偷学"。他崇信"严师出高徒"，无论是本科生作业还是硕博论文，他都会从篇章结构、论文大小标题、观点、材料、注释、文字、标点等方面一一修改。

王晓德在给学生上课时避免把历史讲成让学生感到枯燥无味的东西，他总是在课堂上尽量地展现历史的真实图景，把影响历史进程的人物和事件活灵活现、有血有肉地描绘出来，并穿插一些有趣的历史故事，让学生易于接受。

王晓德经常对学生说，"历史学是坐冷板凳的学问"，从事历史研究没有捷径可走，无论有多么聪明，天赋有多高，如果不能沉下心来进行研究，再好的客观条件都等于零。只有扎扎实实地读书思考，才能在研究中有所收获。

乐教勤业：不开空头支票

王晓德认为"言传身教"很重要，"凡是我要求学生做到的，我自己首先做到，我从来不开空头支票"。王晓德教导学生要懂得感恩，要多帮助需要帮助的人。他是这么说的，更是这么做的。王晓德一直非常感念他的导师、著名历史学家杨生茂先生。在得知杨先生重病住院后，他立刻请假回到先生身边，每天到医院探视，即使先生已经昏迷不醒，直至先生辞世他参加完追悼会之后才返回福州。

王晓德说："我很喜欢教师这个职业，大概是受父辈们的影响，在大学期间我就确定了这辈子从事教师职业的想法，从没想过要换职业。"

王晓德不管手头有多忙，事情有多少，只要是学生的事，他都会在第一时间处理。学生的论文一旦发到他的电子信箱，他都会在最短的时间内将意见和建议反馈给他们。王晓德说："当学生的论文发表，著作出版时，我能体会到胜过他们的欣喜。老师不仅是辛苦的职业，也是最快乐的职业。"

★榜样二

扎根乡村　乐教勤业终不悔①

从当上乡村教师的第一天起，彭阳县罗洼乡中心学校教师赵永宁就对自己说："一定不能让娃娃们辍学"。

20 世纪 90 年代，个别农村小学孩子到了入学年龄还在家放羊或玩耍，赵永宁走遍了罗洼村、张湾村的家家户户，挨家挨户动员孩子入学，劝返辍学学生复学。山路崎

---

① 《赵永宁：扎根乡村　乐教勤业终不悔》，https://kuaibao.qq.com/s/20191213A0NZDC00?refer=spider。

岖，骑不了自行车他就步行。困难家庭无法提供学习用品和相关费用，他就从每月几十元的工资中抽取垫付。33 年来，赵永宁动员学生返校入学 100 多人次，徒步走的路程相当于学校到县城往返十多趟，给学生购买作业本的费用就有近千元。

只要是为了学校工作，有利于学生学习，赵永宁都会认真去做。乡村学校条件差，几年前学生喝的都是窖水，很多人因为喝不到开水经常拉肚子，赵永宁主动承担起给孩子烧水的任务，每天早早就来到学校生炉子、烧开水，按时供学生饮用。

新课改伊始，面对全新的教育理念和教学方式，面对继承和创新的抉择与整合，赵永宁从认识学生做起，从改变师生关系、课堂结构和教育价值做起，结合教学实践，在反思中进步，在实践中提高，取得了令人信服的成绩。

33 年如一日，扎根山区，不懂就问，不会就学，边学边教，不断汲取他人教学成功经验，赵永宁凭借坚定的教育信念、务实的工作作风，为乡村教育谱写了一曲甘为人梯、无私奉献的动人赞歌。

◉ **爱的感言**

1. 结合你的求学经历，说说有哪位老师的乐教勤业事迹让你印象深刻。
2. 写一篇关于教师乐教勤业的演讲稿，并尝试在全班同学面前演讲。

◉ **爱的践行**

请同学们以小组为单位，开展一次"师德师风宣讲"活动，通过网络寻找若干教师乐教勤业的事迹，汇编成一份宣传材料，向你身边的老师和同学进行介绍与宣讲。

第三节　终身学习是做教师的至要

◉ **爱的认知**

终身学习是时代发展的要求，也是教师职业特点所决定的。教师必须树立终身学习理念，不断加强自己的师德学习和业务学习，潜心钻研知识，勇于探索创新，不断提高思想道德素质、专业素养和教学水平。终身学习是教师专业发展不竭的动力。"要给学生一杯水，教师必须有一桶水"，这是社会、学校和家庭形成的共识，也是教育发展的内在规律，教师的职业要求教师不断学习。

一、终身学习的内涵

（一）终身学习的定义

终身学习是由法国原总理，时任联合国教科文组织国际教育委员会主席的埃德加富尔及其同事提出的。他们指出，在当今急剧变化的社会中，虽然一个人正在不断地接受教育，但他越来越不成为对象，而越来越成为主体了，应把重点放在教育与学习过程的

"自学"原则上，而不是放在传统教育学的教学原则上。换言之，新的教育精神使个人成为他自己文化进步的主人和创造者。所以，每一个人必须终身不断地学习。终身学习的概念自提出以后，关于其概念的表述莫衷一是，而目前被学术界认为最权威的观点是欧洲终身学习促进会提出的关于终身学习的表述，后被首届"世界终身学习会议"采用，其对终身学习做出如下定义：终身学习是通过一个不断的支持过程来发挥人类的潜能，它激励并使人们有权利去获得他们终身所需要的全部知识、价值、技能与理解，并在任何任务、情况和环境中都有信心、有创造性且愉快地应用它们。这个定义指出应"通过一个不断的支持过程"来发挥人力的潜能，以达到实现终身学习的目的，这个"不断的支持过程"就是终身教育。[①]

（二）教师终身学习的内涵

目前，人们对教育的关注程度越来越高，作为教育活动的主要进行者——教师，则承载了更多的期望。在当今社会环境下，教师扮演的角色不仅仅具有传道授业解惑的职能，其更是思想观念的传达者和输出者。在以教师为主体予以评价时，主要观点可以分为以下两种：第一种评价主要是由加里宁指出的，其认为教师对受教育者的灵魂有一定的塑造作用。第二种则是夸美纽斯的经典名言："教师是太阳底下最光辉的职业。"虽然上述两种观点都发表了不同的看法，但是其对于教师这一职业崇高性特征的认识却高度一致。身为传道授业解惑的教师，教书育人是其主要职责，但是想要确保教师教育活动的顺利进行，就必须以渊博的学识、较高的专业素养为前提，并在自身教学生涯中始终坚持学习，从而为自身发展不断注入新的血液。只有这样，才能为社会和国家培养出优秀的人才。

终身学习的思想意识是每位教师都应具备的意识形态，并能够以此为背景和前提，以自身实际情况为依据来对自身学习时间开展合理规划，并充分发挥学习目标的指导性作用，实现对学习过程的有效规划，并在后续过程中能够对自身学习结果予以客观性评价。同时，教师对自身的学习活动还要具备充足的责任感，针对要学习的内容和学习方式及时做出相应决策，并在学习时始终做到反思和调整，从而树立起终身学习的思想意识。之后，教师要借助自身的终身学习意识达到激发思维的目的，主动从外部环境中汲取知识丰富自身知识结构。教师还要充分利用每一个实践机会，及时转变传统被动接受知识的错误意识形态，主动深入汲取知识的过程中。另外，教师还要具备共同体意识，要立足于自身专业领域，充分发挥自身的主观能动性，完成学习共同体的建立，并在其中对自身已有的工作经验进行重新审视与检验。通过与他人的合作发掘自身的不足，并从中汲取对自身有益的因素。而作为团队中的每个人也需要始终将终身学习作为一项重要的工作责任、一份精神追求来对待，从而使终身学习成为其生活和工作的一种具体形式。[②]

---

① 国卉男：《中国终身教育政策研究》，华东师范大学，2013年，第33页。
② 张婷：《终身学习理念下教师教育改革》，《中国教育学刊》，2019年增1期，第222～223页。

二、终身学习对教师成长与发展的重要作用

终身学习与教师的发展是紧密联系的，终身学习理念对教师的职业生涯发展有着重大的影响，是高素质教师发展的必由之路。作为教师需要摒弃"阶段性教育可以解决终生工作"的理念，深刻地认识到教师发展不是一朝一夕就能实现的，而是需要持之以恒，需要坚持终身学习①，从而保证今后自己教师职业生涯发展实现可持续化、个性化、全面化。教师职业的特殊性，要求教师树立终身学习理念，能够在实践中不断丰富自身的内涵，不断获取新知识、新技能，实现自身不断的发展。教师终身学习的重要作用具体体现在以下几个方面。

（一）终身学习是教师知识更新的必然要求

终身学习是现代教育的特征，时代在进步，在社会快速发展的时代背景下，社会对教师的要求越来越高。随着信息时代到来，经济快速增长，科技日新月异，知识累积与更新已不像 20 世纪般缓慢，往往每几年就是一个更替周期，"一朝学成、受用终身"的观点已严重落后于时代。② 习近平总书记深刻认识到教师需要不断发展的重要性，提出教师要终身学习，终身学习是当代教师的基本生存素质以及核心素养的需要。教师的职业特点和职业责任要求教师不断提高自身的核心素养，提高自身的教育教学能力，这都需要通过不断学习来实现，学会学习、坚持学习、加强学习促进了教师的发展。

教师作为教育过程中非常重要的一个群体，在教育教学活动中，教师要为知识的需求者提供学习指导，但在信息化时代背景下，知识更新速度加快，获取知识的渠道多样化，时代需要教师培养学习能力，不然教师在知识掌握上的优势会日见弱化，严重威胁教师的知识权威地位，而要化解这一威胁，需要教师始终处于学习状态，从而促进教师自身成长。作为教师也必须清楚地认识到，自己的成长和完善同样也是一个终身过程，绝不可能一劳永逸，需要在思想上建立危机意识，用终身学习思想作指导，努力通过持续不断的学习来充实和调整自己的知识体系。③

（二）终身学习是教师立德树人的根本需要

党的十八大提出，把立德树人作为教育的根本任务，培养德智体美全面发展的社会主义建设者和接班人。"立德树人"首次确立为教育的根本任务。立德树人这一根本任务能否落到实处，关键在教师。教师第一责任就是传道。以传道授业为根本职责的教师，更应该以修身为本。著名教育家陶行知说："学高为师，身正为范。"既身为教师，当以德立身、以德立学、以德施教，担当起学生健康成长的指导者和引路人。④ 教师以教书育人为职责，他们面对的工作对象不是物，而是活生生的具有主动性的人。教师工

---

① 杨旭浩：《习近平教师终身学习思想及其战略意义》，《高等继续教育学报》，2019 年第 4 期，第 34～39 页。

② 侯晓宇：《以终身学习为导向的教师教育探究》，《高等财经教育研究》，2017 年第 2 期，第 32～34＋61 页。

③ 李丹青、李逸凡：《确立终身学习理念，提高教师群体素质》，《黑龙江高教研究》，2004 年第 9 期，第 65 页。

④ 纪敏：《终身学习视域下的高校教师职业发展论析》，《高教学刊》，2018 年第 22 期，第 138～140 页。

作的结果会直接影响到学生对知识的掌握，不仅表现在对学生学习成就的影响，更重要的是表现在对学生视野、思维的未来影响。同时，教师也可以通过对学生非智力因素的影响，激发学生的学习兴趣，影响学生的学习动机，引导学生增强对学习的需求，而这是促进学生学习的根本动力。教师的职业是培养人，其工作任务就是为了帮助学生适应未来社会的不断发展变化，发掘学生的学习潜质，帮助学生提高自我学习能力及生存能力。唯有教师树立终身学习的理念，并付诸行动，才会自然影响到学生的学习态度及行为；唯有教师自身具备不断学习的能力，才能提高学生的学习能力；唯有学而不厌的教师才能有学而不厌的学生。所以，教师理应成为终身学习的先导和典范。所以，立德树人重在为师者先善其德。只有持续不断的学习，才能彻底改变教师的人生状态，去浮躁气、功利心，如春风化雨，滋养心田，不仅给生活增添意趣，更让心灵得到滋养，使教师避免职业倦怠。[1]

（三）终身学习是教师自我成长与发展的内在要求

美国著名心理学家马斯洛的需求层次理论提出，人的最高需求是自我实现。而终身学习不仅是社会发展对教师的期待，更是教师自身成长的内在需要，而且是学生发展的榜样，是学生学习的活教材。教师专业发展，尤其是在职的专业成长的过程内容丰富、范畴广阔，实质上构成了一门隐性课程，对学生产生着潜移默化的作用，无论对基础教育课程改革的顺利推进，还是对学生的健康成长都具有重要的现实意义。教师自我的专业成长是一个终身学习的过程，是一个不断解决问题的过程，也是一个教师的职业理想、职业信念、职业道德、职业情感、审美能力不断成熟、不断提升、不断创新的过程。教师作为学习者要持续不断地、主动地、自觉地学习，只有这样才能适应瞬息万变的世界并获得工作的动力。这种学习是自我提高的驱动使然，是主体发展的内在需要，是专业发展的必要途径。

【典型案例】

• 案例描述

活到老　学到老[2]

师旷是我国古代著名的音乐家。一天，师旷正为晋平公演奏，忽然听到晋平公叹气说："有很多东西我还不知道，可我现在已70多岁，再想学也太迟了吧！"

师旷笑着答道："那您就赶紧点蜡烛啊。"晋平公有些不高兴："你这话什么意思？求知与点蜡烛有什么关系？答非所问！你不是故意在戏弄我吧？"师旷赶紧解释："我怎敢戏弄大王您啊！只是我听人说，年少时学习，就像走在朝阳下；壮年时学习，犹如在正午的阳光下行走；老年时学习，那便是在夜间点起蜡烛小心前行。烛光虽然微弱，比

① 姚瑶：《终身学习：教师职业生涯发展的根本途径》，《当代教育论坛（宏观教育研究）》，2008年第7期，第103~104页。

② 李志杰、张洪欣：《活到老　学到老——老年人的再学习之路》，《中老年保健》，2008年第4期，第20~23页。

不上阳光，但总比摸黑强吧。"晋平公听了，点头称是。

· 交流讨论

这个故事反映出了怎样的人生道理？

· 综合分析

师旷和晋平公的对话，突出"人的一生都需要学习"的主题。从少年、壮年到老年，虽然每个阶段学习的效果不同，但是学习是始终不能放弃的事业。这是每个向上者的需要。作为一名合格的教师，终身学习无疑是教师自身素质提高的必要保证，更是能胜任教学任务的前提条件。

陶行知先生在《教师自己主动进修》中指出："有些人一做了教师，便专门教人，而忘记自己也是一个永久不会毕业的学生。因此很容易停止长进，甚至于未老先衰。只有好学，才是终身进步之保险，也是常青不老之保证。"现在提倡教师应"终身学习"，要经常性地"充电"，不断提升自己的素质。

华罗庚生于江苏金坛市，父亲以开杂货铺为生。他从小爱动脑筋，初中毕业后，曾入上海中华职业学校就读，但因家境不好拿不出学费而中途退学，在父亲的杂货店里当店员，故一生只有初中毕业文凭。失学以后他开始顽强自学，每天达 10 个小时以上，由于刻苦自学，终于在数学上初露锋芒，引起清华大学数学系主任熊庆来先生的高度重视，经过他的推荐，于 1931 年任清华大学数学系助理，负责管理图书、公文、打字等。从 1931 年起，华罗庚在清华大学边工作边学习，用一年半时间学完了数学系全部课程，他自学了英、法、德文，在国外杂志上发表论文。华罗庚的勤奋好学感动了美国著名数学家维纳，推荐他去剑桥学习深造，后来成为世界著名的数学家。

从幼年、少年、青年、中年直至老年，学习将伴随人的整个生活历程并影响人一生的发展。古人说："书山有路勤为径，学海无涯苦作舟。"没有止境地学习，是每一个向上者所必要的。人要想不断地进步，就得活到老学到老，在学习上不能有厌烦之心。自人类诞生之日起，学习就成为整个人类及每一个个体的一项基本活动。之所以提出"终身学习"的观点，是因为人类几千年积累下来的知识文化，只用几十年是学不完的，故先贤庄子曾说："吾生也有涯而知也无涯。"何况现代社会的知识寿命大为缩短，个人用十几年所学习的知识，很快过时。如果不再学习更新，马上就进入所谓的"知识半衰期"。

"生有涯，知无涯。活到老，学到老。"在这个竞争的社会中，我们不仅要学习实践知识，还要不断充实理论知识。因为知识也在日新月异，旧的知识会不适应这个社会快速前进的车轮。如果你不努力去学习，就会被社会淘汰，特别是作为一名教师。人们常说："要想给学生一杯水，自己必须有一桶水。"教师要学为人先，与时俱进，生命不息，学习不止，做适应时代要求的学习型教师。

三、教师终身学习的途径

活到老学到老。知无涯，生有涯，作为教师，怎样才能达到这种境界呢？别无选择，只有终身学习。但终身学习在哪些方面着力，作为教师，最关键的应侧重以下几方

面内容。

（一）努力学习教育教学知识，促进教学水平不断提高

首先，不但要精通自己所教的学科知识，成为学科专家，而且要熟悉相近学科的有关知识，来辅助本学科的教学。一个合格的教师应全面学习一门学科，这主要包括学科历史、学科结构体系、学科基础理论、学科知识应用以及跨学科知识等。其次，不断加强教育科学、心理科学、信息科学的学习，同时提高各学科的整合能力，提高教学质量。再次，加快教育理论、教学观念与教育技术的吸纳和更新，使自己的教学行为最大限度地适应学生的学习。素质教育注重学生的自主性学习、研究性学习和创造性学习，提倡学生敢于质疑、敢于挑战和敢于超越的个性。教师只有不断学习才能具有高容量的教育智慧，才能够最大限度地包容学生的个性，激发学生的潜能，触发学生的兴趣，培养学生的探索精神。[①]

（二）积累专业知识，提升教育教学能力

教育以人为本，教师的责任已不仅仅是"教书"，完成教学任务，更是"用教材教学生"，达到学生心智的发展和学习能力的提高。育生标准的提升要求教师必须从单一的学科教学能力向多元知识储备、多种教育手段运用能力方向发展。成为"复合型"教师：一要具有较丰富的教育心理学知识。除了学习并掌握基本的理论知识，还要求教师走近学生，了解学生，认知学生的年龄特征和心理需求，掌握学生的情绪变化，研究学生的群体特点和个性气质，加强对学生的个案研究以因材施教，关注学生的道德发展和心智构建。二要具有精深的专业学科知识素养。没有对专业学科知识的全面学习和深刻理解，就不可能在学科教学中取得理想的效果。一方面，教师要全面掌握本专业的理论知识；另一方面，教师要深入了解本学科的教学发展动态及最新理论成果。教师对学科知识理解得越深刻，在日常教学中越能有效驾驭，学生的学习效果就越理想。三要具有广博的知识视野。完善的专业学科知识结构可以帮助教师胜任本学科教学，而多元知识储备又可为教师的教学和自身发展提供丰富的教学资源。现代学校教育中，学科之间的相互交叉渗透，需要教师加强对其他相关学科的了解，扩大边缘学科的把握，提高校本研究过程与方法的驾驭能力，重视对综合实践活动开展指导作用。[②]

（三）学习与社会有关的生活知识

不少学生由于年龄因素以及受家庭背景和学习环境的影响，心理发育一般不够成熟，在与社会交往中，心理脆弱，缺乏自信，应变适应能力差，个性差异较大。所以，教师应当参与社会、接触社会、了解社会、融入社会，向社会学习生存知识，力求培养学生走向社会后尽快适应之。

[①] 王汉刚：《论教师的终身学习》，《教育教学论坛》，2011年第35期，第204～205页。
[②] 赵立平：《教师需要终身学习》，《现代教育教学探索学术交流会论文集》，2016年3月，第142～143页。

（四）注重反思以促进教师职业生涯发展

终身学习和不断反思是人自我发展、优化生命的两种重要途径，学习中反思，反思促进学习，二者相依相存，不可或缺。林崇德教授认为，优秀教师=教育过程+反思。教师职业极富挑战性，因为教师面对的是永远变化的环境、永远变化的个体，没有一种方法可以"放之四海而皆准"，也没有一种策略可以称为最佳，教师只有不断研究新情况、新环境、新问题，并不断地反思自己的教育教学行为，才能不断适应、促进教育工作，使教育、教学工作有效地开展。当教师全面反思自己的教育教学行为时，会使自己变得更加成熟。在这个过程中教师的教育智慧就会得以形成。与此同时，教师利用已有的教育智慧，在反思的过程中又不断发现新问题，解决新问题。反思形成了教师的教育智慧，教师的教育智慧又推动着教师的反思，在这种良性循环中，教师的职业水平得到不断发展。

● 爱的榜样

1. 学习易思蓉老师终身学习的事例，思考作为一名幼儿教师应当如何去践行终身学习理念。

2. 你还知道哪些教师终身学习的事例？可以通过"云爱平台"进行分享。

★榜样一

终身学习，在科学探索中提高自身素养①

一个好老师的标准是什么？四川省优秀教师、有着30多年教龄的西南交通大学土木工程学院易思蓉教授的回答是：热爱教师职业，在教学中获得快乐；爱学生，做学生的榜样和引路人；终身学习，在科学探索中提高自身素养。

不断攀登科研高峰的她说，要让学生佩服，还得要有渊博的知识。作为一名大学教师，易思蓉深信：一名合格的教师，需要知识渊博、充满激情。要做到这一点，教师就必须终身学习，在科学探索中不断提高学术水平和专业素养。"作为学生的榜样和领路人，老师需要不断丰富自己，更是要做到终身学习，让自己一直站在科学前沿。"

从教以来，易思蓉从未停止攀登科研高峰的脚步，除了上课，她还长期从事铁路选线设计理论、线路勘测设计现代技术和轨道交通工程领域的科研和工程咨询工作；主持完成国家自然科学基金、铁道部科技开发等重要科研项目30余项；倡导了铁路勘测设计一体化、智能化、数字化研究，在高速铁路与轨道交通线路设计理论、铁路数字化选线设计理论和方法方面的研究居国内领先水平。对易思蓉来说，这些科研成果正好反哺了她的教学。

2015年暑假，"2015年发展中国家铁路工程建设管理与施工研修班"在西南交通大

---

① 陈淋：《终身学习，在科学探索中提高自身素养》，http://scnews.newssc.org/system/20150908/000598640.html。

学开班，10个发展中国家官员赴蓉研习。易思蓉是研修班的讲师之一。尽管在正式上课前一晚，她忙工作到凌晨2点，但第二天她仍然精神饱满地给研修班的外籍官员们上完培训课。课后，一位学员真诚地用英语对她说，"You are a best teacher"。"当时我很感动，我觉得这就是对我最好的评价。"易思蓉说。"其实上课之前我还有一点担心，毕竟自认准备得还不够。但当我走上讲台，一直积累在我脑中的理论知识和科研成果全部清晰浮现，让我可以自如地分享这些知识、观点。我想这实际上就跟我平时坚持做好科研工作分不开。"

直到现在，哪怕学生们已毕业多年，但是每当他们在实际工作中项目遇到难题时，总会第一个想到给易思蓉老师打电话请教。"有一次，几个在不同单位上班的学生，在讨论一个工程难题的解决方案时，因观点不同，相互争执不已。最后，一个同学说，那我们就找易老师来解答，看谁说得对。"易思蓉笑着说，在他们心里，我也代表了一种专业权威。

易思蓉主编出版了三本"十一五"国家级规划教材，两本"十二五"国家级规划教材。她作为课程负责人建设的国家级精品课程和精品资源课程——"选线设计"、国家级精品视频课程——"高速铁路线路的奥秘"、中国大学MOOCS——"高速铁路工程"等课程，在全国同领域内产生了较大影响。她那独特而有效的教学风格，也在国内高校中起到示范作用。

● 爱的感言

1. 在学习过易思蓉老师终身学习的事例后，请你写一篇心得体会，谈一谈你对教师职业进行终身学习必要性的感悟。

2. 结合师旷与晋平公的故事案例，尝试用规范的现代汉语写作一篇不少于800字的文章。题目自拟，立意自定，文体不限。

● 爱的践行

根据本节所学知识，请同学组建调研团队，设计一个"大学生终身学习需求"调查活动，目的是了解目前大学生学习现状和学习需求，通过调研与分析，对大学生终身学习提出对策和建议。

【推荐欣赏】

《教育故事：师爱如歌（珍藏版）》，作者：马宏。

内容简介：重庆市巴蜀小学主编的《教育故事》丛书，为广大教育工作者搭建起了一个记录教育实践、反思教育行为的平台。一所小学校，能够持之以恒地以书写"教育故事"的形式，引领和推动广大教师在实践中不断总结和反思，共同在研究的状态下激情工作和生活，这是一种很难得的追求。

推荐理由：教育，润物无声，是一种智慧、一种境界、一种追求。教育的这种智慧，这种境界，这种追求，虽然无声无形，但却有踪迹可寻。在教育实践中，那一个个平凡却并不平淡的片段，或呈现出教师解决问题的教育智慧，或记录着教师走出困惑的教学经历，或展现出教师奉献爱心的热忱。

　　教育是一门科学，更是一门艺术。执着并献身于教育，不仅需要大步向前，也需要回头反思。回顾那一个又一个生动的教育实践，既是一个沉淀的过程，也是一个升华的过程。

第五章　培育慈幼之爱　塑造专业品格

老吾老以及人之老，幼吾幼以及人之幼。

——《孟子·梁惠王上》

【学习目标】

通过本章节的学习，你需要：

1. 理解童心的特性，理解幼儿教师爱心的特征与发展阶段，理解实施童心教育的途径。

2. 结合具体的案例分析幼儿教师慈幼之爱的表现。

3. 通过专业学习和专业实习实训，践行、体验幼儿教师的慈幼之爱。

【学习建议】

在学习本章节之前，你可以：

1. 回顾自己童年生活经历，说出令你印象深刻的"被爱"或"为爱"的故事。

2. 观看记录电影《小人国》，了解幼儿成长的"秘密"，理解幼儿园老师是如何实施"慈幼之爱"的。

3. 阅读书籍《爱的教育》（作者：艾德蒙托·德·亚米契斯）。

【内容导学】

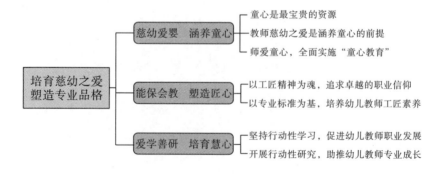

第一节　慈幼爱婴　涵养童心

● 爱的认知

儿童是幼儿教育的根本，促进儿童发展是幼儿教育的核心目的。要实现这一终极目标，幼儿教师必须具备以"慈幼之爱"为内核的专业品格。要有一颗童心，要以儿童为中心，坚持儿童立场，就是要遵循儿童身心发展规律和学习特点，关注和顺应儿童的天性，理解儿童的需要和兴趣，让儿童真正在丰富的、有趣的和富有挑战的活动中得到发展和成长。

【案例导读】

• 案例描述

2017 年 11 月初，上海某亲子园老师灌芥末、喷消毒水、推搡不到 2 岁幼儿等一系列虐童事件引爆舆论。9 日，上海市长宁区人民检察院介入该亲子园虐待被看护人案，依法维护未成年人合法权益。3 名涉事工作人员因涉嫌虐待被看护人罪被依法刑事拘留。

• 交流讨论

1. 该类现象反映了什么问题？
2. 你认为导致幼儿教师虐童事件的原因有哪些？

• 综合分析

中国的上千万教师中间，为学生成长呕心沥血、恪尽职守者是绝大多数。像幼儿园虐童等暴力事件的老师，虽然只是极少数，但从中折射出的教育暴力问题却不容忽视。

近年来的校园暴力案，可谓五花八门。每每这样的个案揭露，那触目惊心的场面总会引来舆论的一片哗然和愤怒指责，然后，是当事教师被处以从检查、停职反省到开除等惩罚，幼儿园、学校或教育机构赔偿、道歉以至于被取缔，事件便告一段落。如是反复，警示戒除的功效却不明显。

慈幼爱婴，不仅是人类保护自身生物种系延传的一种本能，也有别于在动物身上同样可以表现出来的纯血亲行为，更重要的还是一种自觉，反映了人类对于自身文化的保护和延续的意识。一方面，幼儿缺乏独立生活能力，需要在成人的哺育下才能生存；另一方面，幼儿代表着人类的未来，幼儿能否健康成长，是人类社会能否繁衍延续的关键。因此，幼儿必须得到足够的爱护。这既是幼儿本身的需要，也是社会的需要。

一、童心是最宝贵的资源

(一) 走近童心，认知学前儿童的特性

儿童身上的天性资源，是童年资源，即童心资源，是一切人力资源、人文资源的源

头，挖掘这些资源，使它们在现实的社会文化中得以表达和锤炼、开花和结果，这是儿童成长的目的，也是儿童教育的任务。

2. 儿童生命具有完整、独特、自主的存在特性

（1）儿童生命的完整性。

儿童身心发展的身体动作、思维认知、情绪情感、社会交往等方面是一个不可分割的整体，不能孤立地进行教育。幼儿教育应关注并尊重儿童生命的整体性，面向生命的各个构成要素，促进儿童身心全面和谐发展。不仅要关注儿童的生活质量，更要关注儿童的学业进步；不仅要维护他们的心理健康，更要保障他们的身体健康；不仅要提升他们的认知水平，更要帮助他们树立正确的情感态度与价值观。

（2）儿童生命的独特性。

受遗传、环境、实践活动等因素的影响，每一个个体的生命都是独特的，不论是心理、外貌还是行为习惯都是绝无仅有、独一无二的。每个儿童都是独特的生命存在，都有独特的家庭背景和成长经历，也有着不同于他人的需求、爱好、性格、认知特征和创造潜能。儿童生命的独特性不仅体现为儿童个体之间存在着差异，而且也体现在儿童群体与成人群体之间存在着差异。儿童生命的独特性给我们的启示是：儿童教育既要面向所有儿童，体现统一性，又要关注个体差异，体现灵活性；既要保护儿童的身心健康，又要促进儿童身心的和谐发展。

（3）儿童生命的自主性。

儿童是认识与实践的主体，每个儿童都有自己的兴趣、意志、发展需求和活动的愿望，也有认识和改造世界的潜力。教育必须尊重儿童的意见和想法，充分发挥儿童的主体作用，支持并帮助儿童自主地开展活动，这是儿童教育获得成功的前提条件。因此，处理好教师的主导作用与儿童的自主建构之间的关系最为关键。教师应该明白，教育的奥秘是激励、引导和促进，而不是控制、灌输和代替。

2. 儿童具有求真、向善、至美的天赋特性

真、善、美构成了童心的特质，构成了儿童的生命，对真、善、美的追求体现了儿童的生活。对真、善、美的追求使儿童的生活充满了童真童趣，也充满了幸福和欢乐。

（1）童心的求真性。

"真"，是指事物的本源和本真状态。求真性是指对事物本真的追求和向往。成人对科学领域的探究也是求真，是一种有目的、有计划、自觉地对事物本源的追求。儿童对世界充满新鲜感、好奇心和困惑，周围世界的陌生、新奇和不可思议很容易让他们对这一切产生好奇，从而进行积极的探索、思考、认识和解释。求真性也指儿童天生具有的真诚不伪的性格。儿童天真烂漫，没有受社会习俗的浸染，因而没有功利虚伪。他们毫不掩饰自己的情感，敢于说真话，敢于做自己喜欢做的事，待人接物真诚、自然、热情。儿童没有物欲利害的联想，所以容易看出事物的真相，亦容易坦诚地说出事物的真相，就如安徒生童话《皇帝的新装》中指着皇帝直白说出"他什么也没穿啊"的孩童。

（2）童心的向善性。

向善性是指儿童具有善良的天性，本性纯洁、质朴，富有同情心、爱心。儿童大多数是最富同情心的，他们不仅会同情和他们一样的人类，而且对猫犬、花草、鸟蝶、鱼虫等一切事物都富有同情心。他们会认真地对猫犬说话，认真地和花接吻，认真地和布娃娃玩耍。因为儿童的善良，所以他们对待世界上的一切事物都是公平的、和善的态度；因为儿童的善良，所以他们对一切弱小的生命都富有同情怜悯之心。为了卖火柴的小女孩不再受冻，孩子们可以想象出各种各样的东西送给她，只是希望她能够过得幸福开心。

【知识链接】

贾平凹以儿童为老师[①]

贾平凹写过一篇短文《我的老师》。单看题目，人们会猜想这是一篇常见的回忆恩师的文章，其实不然。贾平凹写的是自己对一个三岁半幼童生活的发现："我的老师孙涵泊，是朋友的孩子，今年三岁半……开始我见他只是逗着取乐，到后来便不敢放肆，认了他是老师。许多人都笑我认三岁半的小儿为师，是我疯了，或耍矫情。我说这就是你们的错误了，谁规定老师只能是以小认大？"孙涵泊是慈悲的，"视一切都有生命，都应尊重和和平相处，他真该做我的老师。""孙涵泊不管形势，不瞧脸色，不斟句酌字、拐弯抹角，直奔事物根本，他真该做我的老师。""我是诚惶诚恐地待我的老师的，他使我不断地发现着我的卑劣，知道了羞耻，我相信有许许多多的人接触了我的老师都要羞耻的。所以，我没有理由不称他是老师！我的老师也将不会有我一个学生吧？"可以看出，贾平凹这篇文章实际上是对幼童在人生态度、经世哲学、道德风貌等方面的发现。

（3）童心的致美性。

致美性是指对美的追求和向往。儿童从出生起就有对美的感受和追求的潜力。儿童喜欢鲜艳的颜色，喜欢漂亮的花朵，这些都是儿童追求美的本能的体现。刘晓东认为"审美是儿童的天性"。"美"的活动可以分为感受美、表现美和创造美。儿童天生具有感受美的能力。研究证明，儿童具有本能层面的审美能力。有人对刚出生不久的婴儿进行视觉偏爱的实验。给婴儿呈现不同的脸，一些是奇形怪状的脸的图片，另外一些是正常的脸的图片，发现婴儿会对正常的脸型多看一些时间。也有研究表明，嘈杂无规律的声音会使胎儿剧烈活动，使母亲感到难受，而舒缓、有规律的声音会使胎儿安静并且体重增加。这些都证明了儿童对美的感受是天生的。20世纪公认的西方画家的代表人物毕加索自言："学会像一个6岁孩子那样作画，用了我一生的时间。"毕加索年轻时期的绘画有很好的素描、写实作品，可是后来的绘画为什么越来越像儿童画了呢？他一直在以儿童为师，像一个6岁的孩子那样作画，以儿童的视角感触、方法作画。在毕加索看来，孩子的绘画真正符合艺术的本性和规律，孩子具有丰富的艺术资源，孩子是值得一

---

① 刘晓东：《童年资源：从贫乏的童年到丰饶的童年》，《人民教育》，2014年第4期，第21页。

切成人艺术家师法的。毕加索用一生时间向儿童学画，在艺术层面颠覆了成人与儿童的传统关系，同时揭示了儿童在艺术方面具有极为丰富的天赋资源，而这种资源已在成人那里变弱或消失。法国著名画家、雕塑家马蒂斯说过，人类应当始终如孩童这样观察世界，一旦丢失了这种感知本能，也就失去了任何创造性的表达方式，艺术工作者更应该始终保持这样创作上的纯净质朴。

（二）回归童心，遵循学前教育规律

1. 传统教育成人本位思想对童心的忽视

古代把儿童视为"小大人"，即缩小的成人，儿童与成人唯一的区别是年龄和身材的差异。人们以成人的规范要求儿童，儿童一直被"忽视"，其存在的价值和权利未被承认。儿童穿着大人一样的服装，在工作（穷苦家庭出身者）或识字念书（知识阶级家庭出身者）。既然算作是大人，就不能只顾自己玩耍享乐，要能为自己的生存负起一点责任，要能对实际的家庭或社会生活有所贡献。因此，稍大一点的孩子做些简单的劳力工作或帮忙带小孩，减轻父母的教养负担，就变成司空见惯的日常生活与价值观，而一个人的"童年时光"也就变得没有什么特别之处。不仅如此，古代儿童还没有独立的人格，是成人的附庸。古罗马第一部成文法《十二铜表法》的第4条"父权法"中规定：子女乃父母的私有财产，父亲对子女（包括除婚姻外的成年儿女）有生杀予夺之权。欧洲中世纪教会统治时期认为儿童是带着"原罪"来到人世的，故生来性恶，是需要加以鞭笞和惩戒的，体罚能驱除儿童内在的恶性，所以体罚盛行，儿童更没有什么人权可言。中国传统教育也是以成人为本位的，儿童在传统文化中受到蔑视。

由此来看，东西方古代儿童都没有属于自己的精神生活，不可能有欢乐的童年，更不可能保留纯真的童心。这种成人本位的儿童观对现代教育的影响仍然很大。

2. 现代教育功利主义取向对童心的抑制

教育功利主义是一种追求教育结果的短期行为、急功近利，以追求名利为出发点和最终目的。首先，在教育目标上重成才，轻成人。教育的本真是培养真正的人和真正培养人，是关注人身心的全面发展和可持续发展。然而，功利化的教育却重智育轻德育；重特长技能，轻全面发展；关注成名成家，忽视如何做人。其结果导致教育成了智育，儿童发展片面，难成大器。其次，在教育行为上背离教育规律，重结果轻过程。部分幼儿园和学校迎合家长"不让孩子输在起跑线上"的竞争心理，采取拔苗助长式提前教学的做法，导致幼儿教育小学化，小学教育成人化。孩子在学校和家长的要求和监督下，总是要完成远远超出自己年龄阶段的教育任务。中国目前有3亿多儿童，他们正处于童年的黄金时期，但是在现有的教育体制和成人观念下，儿童变成了职业化的学童，他们不仅每天要应付学校沉重的学业，而且还要在双休日、寒暑假学习各种技艺，过早地背上了无形的枷锁，童年的空间日渐逼仄，童年的快乐被剥夺，童年的自由被取消。家长和教育者的功利意识使其忽视儿童童年生命成长的固有规律，对童年生命的忽视也导致了对童年心理了解和理解的忽视，结果酿成了现实中的种种童年悲剧。

【典型案例】

• 案例描述

等一会儿，聪聪^①

英国儿童文学作家大卫·麦基的图画书《等一会儿，聪聪》，用简单的故事向我们阐释了成人普遍漠视童年的事实。

聪聪说："嗨，老爸!"

爸爸说："等一会儿，聪聪。老爸现在没空。"

聪聪说："嗨，妈妈!"

妈妈说："等一会儿，聪聪。妈妈现在没空。"

聪聪说："妈妈，花园里有一只怪兽要吃我。"

妈妈不耐烦地说："等一会儿，聪聪。妈妈现在没空!"

聪聪一个人来到了花园。他对怪兽说："嗨! 你好，怪兽!"

怪兽一口就把聪聪吃掉了。然后，怪兽走进了聪聪的家。

怪兽走到聪聪妈妈的背后，大叫了一声。聪聪的妈妈说："等一会儿，聪聪。妈妈现在没空。"

怪兽张大嘴巴，咬了聪聪爸爸一口。聪聪的爸爸说："等一会儿，聪聪。爸爸现在没空。"

"吃晚饭了。"聪聪的妈妈说。妈妈把聪聪的晚饭放在电视机前。

怪兽把晚饭吃了个精光。它还看了一会儿电视，读了一本聪聪的漫画书，摔坏了一件聪聪的玩具。

聪聪的妈妈大喊："聪聪，该上床睡觉了。你的牛奶已经拿上去了。"

怪兽上楼准备睡觉。怪兽喝了一口牛奶，大声说："喂，我可是一只怪兽啊。"

---

① 《等一会儿，聪聪》，http://www.3n1b.com/10344.html。

"聪聪，妈妈现在没空，赶快睡觉吧！"聪聪的妈妈慈爱地说。

•交流讨论

这个绘本故事描述了什么教育现象？

•综合分析

大卫·麦基有"寓言大师"之誉，图画书《等一会儿，聪聪》的确是一个让人触目惊心的寓言。爸爸妈妈为聪聪准备了生存的条件：晚饭、电视、漫画书、玩具、牛奶、准时的作息。父母们似乎为此一刻不停地忙碌，但是对聪聪的恐惧和呼救却毫不在意，哪怕怪兽吃掉了聪聪、代替了聪聪，他们仍然毫无察觉。因此，吞噬聪聪的怪兽，其实就是成人世界对童年心灵的忽视和漠然。怪兽就是成人心灵对童年生命的冷漠。成人都曾有过自己的童年，对现在童年生命的冷漠可以说是对自己过去生命的冷漠，对生命的冷漠导致的结果当然是对生命的摧残和凋零，世上每天不知道有多少聪聪就这样奇怪地被怪兽们吃掉了。

3. 当代教育科学儿童观念对童心的回归

文艺复兴后人文主义兴起，人们才开始从儿童自然本性来看待儿童。20世纪以来，随着人权意识的昂扬、对儿童研究的深入以及许多关心儿童问题的人士的不懈努力，人们才开始真正了解儿童所具有的特点、儿童发展的潜能等，国际社会也才开始普遍重视保护儿童的基本权益，逐渐形成科学的儿童观。其一，认为儿童是具有独立人格的人，不分性别，都和成年人一样具有作为人的一切基本权利。因此，自儿童呱呱坠地开始，没有人有权利把儿童抛弃和随意处置。并且儿童享有被照顾的权利，在学前期和学龄期，学校和教师也不能随意责罚儿童，不能剥夺儿童的受教育权。联合国于1959年和1989年先后通过的《儿童权利宣言》和《儿童权利公约》，正是尊重儿童、保护儿童权利的发声。其二，儿童具有独特性，不是小大人，也不是千篇一律的个体。为此，成人应当包容、理解儿童，肯定儿童的未成熟状态和个体差异性。教师在进行课程设计、选择教学内容和教学方法时，要尊重儿童的身心发展特点，重视不同儿童之间的个体差异，考虑儿童的需要、兴趣和适宜性，因材施教、扬长避短、有的放矢。其三，儿童是正在发展的人，且其发展是全方位的整体发展。所以，成人要承认儿童身上的巨大发展潜力，以发展的眼光看待儿童，尊重并满足儿童各种发展的需要，在适当的环境和教育条件下最大限度地发展儿童的潜力，而不是轻易地给儿童"贴标签"或者否定儿童。教师在关注儿童发展时，要时常纵向比较儿童的变化，而不是和别的儿童进行横向对比。其四，儿童是具有主观能动性的人，在其发展过程中起着积极主动的作用。成人要承认儿童作为外部世界积极的探索者、发现者这一主体的事实，在生活、学习、游戏和教育活动中，为其充分发挥积极主动性和创造力创造条件，大胆放手，及时引导，促使儿童在按照意愿和兴趣的经验积累中真正得到发展。

二、教师慈幼之爱是涵养童心的前提

对于教育，爱几乎成了职业情感，以至教师道德准则、教育法律条文，都将爱作为必须的内容。但是近年来，幼儿园中有时曝出"幼师虐童"事件，幼儿教师情感冷漠化现象不得不令人反思。教育本是爱的事业，教师的首要责任就是关爱学生。正如夏丏尊先生说的：爱对于教育，犹如池塘之于水，没有水便不能成为池塘，没有爱便不能称其为教育。儿童幸福本是教师教育爱最本质的目的。

（一）幼儿教师爱心的特征

教育爱作为教师职业独有的情感特征，具体而言主要包括以下几个方面。

1. 无私性

幼儿教师的爱不以血缘、依恋或性爱为依托，不是专一的、自私的，而是博大的、无私的爱。师爱之所以是无私的，是因为它所给予的是广泛的、没有血缘关系的学生，是不求回报、不计私利的大爱。师爱超越了世间本能而素朴的血缘之爱，是人类复杂情感中最高尚情感的结晶，是一种无私的合乎理智的具有伟大社会意义的情感。

2. 公平性

公平是人类社会追求的理想之一，也是社会发展的重要维度。教育公平因其最可能根本改善社会地位不利者的境况而成为社会公平的重要组成部分。新中国成立以来，尤其是改革开放后，我国在社会经济发展进程中努力把实现教育机会均等作为追求的目标之一。教育的平等原则不仅表现在儿童均应取得教育机会，还应该在受教育过程中得到一视同仁的对待，并且能够达到一个规定的基础知识水平。因此作为教师必备品质的师爱也就具有无差等的公平性。师爱的无差等性就意味着这种爱是面对全体幼儿和人的发展的。它突出表现为一种有教无类的爱。幼儿教师的教育爱不是有选择的爱，不管受教育者的性别、天赋、个性、外貌、家庭背景如何，教育者都一视同仁地无差别视之。

3. 理智性

幼师之爱有别于亲爱和友爱。父爱、母爱和亲戚的爱统称为亲爱，它是建立在血缘关系基础上的。朋友、同学和同事等施给的爱称为友爱。它是以"志同道合"为基础的。亲爱和友爱产生的特殊背景说明，其本身存在着两个缺陷：一是爱的不自觉性，就是爱带有强烈的感情偏向性，常常置理性于不顾，以感情代替理智，情感超越理性，行为总是自觉不自觉地受感情左右。二是爱的盲目性，指爱的规范性欠缺，随意性较大，目标往往趋向个人价值，社会价值显得模糊不清。相比之下，师爱更具优越性，它不仅有亲爱那样的无私关怀和体贴、友爱那份真诚和友谊，还具备了教育爱的理性、规范性、科学性和社会性。这样，关怀而不庸俗、严格而不冷酷、信任而不放纵就成了师爱的显著特点。

幼儿教师对幼儿的爱，不仅仅是出于人对人、成人对儿童的自然之情，而且更为主要的是具有理性的自觉之爱，这种爱不是母爱，但胜似母爱，是无私、"无类"、不求回报的，且超越了母爱的狭隘性和盲目性。幼师之爱是教师在对幼儿身心发展规律有了充分认知、对幼儿教育本质有了真正领悟、对幼儿教师职能和角色有了清晰把握的基础上

形成的理性之爱。

【典型案例】

• 案例描述

什么是"乖"孩子①

一位外国人说在中国最难忘的是在学校的见闻：教室里的孩子们出奇的安静，坐姿就像受训的军人一样整齐，就连一声"客人好"的招呼听来也像是花了不少时间和精力排练的。他总结说：中国的教育爱用一个字来形容十全十美的孩子，这个字就是"乖"。

把乖孩子等同于好孩子，似乎是我们教育评价的最主要特征。推开一些幼儿园教室的门，看见的可能不是天真烂漫的孩子，而是一个个规规矩矩坐在凳子上的"小大人"。他们一个个乖巧的眼神，不是令人欣喜，而是让人心痛。据媒体报道，一家幼儿园的老师在午餐的时候，为了让孩子多吃饭，声称老师喜欢吃得多的孩子，谁吃得多，谁就能得到一朵小红花。一个孩子为了能得到老师的喜欢和老师手中的小红花，在每一次老师问谁还加饭时他都举手，结果，小红花得到了，人也撑坏了，回到家全吐了，结结实实病了两天。

怎样才能得到小红花？问一些大班的孩子以及一些小学生，他们的回答出奇地一致：听老师话、不调皮、表现好等。小红花变成了"紧箍咒"，孩子从进园的第一天起，就被告知不能在教室里跑、不许大声说话、不准玩自带的玩具等。在评好孩子、发小红花等激励下，大部分孩子学会了努力控制自己，不说老师不愿听的话，不做老师不让做的事，每天在"应该怎样""不准怎样"的灌输下，孩子们在幼儿园已很难找到作为小孩子的感觉了。

• 交流讨论

你是否赞同"乖孩子"的评价标准？对于这种现象你有什么看法？

• 综合分析

生命是自由的，关注人的生命的教育，必须凸显生命的灵动自主。自由的第一要求是儿童发展的自主性，要求我们高度尊重儿童，遵循他们身心发展的内在本性，而不是用成人的世界、用成人的眼光去过滤他们的生活，使他们被迫服从。用成人的要求来约束儿童，是对儿童的最大犯罪，是对人性的犯罪。在这方面18世纪的教育家卢梭早给我们以启蒙："大自然希望儿童在成人之前就要像儿童的样子。如果我们打乱了这个次序，我们就会造成一些早熟的果实，它们长得既不丰满也不甜美，而且很快就会腐烂，我们将造就一些年纪轻轻的博士和老态龙钟的儿童。"儿童是有他们特有的看法、想法和感情的，如果想用我们的看法、想法和感情去代替他们的看法、想法和感情，那简直是最愚蠢的事情。美国进步主义教育家杜威在他的很多著作里也曾深刻地批评了这种做法，在他看来，为了成人生活的造诣，而不管儿童的能力与需要，是一种自杀的政策。

---

① 李雪：《师爱论》，南京师范大学，2004年，第24～25页。

4. 恒常性

教育爱是幼儿教师对幼儿的爱，是建立在理智基础上的稳定的恒常的情感。它不会随便而生，也不会随机而去。它是幼师职业的责任感和道德感、神圣的使命感和义务感的高度凝聚。它在外界条件与时间变化的复杂作用下仍然保持着自己的相对稳定性。这是幼儿教师爱的重要特征之一。它表现为始终如一、持之以恒地热爱幼儿，而不是忽冷忽热、瞬间即变的感情冲动。尽管教师也有个人生活和工作上的苦恼和忧愁，但是一个热爱幼儿的教师，决不会把不愉快的情绪带给幼儿。另外，这种恒常性的爱还贯穿于幼儿教师的职业生涯的始末。

5. 示范性

教育爱通过教育者一言一行的榜样活动对受教育者施以正面影响，让受教育者获得爱的能力。对幼儿来说，对他们影响最大的就是老师和家长。幼儿的模仿学习能力特别强，成年人尤其是教师的言行举止，会成为他们模仿的榜样。教师的品行，所表现出来的气质、学识、道德，对幼儿的影响很大。因此教师不仅利用具体的爱的方式，来感化、陶冶、引导、教育幼儿，完成教书育人的职业任务，而且师爱在具体教育过程中还起着榜样示范的作用，体现了教育者的社会责任感和正确的人生价值取向。通过幼儿教师爱的实施，以慈爱赢得幼儿的爱和信赖，使幼儿"亲其师，信其道"，使得教育者能够以良好的人格形象、崇高的觉悟和高尚的品行影响到每一个幼儿，从而给幼儿一个良好的示范。

教育爱的品质是幼儿教师专业素质的核心要素，也是教师职业专业化的价值取向，具有道德的性质，既保障教师专业化发展的方向，也促进教学效能的提高及其内在品质的升华。

(二) 幼儿教师教育爱的发展阶段

1. 萌芽阶段："我喜欢孩子"

教育爱并非幼儿教师生来就有，而是教师在与教育环境的互动过程中不断形成、发展及稳定的。在进入教育行业之前或不久，大部分幼儿教师对幼教工作及幼儿并没有深刻的理解或感情。"在刚从事教育工作的最初几年里，我只是喜欢小孩而已。"教师们对工作表现出来的仅仅是一份"既然选择了教书，那就应该把它教好"的认真态度，教师们对儿童表现出来的仅仅是一份"孩子们真可爱"的自然情感。这种对工作的认真态度以及对儿童的自然情感还只是教师教育爱的初级形态，微弱且不稳定，非常容易受到外在环境变化的影响，离真正的教师教育爱的形成还有很长的距离，但它是成熟教师教育爱形成的原动力，是从事幼儿教师职业的基本心理准备。这一天然的情感倾向性，为教师教育爱的进一步提升奠定了良好的基础。"既然选择了教书，那就应该把它教好"，"我觉得孩子们很可爱"，怀着想把一件事情做好的基本态度和一份对孩子的喜爱之情，多数幼儿教师们开启了教学生涯，产生了教师教育爱的萌芽。

【典型案例】

· 案例描述

我印象深刻的老师[①]

记得那是在第一天上幼儿园的时候，我不想去，因为我从小到大都没离开过妈妈，突然让我看到那么多陌生的面孔，我有点害怕。这时魏老师走到我面前，说："孩子，不要怕。"一上午，我还是很不开心。刚入园的小朋友因为都是第一次离开父母，到了一个陌生的环境，都非常害怕，一个哭全部都跟着哭起来。魏老师就耐心地一个一个哄。到了中午，老师开始发饭，我更想妈妈了，连手里的菜也掉到了地上。这时，魏老师慢慢地走了过来，拿着抹布耐心地帮我擦掉了地上的菜，又端起另一碗菜让我吃。我本来以为老师会狠狠地骂我一顿的，可是没想到老师竟会这样做。我心里的恐惧顿时消除了一大半。还有的小朋友不会自己吃饭，老师就喂他们吃。

渐渐地我喜欢上了幼儿园，更喜欢上了魏老师，后来我们都亲切地喊她"魏妈妈"。尽管我现在都上小学了，离开了魏老师，可她那和蔼可亲的面孔常常浮现在我的脑海里。

· 交流讨论

你认为幼儿园的小朋友为什么喜欢魏老师？

· 综合分析

孩子第一天上幼儿园，是人生中迈出的重要一步，这一步迈得是否稳当、是否顺利与接纳他的老师有很大关系。在这个故事里，心怀恐惧的小朋友离开妈妈显得无依无靠，出现在孩子们面前的魏老师接过了妈妈的任务，和蔼可亲地招呼这些孩子、告诉他们别怕、哄他们别哭、给他们喂饭……这些都是妈妈在家里经常为孩子们做的。老师所做的一切，让孩子们感觉很熟悉，让他们感受到妈妈一样的关心，他们心里觉得很舒服、很安全，所以渐渐地他们不但不再害怕了，还喜欢上了魏老师，与老师的亲近让他们也喜欢上了幼儿园。

正像那首儿歌唱的："幼儿园是我家，老师爱我，我爱她。"师爱成功地帮助孩子从家庭生活过渡到幼儿园群体生活。

2. 形成阶段："我对孩子有责任"

在与幼儿园教育环境互动的过程中，教师们身上具备的某方面的品质例如善良、认真、踏实等会因为工作需要而被激发，并作用于幼儿园教育工作和幼儿身上，使工作和幼儿发生积极的变化，这些变化又会反作用于教师，加深教师对教育事业、教育工作以及幼儿的理解和感情，从而在内心形成对教育工作以及幼儿相对稳定的热爱之情。教师教育爱就在这样的互动过程中形成。在理念上，教师自主地认识到自己在工作中应该承

① 宋丽：《儿童感受师爱的生活体验研究》，首都师范大学，2013年，第27～28页。

担的责任；在情感上，教师心里装着工作和幼儿；在行为上，教师可能由原来的只是关心幼儿生活、成长到开始关心幼儿的快乐、幸福和全面发展；由只是喜欢看孩子们玩，到喜欢跟孩子们一起玩；由只是看到幼儿的幼儿园生活到看到幼儿的家庭生活；由只是看到自己幼儿园的状况到看到整个幼儿教育状况等。幼儿教师们抱着要做就把事情做好的态度和对孩子们的喜爱之情，努力工作，认真准备玩教具，细心关注每个孩子的生活，鼓励并参与孩子们游戏，积极与孩子们互动，经常与家长沟通交流，经常反思自身保教工作进而不断提升保教水平……渐渐地，孩子们的喜爱，家长们的认可，同事们的肯定，领导的表扬都给予了老师们积极正面的反馈，进一步激发了自身的教育爱。在收获开心、信心、幸福的同时，老师们还会收获一份对幼儿和幼教工作更深厚的情感。此时，教育爱成为教师心中一种比较稳定的情感和职业道德。

3. 完善阶段："孩子让我找到生活的意义和生命的价值"

生命是可贵的而不是泛化的，每一个生命都有其存在的价值，生命的存在是一种状态，但不同于一般动物的状态，因为人能够认识自己的状态。教师在工作中与同事、幼儿互动的过程中，会产生对工作、对同事、对幼儿等的认识。当教师在工作过程中发现其工作的意义以及自身生命意义，并更加认可和热爱自己的工作时；当教师在与幼儿互动的过程中认识到对幼儿不仅要付出自然的真情，还要理性要求，并付出行动时；当教师认识到对教育工作和幼儿不仅仅需要认真，还需要智慧、策略和创造时，教师的教育爱就达到了全面且完善的程度。

由于幼儿教师个体的差异性以及所处环境的差异性，这三个阶段的划分并没有明确的界限，每个阶段所经历的时间也不一样，并且每个阶段的主要形态也会略有差异。但可以肯定的是，随着幼儿教师与幼儿园教育生活的良性互动，随着教师自己的反思与改进，随着教师教育生活中"重要他人""重要事件""重要书籍"的出现，幼儿教师的教育爱会不断地加深、扩充及成长。

三、师爱童心，全面实施"童心教育"

构成幼儿教师教育生命常态的关键素质就是无条件地面对儿童世界的爱心与童心。爱心让教师时刻心向着儿童，始终保持对儿童生命成长的敏感性与对周遭教育契机的敏锐，随时预备着点燃儿童生命世界中的心灯。爱儿童而不溺爱，有童心而非幼稚。爱，是教育的前提；但远不是教育的全部。由爱升华为责任——对孩子的一生负责，这才是教育的真谛。教育以儿童为本，就是要尊重儿童的生命性，发现儿童的精神内核，呵护和发展儿童身上最宝贵的品质。而这一切归根结底，都凝聚于童心。教育若要以儿童为本，就不能泯灭童心、压抑童心，而应发现并呵护童心、解读并理解童心、启蒙并润养童心。

（一）尊重儿童，呵护童心

尊重是人与人交往过程中最基本的行为规范和道德准则。尊重幼儿不仅是幼儿教师师德的基本要求和具体体现，更是制约幼儿教育能否取得成功的重要影响因素。尊重幼

儿具有教育学、心理学、法学、伦理学、脑科学和生理学的科学依据。尊重幼儿需要尊重幼儿的人格尊严、身心发展特点和规律、发展过程中的个体差异以及幼儿的天性和幼儿的思想。尊重幼儿需要树立正确的尊重观并科学把握其内涵，了解和满足幼儿的需要，提升幼儿教师的素质。幼儿教育应尊重幼儿的人格和权利。现代儿童观指出，在教育活动中必须把儿童看作是具有独立人格的人，是生活在社会中的现实的人，是具有主观能动性的人，必须尊重儿童的人格，维护儿童做人的尊严，促进儿童积极主动地实现自己的人生价值。要尊重儿童的意见，凡是涉及儿童本人的事，必须认真听取儿童的意见，任何大人都不要自作主张。

（二）观察儿童，解读童心

意大利教育家蒙台梭利曾说：每一位教师要将自己的眼睛练得如同鹰眼一般敏锐，能观察到儿童最细微的动作，能探知儿童最殷切的需要。可见，观察在幼儿教育中起着举足轻重的作用。对儿童行为的观察与指导是幼儿教师重要的专业技能，幼儿教师注重观察、勤写观察记录是提高自身专业素养的一个重要途径。有目的、有价值的观察可以帮助幼儿教师反思自身的教育效果，提高自身的教育水平和教育能力。

【典型案例】

• 案例描述

以自我为中心的孩子①

小斌是个比较活泼开朗的孩子，但比较散漫、随便，在活动中喜欢随便走动，注意力不容易集中。睡觉、吃饭他都是最有问题的一个，吃饭的时候喜欢讲话；睡觉的时候经常去惹别的小朋友，就算自己睡也不好好地睡，不是脚翘起来就是自己跟自己讲话或者乱叫，一定要老师盯着才会安静。老师批评他的时候，他叫得却更加起劲。可以说该幼儿的行为习惯很差，自由散漫而且十分任性，典型的"以自我为中心"。

• 交流讨论

你认为导致小斌"以自我为中心"的可能性原因有哪些？

• 综合分析

原因分析：小斌是跟爷爷奶奶一起住的，奶奶对他疼爱有加，吃饭也都是由奶奶喂的，孩子要吃的就吃，不要吃的就可以不吃，所以孩子也把这样的脾气带到幼儿园来了。妈妈反映在家里的时候小斌也是一刻都停不下来，喜欢到处乱走，乱碰东西。

培养目标：通过日常的各种活动，引导教育幼儿在积极参加活动的同时一定要遵守规则。对于孩子好的表现要给予及时的表扬和鼓励，进行正强化。而当宝宝行为出错的时候，也应该及时地进行制止，告诉他这样做是不对的，是不可以的，下次不可以这样子。就这样，该表扬的就表扬，该批评的就批评，小斌就能在各方面得到进一步的发展。

---

① 《幼儿园个案分析：以自我为中心的小斌》，http://www.yejs.com.cn/wsbj/article/id/60382.htm。

具体措施：

1. 做好家园沟通，及时向家长反映幼儿在园情况，让家长正视自己孩子的优缺点，共同帮助幼儿形成良好的行为习惯。

2. 在日常生活与学习活动中，经常关注幼儿，若出现了不好的行为习惯就进行及时的引导和教育。

3. 培养幼儿的良好习惯，如吃饭姿势、坐姿、睡觉习惯等。

4. 若孩子取得进步，应及时表扬和鼓励，使他有动力去改正，帮助他一点一点地形成良好的行为习惯。

（三）爱育儿童，润养童心

1. 创设童稚化环境

环境是幼儿园教育最重要的课程资源。重视幼儿成长和学习的环境，积极开发和利用环境因素对幼儿成长、发展的巨大潜力是当今幼儿教育改革的一大趋势。《幼儿园教育指导纲要（试行）》高度重视幼儿园的环境创设，提出幼儿园应为幼儿提供健康、丰富的生活和活动环境，满足他们多方面发展的需要，使他们在快乐的童年生活中获得有益于身心发展的经验。幼儿园创设童稚化环境应注意的基本原则：

（1）安全卫生的原则。

幼儿园的园舍要做到安全，在新建和改建幼儿园的过程中，一定要首先考虑园舍的安全问题，坚决不能有危房，地面要平坦。所种花草既要漂亮，又要无毒、无危险，比如夹竹桃、仙人球之类就不宜在幼儿园种植。电器、电线布置要合理，插座不能离孩子的床铺太近。吊扇使用前对其稳定性要进行检查。其次是玩具安全，室内外玩具都不能有危险性。室外大型玩具有相当一部分是铁制的，边角都要圆滑。孩子玩的时候，教师一定要看护好。室内玩具的购买也要注意，尖锐的、细小的、发射的等都有危险。一些"三无"塑料玩具也有安全上的问题。另外，玩具还要经常清洗，保持整洁。

（2）与教育目标相一致的原则。

幼儿园的教育目标是使幼儿获得有益于身心发展的经验，促进幼儿的全面和谐发展。因此，在环境创设时要目标明确，与教学内容、教学计划一致。既然幼儿园教育的目标是促进全面发展，那么在环境创设上对体、智、德、美几个方面，在健康、语言、社会、科学、艺术五大领域不能重此轻彼，要根据学期计划和月计划、周计划的不同，设计与之相适应的环境，形成系统的环境布置，促进教育目标的完成。另外，不同年龄阶段，幼儿身心发展存在着年龄差异。环境创设必须适应不同年龄幼儿的特点，通过不同层次的环境和不同的材料来达到教育目的。即使是同一年龄段的幼儿，在感觉、兴趣、能力等方面也存在很大差异，教师要注意到这些差异，适应这种差异，创设新鲜的、动态的环境。

（3）师幼共同参与的原则。

幼儿园环境的教育性不仅蕴含在环境之中，而且蕴含在环境创设的过程之中。环境

创设特别是室内环境创设，应充分让孩子参与，征求孩子的意见。让孩子参与设计、提供材料与作品、参与布置，然后利用环境进行幼儿的主动活动。虽然孩子参与环境创设比教师本人独立完成费时费力，但就其教育效果来说，更能够提高孩子的兴趣和创造性，增强其责任感和成就感，也有助于对幼儿进行爱惜劳动成果的教育。

（4）平等和谐的原则。

这一点主要指的是幼儿园精神环境的创建。精神环境创建的中心是建立融洽、和谐、平等、健康的人际关系。实际上，孩子很多心理问题是从幼儿时期形成的，如孤独感、自卑感、攻击行为等。教师的态度和教育方式，团结、和谐的同学关系，有助于形成幼儿安全、温馨的心理环境，形成他们健康的人格。尊重幼儿的人格和权利，就是把幼儿当成有思想、有个性的人。教师一定要时时提醒自己，不能轻易地批评孩子，不能过分地批评孩子。尊重幼儿身心发展规律和学习特点，从孩子的特点出发，用孩子能够接受的方式去教育孩子，教给孩子能够理解和接受的知识，不能小学化。关注个别差异，在教育上要因人而异，因材施教，特别关注那些与众不同的孩子。

2. 构建童真化课程

"教育回归生活"不仅是基础教育一直倡导的理念，也是幼儿身心发展特性的决定与需要。只有站在儿童的视角，真正回归与还原儿童本真生活的课程才能满足儿童全面发展的需要。而幼儿园课程，是实现幼儿园教育目的的手段，是帮助幼儿获得有益的学习经验，促进其身心全面和谐发展的各种活动的综合，核心在于课程内容源于儿童真实的生活，课程实施在儿童的生活中自然展开。

（1）课程内容源于儿童真实的生活。

幼儿的生活包括幼儿的个人生活、幼儿园生活和社会生活，它们是幼儿园课程的重要资源，是幼儿园课程取得成效的保证，也是幼儿园课程的立足点。首先，个人生活包括日常的就餐、饮水、盥洗如厕、睡眠以及个别化的游戏等。就餐时认识食物的名称、颜色、营养价值、就餐礼仪等；喝水时了解水的颜色、特性、水与人类和动植物的关系、懂得节约水资源等；盥洗如厕中学会排队、正确擦屁股、洗手；午睡中练习穿脱整理衣服技能；在游戏中发展手的精细动作，认识各种事物，锻炼感官，学习规则等。总之，幼儿在个人生活过程中练习基本的生活自理能力，学习生存技能，养成良好的生活习惯，形成生活常规，这本身就是幼儿园的课程，也是幼儿教育的重要目标。可以开展的课程主题如"我的小手真干净""水宝宝的秘密""好吃的食物"等。其次，幼儿园生活包括集体性的日常生活、小组或集体性的游戏、体育活动和学习活动等。幼儿园是集体化教育。幼儿是人类社会的一分子，将来必须要适应社会集体化的生活，幼儿园是幼儿从家庭走向社会的过渡。幼儿在幼儿园的生活和游戏中学习与更多的小朋友、同伴友好相处，逐渐适应集体，懂得礼貌、等待、分享、谦让，练习互相帮助，获得人与人之间交往的技能，发展规则意识、亲社会情感。可开展的课程主题如"我的好朋友""游戏真快乐""大家一起来做操""玩具分享日""小小值日生""我爱幼儿园"等。再次，社会生活包括家庭和社区中的生活以及幼儿所能感知和体验的民族生活、国家生活。教师可以带领幼儿实地参观邮局、图书馆、自由市场等与他们的日常生活息息相关的场所，并且通过实践学习如何报警、如何处理遇到坏人的情形、如何借还书、如何买东西、如何付钱、如何选择商品等日常生活必备技能。

（2）课程实施回到儿童真实的生活。

陶行知先生认为，教育只有通过生活才能成为真正的教育。幼儿园教育应渗透在多种活动和一日生活的各个环节中进行，因此，幼儿园的课程不仅应选择幼儿的生活作为教育内容，更应通过幼儿自身的生活经历、生活经验进行教育，强调幼儿在自身活动中获得经验，强调幼儿对自己已有生活经验的体验与反思。幼儿的生活是教学的出发点和起点，也是教学过程中始终需要凭借的"中介"和手段。在幼儿的生活中，充满了可以拿来就用的教育。比如，按标记一一对应整理玩具、系鞋带都可以成为自然而然的、随机教育；音乐欣赏中的《摇篮曲》，完全可以在幼儿午睡时引导幼儿倾听、感受，幼儿会在乐曲所营造的氛围中轻松进入睡眠状态，也就更能够理解《摇篮曲》的内涵了，可以得到更好的效果。如果坚持这样去思考、去设计幼儿的活动，就可以把幼儿从课的捆绑中解放出来，让幼儿回到自己的生活中，去感受、去发现。比如幼儿在做值日生时，点点自己组今天来了几个人，少了几个人；分餐具时，怎样可以分得对，而走的次数又少。幼儿在做值日生的过程中，自然地巩固了对形状的认识；又学习了点数，还学会了如何提高效率。在这样自然的生活中、自然的状态下，自然地渗透着教育，幼儿积累了各种经验，轻松地进行了学习。

总之，幼儿园童真化课程即课程内容从幼儿的生活中来，课程实施回到幼儿的生活中去，尊重幼儿的生活需要，把握幼儿的生活特点和规律，引领幼儿生动、活泼、主动地发展。

3. 组织童趣化活动

什么是童趣？简单而言即儿童觉得有趣。儿童对什么有趣？那就是游戏。在集体活动中，有一部分孩子注意力不集中，老师单纯的说教引不起兴趣，但老师说"下面开始游戏"时，孩子们马上改变原来的姿态，随时准备投入游戏中去。游戏可以说是孩子成长过程中不可缺少的食粮。中国"幼儿教育之父"陈鹤琴先生说过：游戏是儿童的生命，幼儿园课程应该是游戏化的课程，与游戏活动密不可分的，游戏是课程的内容，是课程实施的背景，也是课程实施的途径。课程游戏化以幼儿主动学习和自主发展为主要特征，通过直接感知、实际操作和亲身体验，将教育的知识点自然而然地融入幼儿的各项活动中。在开展以幼儿兴趣为本的主题活动时，落实课程游戏化，使活动更加地贴近幼儿生活，贴近幼儿的实际发展水平，实现教学游戏化、教育综合化，能充分地体现寓教于乐，也是培养幼儿全面发展的有效途径。

（1）创设适宜性、开放性的游戏环境。

幼儿园游戏环境的适宜性指适宜于幼儿的年段发展特点。小班幼儿的思维带有很大的直觉行动性，思维大多是伴随着动作而进行的。因此，具体形象、生动活泼的环境易吸引幼儿的注意和兴趣。教师们为"娃娃家"游戏装上了各式门帘，用尼龙绳染成绿色，插上雪碧瓶剪成的柳叶，用挂历薄膜纸折成一只只蝴蝶……中班幼儿具体形象性思维占主要地位，主要凭借事物的具体形象或表象进行思维。教师可提供大量的游戏材料和半成品，如各种饮料瓶让幼儿做娃娃头、服装，各种果壳用来拼图，用各色颜色吹吹画画，在做做玩玩操作实践活动中，提高了幼儿的能力。大班幼儿由于知识、经验、语言和抽象概括水平的提高，抽象逻辑思维开始发展，好奇心强，爱提问。教师通过创设环境，以满足幼儿不断提出的问题。如：师生共同收集、展出各种贝壳、海星等海洋宝贝让幼儿辨别认识；在观察角里共同制作各类树叶标本，让幼儿通过观察制作，寻找树叶异同，从中发现问题寻求答案，使大班幼儿的活动具有探索性。

开放性游戏环境包括两方面的含义：一是开放性的物理环境，即游戏的空间、时间及玩具材料对幼儿来说是开放的和共享的，幼儿可以自由选择、取放玩具材料，游戏的场地是按幼儿的需要和愿望布置、随时可以变化的，游戏时间段内由幼儿自由支配。二是开放性的心理环境，即游戏中的人际关系是开放的，同伴关系、师生关系是平等的、互动的、和谐的。因此，教师应明确自己在游戏中的角色，教师在幼儿的游戏过程中，不是领导，也不是权威，而是幼儿的帮手和支持者。她的主要任务是鼓励和引导幼儿构思，协助他们创作，但却不可因此去支配幼儿或干预他们的决定，更不是教幼儿如何做或代替他们做。

（2）尊重自发性、自主性的游戏体验。

游戏的本质特点之一就是自发自主性。幼儿的自主游戏是一种无目的行为，没有计划，没有目标，幼儿就是玩；幼儿的自主游戏是孩子自发的、主导的，不受外界的影响；幼儿的自主游戏是幼儿自我控制的过程，如幼儿自己选择玩什么，怎么玩，与谁玩，在哪儿玩，玩多久，什么时候结束等。何为自主，就是幼儿在特定的环境中，在不危害自己、不危害别人的情况下随意地玩。只有意识到什么是真正的自主游戏时，教师才能更好地去开展自主游戏活动，才能知道自主游戏对幼儿存在的价值。尊重幼儿自主自发的游戏体验，有益于幼儿自我概念的形成，因为当幼儿在自主游戏中，他可以自己探索感兴趣的事物，知道自己喜欢什么，不喜欢什么，也会通过探索了解自身的界限，知道自己能爬多高，能提多少东西，能跑多快等。通过自主游戏，幼儿可以体验到自主感与自我发现的快乐，也会测试自己的胆量，体验到成就感，建立自信与自尊。自主游戏有益于幼儿情感的发展，因为幼儿在自主游戏中可以自由地表达情绪。自主游戏有益于提高幼儿社会适应能力，因为幼儿在自主游戏中可以自己练习社交技能，学会合作、分享、协商、遵守规则、解决冲突等。自主游戏有益于幼儿高水平社会成就的展现，因为在游戏中，现实的负担与限制消失了，幼儿可以大胆地去玩、去探索。自主游戏有益于幼儿认知技能的提升。在游戏时，幼儿能在自己感兴趣的活动中保持较长时间的注意力，能获得第一手的经验，尝试自己解决问题。所以幼儿园很有必要给予孩子充分的时间，让他们自由进行自主游戏。

（3）鼓励操作性、探究性的游戏过程。

游戏应以幼儿的现实经验为基础，当环境适应幼儿的特点和需要时，幼儿才会积极主动地去探索环境，在与环境的交互作用中获得发展。随着幼儿经验的丰富，游戏也要相应地变化，以激发幼儿的探索欲望。游戏还应以幼儿的操作为基础，具有可操作性。有些老师在为孩子准备玩具材料时，往往过于追求外形的逼真，常常把"饺子""汉堡包""饼干"等一个个精心做好，游戏中却不许幼儿拆开、摆弄，因而使孩子失去了许多动手操作、探索的机会。事实上为幼儿提供未成型的半成品玩具及自然材料，幼儿游戏的积极性、主动性、创造性往往会大大提高。

4. 实施童言化评价

所谓童言化评价，是指尊重儿童的感受与体验，从儿童的视角对幼儿园的老师、环境和活动等进行评价，将幼儿作为独立个体，肯定其具有的独特研究价值，给予幼儿参与和自由表达的机会。同时，尊重每一位幼儿的每一个观点，不以成人的角度对其进行任何形式的评价。

（1）幼儿对教师外在形象和内在素养的评价。

经过观察和调查研究发现，幼儿更偏好女教师，原因为女教师"好看""漂亮""温柔"和"像妈妈一样"，并且喜欢女教师的多为女童。但仍有1/4的幼儿表示更喜欢男教师，原因为"厉害""强壮""会踢球""勇敢""自己是男孩"和"像爸爸一样"。在外貌方面，偏好长发女教师和分头发型男教师；在衣着方面，偏好裙装女教师和运动装男教师，更喜欢女教师穿着粉色的正装裙；在身材方面，男女幼儿都更偏好身高较高、体型较瘦的教师，在身势语方面，偏好采取坐姿的教师。研究还表明，幼儿喜欢平等对待小朋友，以公平的方式处理幼儿间矛盾的老师；喜欢尊重幼儿创造力，将幼儿的想法融入环境创设中的老师；喜欢良性师幼互动，主动了解和满足有益于幼儿身心发展不同需求的老师；喜欢保护幼儿自尊心，培养幼儿自信心的老师；喜欢愿意参与游戏，和小朋友一起活动的老师；喜欢知识面丰富的老师；喜欢多媒体技术较强的老师；喜欢给自己游戏的自由，支持幼儿游戏的老师；喜欢跟家长沟通时"报喜不报忧"的老师；喜欢经常鼓励、表扬自己的老师。了解幼儿喜欢的教师的内在素养，可以帮助幼儿教师与幼儿建立长久的信任关系，也可以帮助幼儿教师树立正确的榜样，更会使幼儿得到全面健康的发展。

（2）幼儿对幼儿园环境及活动的评价。

有研究者通过整理大班儿童的访谈资料，并结合"我最喜爱幼儿园"的儿童绘画作品及对自我作品的阐述，呈现儿童对于所喜爱幼儿园的描述。研究发现：儿童喜爱宽敞明亮且色彩丰富的园区环境；要有开阔的户外场地；丰富多样的室内外活动；能够提供可口营养的餐食；渴望同伴交往，希望幼儿园中有许多小朋友并愿意与其建立亲密友爱的同伴关系；在活动时拥有更多自由时间及探索的机会；希望拥有温馨舒适的睡眠环境及趣味性的进餐环节；儿童创作的天性、想象力、自主性、兴趣点能够得到尊重；学习的空间可以延伸至幼儿园以外的社区资源（超市、公园、博物馆）。

总之，"童心教育"力求给儿童一个快乐的童年，是一种个性化的教育，尊重儿童生命的自然状态，尊重儿童生命的自主、自由和独特性。因此总结童心教育的核心理念是：坚守儿童立场，守护童年生态，让教育回归童心，回归儿童世界，关照儿童的心灵，把属于儿童的生活、儿童的幸福还给儿童；尊重、敬畏儿童生命，挖掘、激发儿童生命的潜能，促进儿童自由、自主、自在、有个性地成长。

● **爱的榜样**

1. 学习王光香老师的感人事例。
2. 你还知道哪些幼儿教师爱心教育的感人故事？可以通过"云爱平台"进行分享。

生命不息，救人不止[1]

2008年5月12日下午2点28分，汶川地震发生时，细心照料着27名孩子的王光香高声喊道："孩子们，快起来，地震了。"27个孩子吓蒙了，天旋地转加上睡意蒙眬，孩子们根本站立不稳，王光香抱起两名孩子就往楼下冲，四周水泥块雨点般往下掉，她什么也顾不得了，头脑中只有一个念头：快救孩子。

当她跑出来时，三层高的教学楼三分之一的墙体轰然倒下，楼上孩子们的哭喊声更凄厉了。不容多想，她再次冲上楼，什么也看不清楚，也不知脚踩在什么地方，她一个劲儿地来回冲，循着声音救人，凭感觉进出，两次、三次、四次……她已连续救出十名孩子了，楼上仍传来孩子的哭声。地动山摇停止了，但砖头、水泥块不断往下掉，教学楼倒了三分之一，情况非常危险，王光香第六次冲上了楼，紧接着又第七次冲了上去。正当她下楼时，楼房再次垮塌，三层高的教学楼成了一片废墟，仅剩下几根柱子孤零零地立在那儿，王光香再也没有出来……

幼儿园教学楼前围满了孩子家长，他们焦急地呼喊着孩子的名字，废墟中不时传来一声声孩子的回应，家长们也不顾一切地刨着、翻着，又有九名孩子从废墟中救出。在一块预制板下面，人们发现了王光香老师，她扑在地上，蜷曲着身体，背上压着预制板，怀里紧紧抱着两名孩子。孩子安然无恙，而王光香老师却再也无法站起来。

正是因为有王光香这样舍身勇救学生的英雄老师，五通村幼儿园105名孩子，仅有一名幼儿遇难。王光香是一位好老师、好妈妈。在五通村，谈起王老师，村民们很悲伤、很感恩。

● **爱的感言**

1. 回顾你的生活与成长经历，谈谈你最难忘的老师，说说为什么喜欢或不喜欢该老师。
2. 观看纪录片《幼儿园》，结合本课学习内容，撰写一篇关于"童心和师爱"的观后感。

● **爱的践行**

1. 像孩子一样交往：在班级里、年级里甚至全校里，鼓起勇气，大胆认识新的朋友，像孩子那样简单直接地表达："你真可爱/漂亮，你的××真好看，我能和你做朋友吗？"观察别人的反应，检视自己的内心体验。
2. 像孩子一样游戏：搜集你感兴趣的3种儿童游戏，与你亲爱的同学和朋友进行

---

[1] 陈平：《生命不息，救人不止》，https://www.sohu.com/a/300293737_100046826。

玩耍，寻找童年的感觉。

3. 像孩子一样思考：观察周边事物，想象孩子看到云会联想到什么，孩子看到小动物会怎么做，孩子遇到不愉快的事情会怎么处理……尝试把你的想法写下来。

第二节　能保会教　塑造匠心

◉ 爱的认知

2016 年 3 月 5 日，李克强总理在《政府工作报告》中说，鼓励企业开展个性化定制、柔性化生产，培育精益求精的"工匠精神"。"工匠精神"一词迅速流行开来，成为制造行业的热词。随后，不仅制造行业，各行各业都开始提倡"工匠精神"，于是，其使用范围扩展，任何行业、任何人"精益求精，力求完美"的精神，都可称"工匠精神"。如何在幼教领域树立工匠意识？如何践行工匠精神？如何努力把自己培养成为符合新时期社会要求的合格幼教工作者？本课详尽地解读了幼儿教师的"匠心"。

【案例导读】

幼儿教师的"工匠精神"[①]

"工匠精神"是李克强总理在 2016 年《政府工作报告》中提出来的，是指工匠对自己的产品精雕细琢、精益求精的精神理念。作为一名幼儿教师，我认为幼儿教师的"工匠精神"可以用四个词语来概括和体现：敬业、专业、精益求精、坚持。

首先是敬业。我们应该热爱自己的工作，这样才能享受工作，才能像工匠一样做出高品质的"艺术品"。幼师是一个"平凡"却"神圣"的职业，当我确定做这个工作，我就放平心态，拒绝浮躁，用《幼儿园教师专业标准》来严格要求自己，努力做到以幼儿为本，师德为先，能力为重，终身学习。

其次是专业。工匠首先是专业的，他必须有精湛的技艺，而作为幼师的我们也同样应该如此。我们必须具备良好的职业道德、系统的专业知识和精湛的专业技能。随着时代的发展，教学理论和方式都不断发生着改变，我们也必须创新保教模式，改进教学技能。创设和利用好环境；组织好孩子们的一日生活；让孩子们在游戏和教学中不断学习；正确地激励与评价幼儿；与家长、同事和社区做好沟通与合作；不断地进行反思改进保教工作，制定专业发展和规划，不断提高自身专业素养。

再次是"精益求精"的育儿态度。我们面对的是一群最稚嫩的学习者，他们是只有三到六岁的幼儿。孩子们的自我保护能力薄弱，自主学习能力需要不断培养，身体和心理随年龄增长在不断变化，这一切都使我们幼儿教师必须在保育和教育工作中做到细致和高要求，时时刻刻关注幼儿，不断提醒和帮助幼儿，这样才能让他们养成良好的行为

---

① 《幼儿教师的"工匠精神"》，https：//www.renrendoc.com/p-79869271.html。

习惯和正确的社会价值观。

最后是坚持。工匠精神的另一个体现就是坚持，坚持把一件事做完，坚持把一件事做到极致。做这份职业我们要坚持，培养幼儿我们也要坚持，坚持对工作的严格要求，坚持对幼儿的期望，坚持用自己的"工匠精神"去感染孩子们，这样才能培养出具有良好学习品质和自主学习能力的幼儿。

宝剑锋从磨砺出，梅花香自苦寒来。我知道自己身上还有许多需要改进的地方，但是有了"工匠精神"的指引，时刻拥有一颗真诚的爱孩子的心，有着对工作不甘落后的进取心，不断地激情奋斗、开拓进取，一定会让自己成为一名优秀的幼儿教师！

一、以工匠精神为魂，追求卓越的职业信仰

工匠通常指熟练掌握一门手工技艺并赖此谋生的人，如铁匠、木匠、皮匠、钟表匠等，而现代泛指家庭作坊、工厂工地等生产一线动手操作、具体制造的工人、技师、工程师等。具体来说，"工匠精神"具有以下内涵。

（一）工匠精神的内涵

1. 秉持敬业奉献的理想信念

敬业指一个人对自己所从事工作的态度，对自己的职业具有高度认同感、责任感和敬重感。在工匠看来，他们的职业虽有不同，但都是独一无二并富含价值的，其价值来源于创制产品的完美程度。木匠可以制作出各式各样的精美家具和工艺品，铁匠仅用一把铁锤就可将铁原料锻造为各种生产生活工具，皮匠可制造出诸如马鞍等皮质用具……中国古代的工匠不仅敬重自己的职业，而且愿意投身其中，奉献所有，用自己的付出获得物质保障和社会地位。西方的工匠也大抵如此，他们认为技艺的目的是产品本身的完美，即每种技艺尽其本职，使受照管对象得到利益。工匠认为产品的质量和内涵才是根本。从最初的原材料采集到成品的制成，整个过程都包含着工匠的真心诚意。

2. 拥有精益求精的人生态度

"造物"是工匠的伟大使命和目的，他们制造器物主要是凭借其技艺，按照近乎严苛的技术标准和近乎挑剔的审美标准，不计劳作成本地追求每件产品的至善至美，通过大繁若简的制作手法赋予每一件产品生命。在这一过程中，工匠始终秉持严谨专注的工作态度，反复斟酌、细心研究。失之毫厘，谬以千里，严谨专注的态度可以使工匠更好地把握制作细节，从而制造出符合标准的高质量产品。例如，唐代诗人欧阳修在《归田录》中记载，工匠喻皓在建造开宝寺塔时，由于考虑到气候因素而故意使其倾斜，可见其严谨的态度。工匠制作产品大多属于纯手工制作，为了使手中的器物尽善尽美，工匠们专注于产品制造，不断完善自身的技艺，对产品精雕细琢，坚持慢工出细活，不放过一丝疏漏之处。亚里士多德曾言：对制作活动而言，目的（产品）比活动过程更为重要。精益求精是工匠精神的核心，如切如磋、如琢如磨，长年累月地坚持，使他们的经

验更加丰富，技艺更加纯熟，制作的器物更加精美实用。

3. 坚持求实创新的职业追求

求实创新指在实事求是的基础上独辟蹊径、吐故纳新。创新可以使工匠制造的产品独树一帜、独领风骚。如，宋末元初的棉纺织家黄道婆融合黎汉两族纺织技术的长处，大胆革新，不仅改进了纺织工具，而且发明了新式纺车，极大地促进了松江地区棉纺织业的发展。追求创新必须实事求是，尊重客观规律。唯有在生产实践的过程中把握规律，利用规律，才能使产品的品质得以真正提升。庖丁解牛的故事也印证了这个道理。庖丁解牛而刀不损，正是因为他熟悉牛的生理结构，深谙其"道"。

【典型案例】

<h3 style="text-align:center">我在故宫修文物：择一事，终一生①</h3>

城墙外的人模糊日夜，城墙内的他们却严守朝八晚五；城墙外的人高歌创新，他们却要"守旧"到底；城墙外的人一年跳二次槽也不足为奇，他们却只兴一辈子只干一件事。你很难相信，在北京故宫，在和车水马龙一墙之隔的地方，会生活着这样一群与外界"格格不入"的人，他们的名字，在这之前很多人甚至都没听过——文物修复师。

这些匠人至今还沿袭着古时的师徒制，就算你是高才生，也得照规矩办事儿。一脚迈进城门时，外面的世界便啪地关上了。他一路穿行，一个转弯再一个转弯，然后径直走进了自己办公的院子，继而把木门关得严严实实的。绝不能让尘土飞进屋，因为会影响机械的精密度。这群修文物的师傅横跨三代人，负责修复整个故宫的青铜器、木器、漆器、百宝镶嵌、宫廷钟表、陶瓷、书画……而在被他们修复前，它们中有些已经在故宫的角落里，躺了几百年。

(二) 幼儿教师的角色演变

1. 从"保姆"到"老师"的质变

第一，充当保姆的阶段。我国古代幼儿教育主要通过蒙养教育开展，蒙养教育主要是在家庭中进行的，它出现于殷商时代，秦汉以后进入有教材、有组织形式的阶段。清朝末年，清政府于1904年颁布了《奏定学堂章程》，标志着我国幼儿教育被纳入国家规划发展的新阶段，出现了专门的幼儿教育机构——蒙养院。该章程中的幼儿教师等同于乳母、保姆的角色。负责年幼儿童的教育者充当保姆的角色，主要的职责就是照看孩子，照顾孩子的日常起居。

第二，充当保育员的阶段。解放战争期间解放区创办了一种新型的幼儿教育机构——保育院。保育院中的工作者充当着保育员的角色，其工作内容在"保姆"的基础

---

① 《我在故宫修文物：择一事，终一生》，https://www.sohu.com/a/130427814_683133。

上多了一些教育的成分。

第三，专职的幼教工作者阶段。随着大工业和科技的发展，要求幼儿教师不仅要保育幼儿的身体，还要启发、引导幼儿，促进幼儿身心的全面发展。于是，幼儿教师的角色就逐渐由保姆、保育员转变为教育者，人们对幼教工作者的称呼也逐渐改为"教师"，幼儿教师逐渐成了一种专门化的职业。

第四，幼儿教师角色多样化阶段。第二次世界大战以后，人们赋予了幼儿教师许多新的角色期望，如希望幼儿教师成为孩子游戏的伙伴、学习的指导者、母亲的替代者、幼儿的知心朋友等。总之，人们普遍认为，幼儿教师扮演的角色越多，越有利于幼儿的社会化，越有利于幼儿身心的健康发展。

【知识链接】

我是幼儿教师①

如果我是雨露，定会让滋润洒满每个孩子的心田。如果我是春风，定会让真情吹绿每个孩子的梦乡。如果我是阳光，定会让温暖贮满每个孩子的童年。

可我只是一名普通的幼儿教师，只能披一身晨曦用笑脸，把孩子迎进幼儿园；只能牵一缕晚霞，用牵挂将一天的欢乐送出园门。孩子的欢乐，在家长的喜悦里延续升华；我们的青春，在孩子的成长中散发芬芳。

啊！在这日复一日、年复一年的接送间，倾注着，我们多少对孩子的真挚情感；凝结着，我们多少对幼教的炽烈热爱。

我是那样地眷恋，幼儿教师这个称号。因为，在这个称号里，母亲一样的胸怀，是我们的职责。在这个称号里，母亲一样的忘我，是我们的使命。母亲——幼儿教师，幼儿教师——母亲。我们用行动诠释着幼教工作的内涵。

我们同母亲一样，用心铺展着稚嫩的岁月，用情呵护着幼小的心灵，用爱哺育着小苗的成长，用汗水、用心血、用我们青春的年华，浇灌着，孩子的未来，家长的期望，祖国的明天。

每一次为孩子洗手，轻轻地擦拭中，都有我美好的祝愿；每一次给孩子喂饭，一勺一筷里，都有我深深地期望；每一次照顾孩子午睡，我在床前久久地停留，端详张张稚嫩的面孔，把真情融进，充满幻想的梦境。

多少回，我牵着纤细的双手，爬上高高的滑梯，迎来银铃般的笑声；多少次，我领着孩子，走进童话世界，讲述着小白兔的智慧、大灰狼的狰狞，告诉孩子，什么是善良和正义，把美好未来的追求，融进孩子的憧憬。

我是幼儿教师，也是芸芸众生的普通一员，也有自己的家庭和亲人。记不清多少次在教室里拼命加班，忘记了家里的厨房和餐桌，记不清多少次为了别人的孩子，忘了自己的孩子。作为妻子，对丈夫有数不尽的歉意；作为母亲，对子女有道不完的愧疚。我是幼儿教师，也是有血有肉的凡夫俗子。

① 《我是幼儿教师》，https://wenku.baidu.com/view/2b5b72c3c281e53a5802ffec.html。

生活中也会有坎坷，心上也难免会有伤痕。但是，不管遇到什么样的挫折，只要我走进幼儿园，微笑，就是我永恒的表情。因为，我是幼儿教师，我与孩子的关系不是母亲，胜似母亲！也许，人们更愿把赞美献给母亲。我是幼儿教师，愿以母爱的情怀，为孩子打造最美的童年。

如果说孩子们是花朵，我们愿做辛勤耕耘的园丁；如果说孩子们是幼苗，我们愿将心血和汗水化作灌溉的春雨；如果孩子们是太阳，我们要做托起太阳的人。也许今生我们都将如此平凡，如此忙碌，但我们无怨无悔，因为和孩子们在一起，我们的心永远年轻。

2. 新时代教育"工匠"的隐喻

自古以来对教师的称呼多种多样，师、老师、先生、夫子等都是对老师的尊称，然而也有一些人将老师称为"教书匠"。这个称谓中的"匠"字似乎把教师的地位叫"低"了。之前有一种观念是"要做教育家，不做教书匠"。似乎教书匠就意味着缺乏理想，不会创新，没有个性和简单重复。但从词源考证来看，"匠"这个字可解释为"能工巧匠"，在某一方面很有造诣的人。由此可见，"教书匠"应该是指教书育人的工匠，即在教育领域熟练掌握教学技能的"匠人"，这才应是新时代"教书匠"真正的"匠"意所在。幼儿教师是指接受过专门教育和训练，并在幼儿教育机构中承担保育教育工作的人。简言之，幼儿教师的使命就是贯彻遵循《幼儿园管理条例》《幼儿园教育指导纲要（试行）》《幼儿园工作规程》等法规中强调的保育和教育相结合的原则，创设与幼儿教育和发展相适应的和谐环境，促进幼儿身心和谐发展。幼儿教师是一个熟练掌握"保教育儿"技能的专业群体，是幼儿教育领域的工匠。虽与其他工匠不同，其面对的是具有生命力的儿童，但是在保教工作中，幼儿教师也需要遵循严格的标准和制度，不断革新教育方法，精益求精，以实现保教目标，培养身心全面和谐发展的儿童。可以说，教师同样具有"匠人"意味，并且是需要更高技艺的工匠。

【典型案例】

配班参教我能行[①]
——从对一位保育员的观察记录看"保教结合"

案例一： 班级卫生间一直是小朋友最喜欢待的地方，每当饭前便后，或者小手脏了，他们都要去洗手，偷偷在角落玩水，每次洗手出来不是这个衣服袖口湿了，就是那个衣服湿了，有的还会把裤子也弄湿，可是自己的手却还是脏的，不是没洗干净，就是手上还有肥皂泡泡。面对这个问题，保育员何老师在幼儿洗手时主动放下其他的工作，在水池边教小朋友们洗手时要注意什么，水龙头开得小一点，洗完手把小手在水池里甩

---

① 莫健骑：《配班参教我能行——从对一位保育员的观察记录看"保教结合"》，《好家长》，2016年第50期，第90页。

甩，把水甩掉。为了跟上老师的教学要求，何老师还向主班教师学会了洗手儿歌，然后再一个动作一个动作地教孩子，告诉孩子要节约用水，不可以玩水和浪费水资源。通过几天的努力，大部分孩子都能正确洗手了。

分析：随着《幼儿园教育指导纲要（试行）》的实施，保育员的角色和工作内容发生了很大的变化：由侧重"卫生消毒"，变为侧重"配班参教"，在"保教合一"的理念下，教师和保育员的工作内容虽有不同，但不应有明显的界限。保育员除了照顾好幼儿的一日生活外，也应协助教师的工作，通过保育活动对幼儿进行教育，以达到共同促进幼儿发展的目标。

案例二：王老师正在组织孩子们玩游戏"网小鱼"，何老师在一旁协助。"小鱼"们因穿得厚，运动量大，早已汗流浃背。何老师见状，在游戏暂停时及时提醒他们脱去上衣或拉开衣服拉链。婷婷已经连续做了好几次"小鱼"，她小脸通红，汗流满面，显得十分疲惫。于是，何老师走过去对她说："小鱼，小鱼，游到鱼妈妈这儿休息一会儿吧！"

分析：保育员不仅要为幼儿创设良好的生活环境，还要在教学上做老师的好帮手。作为教育者之一，保育员要时刻关注每个幼儿的表现，协助教师既照顾到"面"，又看到"点"。在游戏中，何老师很细心地注意到婷婷的情况，为了让婷婷休息一会儿，她以游戏者身份介入，巧妙地把她带出了游戏现场。这样做既不影响游戏进程，也达到了保护幼儿运动安全的目的。

反思：

1. 要坚持"保教结合"的原则

《幼儿园教育指导纲要（试行）》指出，作为幼儿教育工作的具体实施者——教师和保育员，虽然分工稍有不同，但都为"促进幼儿发展"这一共同目标而工作。培养完整的幼儿需要完整的幼儿教育，如果将保育员和教师进行刻意、机械的角色划分，就会影响"保教结合"这一原则的实现。保育员应打破"保育员的职责仅是卫生、照顾幼儿饮食起居"的传统观念，要责无旁贷地承担起教育幼儿、促进幼儿发展的职责，并为达到这一目标而不断提高自己的专业技能，尽可能地给幼儿有效、适宜的教育影响。

2. 要树立"一日生活皆课程"的教育理念

一日生活皆为课程，幼儿园中每个环节、每个活动都蕴含有它的教育价值。生活环节中隐藏着许多不能忽略的教育价值，保育员又是和幼儿一日生活联系最为密切的人，因此她们能在生活环节中及时渗透教育理念。教师和保育员应该树立一日生活皆课程的教育理念，留心观察，发现问题，适时地对幼儿进行正确的引导与教育。从保育员何老师的事例中，我们可以看到保育员不仅要关注良好的物质环境的创设，而且要注重在一日活动中给予幼儿积极的教育影响，从而与教师形成合力，共同促进幼儿的发展。

3. 要加强保育员队伍建设

一流的园舍要有一流的教育，一流的教育更要有一流的保育。新形势下的幼儿教育，幼儿园的保育工作显得越来越重要，保育员的队伍建设好了，幼儿园的教育质量就会有更好的保障。

二、以专业标准为基，培养幼儿教师工匠素养

幼儿园教师是履行幼儿教育工作职责的专业人员，对幼儿健康发展负有不可推卸的责任和义务。我国于 2012 年颁布的《幼儿园教师专业标准》（以下简称《专业标准》）是衡量教师专业水平的准绳，《专业标准》的颁布标志着我国幼儿教师专业发展进入了实质性推进阶段。《专业标准》从基本理念、基本内容、实施建议三大层面回答了"为什么""是什么"和"怎么办"的问题。基本理念包括"幼儿为本""师德为先""能力为重""终身学习"四大方面，从根本上引领幼儿教师专业发展方向，同时它也是幼儿园教师理解并践行此专业标准、完成自身专业构建所必备的观念性基石。基本内容包括"专业理念与师德""专业知识""专业能力"三大维度、14 个领域、67 条基本要求。

（一）培育匠心：良好的师德修养与科学的教育理念

1. 良好的师德修养

（1）职业理解与认识。贯彻党和国家教育方针政策，遵守教育法律法规；理解幼儿保教工作的意义，热爱学前教育事业，具有职业理想和敬业精神；认同幼儿园教师的专业性和独特性，注重自身专业发展；具有良好职业道德修养，为人师表；有团队合作精神，积极开展协作与交流。

（2）个人修养与行为。富有爱心、责任心、耐心和细心；乐观向上、热情开朗，有亲和力；善于自我调节情绪，保持平和心态；勤于学习，不断进取；衣着整洁得体，语言规范健康，举止文明礼貌。

2. 科学的教育理念

（1）对幼儿的态度与行为。关爱幼儿，重视幼儿身心健康，将保护幼儿生命安全放在首位；尊重幼儿人格，维护幼儿合法权益，平等对待每一个幼儿。不讽刺、挖苦、歧视幼儿，不体罚或变相体罚幼儿；信任幼儿，尊重个体差异，主动了解和满足有益于幼儿身心发展的不同需求；重视生活对幼儿健康成长的重要价值，积极创造条件，让幼儿拥有快乐的幼儿园生活。

（2）幼儿保育和教育的态度与行为。注重保教结合，培育幼儿良好的意志品质，帮助幼儿形成良好的行为习惯；注重保护幼儿的好奇心，培养幼儿的想象力，发掘幼儿的兴趣爱好；重视环境和游戏对幼儿发展的独特作用，创设富有教育意义的环境氛围，将游戏作为幼儿的主要活动；重视丰富幼儿多方面的直接经验，将探索、交往等实践活动作为幼儿最重要的学习方式；重视自身日常态度言行对幼儿发展的重要影响与作用；重视幼儿园、家庭和社区的合作，综合利用各种资源。

（二）锻炼匠能：全面的保教知识与扎实的保教能力

1. 全面的保教知识

（1）幼儿发展知识。了解关于幼儿生存、发展和保护的有关法律法规及政策规定；掌握不同年龄幼儿身心发展特点、规律和促进幼儿全面发展的策略与方法；了解幼儿在发展水平、速度与优势领域等方面的个体差异，掌握对应的策略与方法；了解幼儿发展中容易出现的问题与适宜的对策；了解有特殊需要幼儿的身心发展特点及教育策略与方法。

（2）幼儿保育和教育知识。熟悉幼儿园教育的目标、任务、内容、要求和基本原则；掌握幼儿园各领域教育的学科特点与基本知识；掌握幼儿园环境创设、一日生活安排、游戏与教育活动、保育和班级管理的知识与方法；熟知幼儿园的安全应急预案，掌握意外事故和危险情况下幼儿安全防护与救助的基本方法；掌握观察、谈话、记录等了解幼儿的基本方法和教育心理学的基本原理和方法；了解 0～3 岁婴幼儿保教和幼小衔接的有关知识与基本方法。

（3）通识性知识。具有一定的自然科学和人文社会科学知识，了解中国教育基本情况，具有相应的艺术欣赏与表现知识，具有一定的现代信息技术知识。

2. 扎实的保教能力

（1）环境的创设与利用能力。建立良好的师幼关系，帮助幼儿建立良好的同伴关系，让幼儿感到温暖和愉悦；建立班级秩序与规则，营造良好的班级氛围，让幼儿感受到安全、舒适；创设有助于促进幼儿成长、学习、游戏的教育环境；合理利用资源，为幼儿提供和制作适合的玩教具和学习材料，引发和支持幼儿的主动活动。

（2）一日生活的组织与保育能力。合理安排和组织一日生活的各个环节，将教育灵活地渗透到一日生活中；科学照料幼儿日常生活，指导和协助保育员做好班级常规保育和卫生工作；充分利用各种教育契机，对幼儿进行随机教育；有效保护幼儿，及时处理幼儿的常见事故，危险情况优先救护幼儿。

（3）游戏活动的支持与引导能力。提供符合幼儿兴趣需要、年龄特点和发展目标的游戏条件；充分利用与合理设计游戏活动空间，提供丰富、适宜的游戏材料；鼓励幼儿自主选择游戏内容、伙伴和材料，支持幼儿主动地、创造性地开展游戏，充分体验游戏的快乐和满足；引导幼儿在游戏活动中获得身体、认知、语言和社会性等多方面的发展。

（4）教育活动的计划与实施能力。制订阶段性的教育活动计划和具体活动方案；在教育活动中观察幼儿，根据幼儿的表现和需要，调整活动，给予适宜的指导；在教育活动的设计和实施中体现趣味性、综合性和生活化，灵活运用各种组织形式和适宜的教育方式；提供更多的操作探索、交流合作、表达表现的机会，支持和促进幼儿主动学习。

（5）激励与评价幼儿的能力。关注幼儿日常表现，及时发现和赏识每个幼儿的点滴进步，注重激发和保护幼儿的积极性、自信心；有效运用观察、谈话、家园联系、作品分析等多种方法，客观地、全面地了解和评价幼儿；有效运用评价结果，指导下一步教育活动的开展。

（6）沟通与合作的能力。使用符合幼儿年龄特点的语言进行保教工作；善于倾听，和蔼可亲，与幼儿进行有效沟通；与同事合作交流，分享经验和资源，共同发展；与家长进行有效沟通合作，共同促进幼儿发展；协助幼儿园与社区建立合作互助的良好关系。

（7）反思与发展的能力。主动收集分析相关信息，不断进行反思，改进保教工作；针对保教工作中的现实需要与问题，进行探索和研究；制定专业发展规划，不断提高自身专业素质。

（三）打造匠技：过硬的专业技能与丰富的实践经验

1. 过硬的专业技能

（1）幼儿故事讲演技能。语音标准，口齿清晰，语速适宜，表达流畅，内容完整；恰当、自然地运用语言技巧；感情充沛、精神饱满、抑扬顿挫，脱稿讲述；语气、语调、动作、表情符合角色形象，符合故事内容和特点，有感染力；故事内容加工合理，表现具有个性；讲述富有童趣，适合幼儿学习与欣赏；恰当运用态势语言，能激发幼儿倾听兴趣，亲和力好。

（2）幼儿歌曲弹唱技能。儿童歌曲演唱完整，音准节奏准确，咬字吐字清晰，歌词准确无误；真假声结合自然，声音通畅；根据儿童歌曲的原调准确弹奏，指法、触键规范；和弦编配、和声织体运用恰当；演唱情绪的处理独到，彰显歌曲个性；歌曲弹唱富有美感和童趣，能引发幼儿欣赏的兴趣，适合幼儿感受与欣赏、表现与创造。

（3）幼儿舞蹈表演技能。音乐情感与意境表达准确，体现儿童歌曲的风格特点，表情丰富自然；舞蹈动作能够把握住幼儿的身心年段特点，适合幼儿感受与欣赏、表现与创造；舞蹈表演富有美感，具有童趣性、游戏性、童真性。

（4）幼儿教师书写技能。钢笔字、毛笔字书写规范，字迹端正，字形结构美观，大小适宜。卷面干净，整洁不加字、不落字，有艺术感；艺术字设计符合幼儿园环境要求，字形设计美观，颜色搭配恰当，有童趣。

（5）幼儿教师绘画技能。简笔画要求线条简洁流畅，运笔自然熟练，造型生动，形象美观，画面丰富，富有儿童趣味，富有创新和个性表现；儿童画要求线条简洁流畅，构图美观，造型生动；主题突出，形象表现主题内容；画面丰富，色彩搭配合理；富有儿童趣味，适合幼儿欣赏；富有创新和个性表现。

（6）幼儿玩教具制作技能。作品按题目要求设计，设计独特，主题突出；作品制作精致美观，符合儿童的年龄特征，具有安全性。

（7）幼儿教育课件制作技能。围绕活动目标设计，具有一定的教育价值；内容正确、规范，概念表达正确，无错别字，符合所选年龄阶段的幼儿的认知特点；素材丰富，形式多样有趣，有利于幼儿自主学习；能够较好地体现教学设计的理念和灵活的教学方法。

2. 丰富的实践经验

通过保教见习和实习，幼儿园教师需具备的实践经验主要有：

（1）保育工作经验。做好本班房舍、设备、环境的清洁卫生和消毒工作，保持环境清洁整齐、空气新鲜；严格执行幼儿园卫生保健制度，科学照料和管理幼儿进餐、饮水、盥洗、如厕、睡眠等一日生活；严格执行幼儿生活作息制度，贯彻一日生活常规要求，培养幼儿良好的生活行为习惯；严格执行幼儿园安全制度，确保幼儿在园活动安全。

（2）班级管理经验。根据本班幼儿的人数、性别比、年龄结构、认知与经验发展情况，合理制订班级学期计划；妥善保管幼儿衣物、用品；妥善保管本班的各种设备、用具；引导幼儿爱护公物，厉行节约。

（3）教育活动经验。观察了解幼儿，评析、评估幼儿发展情况；结合本班幼儿的发展水平和兴趣需要，制订和执行教育工作的年、学期、月、周计划，合理安排幼儿的生活、游戏与学习活动；创设良好的教育环境，提供丰富的玩具和游戏材料；科学设计、合理组织五大领域教育内容，开展适宜的教育活动。

（4）家园沟通经验。根据学期初和学期末的教育要求，组织召开家长会议；每天入园和离园与家长进行有效沟通，及时反馈教育信息；通过家访、家长沙龙、家长学校等方式与家长保持经常联系，了解幼儿家庭的教育环境，商讨符合幼儿特点的教育措施，相互配合共同完成教育任务。

（5）教研科研经验。积极参加业务学习和保育教育研究活动；撰写观察记录、活动反思、教育随笔等，参加小型课题研究，提升反思意识与科研素养；定期总结评估保教工作实效，接受园长的指导和检查。

● 爱的榜样

1. 学习杨丽婷老师的先进事例，思考作为一名幼儿教师应当如何去践行"师者仁心"。

2. 你还知道哪些幼儿教师爱岗敬业的事例？可以通过"云爱平台"进行分享。

逐梦幼教职业，践行师者仁心[①]

古往今来，人们常以最美好的语言来歌颂教师。幼儿教师是对孩子实施全面教育的启蒙教师，在教与学的双边活动中，他们扮演着许多不同且重要的角色。河北省三河市某幼儿园中二班的杨丽婷老师，既是老师，同时又扮演着妈妈的角色。

因为热爱所以选择

杨丽婷是家中的老大，有一个弟弟和一个妹妹。小时候爸爸妈妈常因为要出去干

---

① 姚挚絷：《逐梦幼教职业，践行师者仁心——访河北省三河市燕郊天美艺彩幼儿园教师杨丽婷》，《新产经》，2020年第3期，第48～49页。

活，让她负责照顾弟弟妹妹。为了保证弟弟妹妹的安全，小丽婷常常忙得团团转，总是刚放下弟弟又要马上去追妹妹，累得满头大汗也顾不上喝一口水。聪明的小丽婷想出了很多照顾孩子的好办法，比如开始扮演小老师的角色。她让弟弟妹妹坐在小板凳上，自己则拿着粉笔在墙上写字，把自己在学校学到的知识都教给弟弟妹妹，学习活动安排得十分丰富多彩。从那时候起，梦想的种子就在她心里生根发芽。在填报大学志愿时，以她的高考分数本能选择一所更好的大学，但是最后她还是义无反顾地选择了学前教育，成为一名幼儿教师。

孩子们的"妈妈"

杨老师带的是刚入园的托班小朋友。因为对新环境感到陌生，加上刚离开家长并不适应，孩子们每天都会出现"找妈妈""要回家""哭闹""不午睡""尿拉裤子""调皮捣蛋"等一系列问题。为了缓解孩子们的入园焦虑，杨老师结合了教育知识和其他优秀老师的实践经验，像妈妈一样去关爱孩子们，多安慰、关心和拥抱他们，耐心地陪伴他们玩耍，尽可能给他们足够的安全感。杨老师每天都会在门口迎接宝宝们，微笑着把宝宝抱进屋里。孩子常说自己很喜欢杨老师，家长们也对杨老师非常认可。幼儿的模仿性强、可塑性大，他们信任老师，对老师的言行举止观察细致、反应敏感。因此，职业的特点要求幼儿教师必须具备高尚的人格和品德、乐观大方的心态以及耐心公正、热情开朗的性格特点。不论是外部仪表还是内在心灵，都要时刻做孩子的表率。杨老师就做到了在生活中做孩子的父母，在学习中做孩子的导师，在游戏中做孩子的伙伴。

尽职尽责的老师

杨老师工作十分细致认真，她每天早早地来到园里就立刻投身于工作中。每天放学后，她都会把当天的教学过程及作业发到班级群里，会及时和家长沟通交流。像遇到天气降温等问题，她都会在群里发送关心和提醒，关心孩子们每天的健康和学习情况。"杨老师工作认真，做事踏实，有担当，对孩子有爱心，同事之间也相处得特别融洽，在幼儿园三年多，几乎是零投诉。"园长评价道。成为一名优秀的幼儿教师应当具备高尚的人格，"身教重于言教"，要真正地把老师的爱付诸保教行动上；作为一名优秀的幼儿教师，肩负着培养祖国下一代的历史使命，要力争使每个孩子都能身心健康地快乐成长。

杨老师说：我的理念是以孩子为本，以促进孩子们身心素质的全面发展作为出发点；同时要组织丰富多彩和富有教育意义的游戏活动，让孩子们从"玩"中学；实现个性化教育，因为每个宝贝都是独特的，是独一无二的，老师要尊重、保护和发展孩子们的独特性。

● 爱的感言

1. 谈谈你当初为什么选择学前教育专业？对于将来从事幼儿教师职业你自己或家人有什么看法？

2. 你觉得要做好一名幼儿教师，最核心、最重要的素养有哪些？为什么？

● **爱的践行**

熟读《幼儿园教师专业标准》，领会三大维度内容，熟悉 14 个领域，了解 62 个要求。

第三节　爱学善研　培育慧心

● **爱的认知**

20 世纪 60 年代以来，在联合国教科文组织的提倡和推广下，"终身学习"已作为一个重要的概念在全球范围内得到了广泛的传播和认可。终身学习理念是 20 世纪末教育思想的重大创举，是 21 世纪的生存概念。终身学习的内核理念是每一个人要有能力和技能在自己的一生中利用好各种平台和机会，让自己通过不断的学习更好地适应社会发展和变革。教师发展是职业发展与专业发展的统一体，二者相辅相成、缺一不可。教师发展的过程也是教师主动学习的过程。对于幼儿园教师而言，最便捷有效的学习方式不再是书本知识的学习，而是在实践中反思，在行动过程中学习，即行动学习法。行动学习是集问题、反思、实践和自主式学习于一体的学习方法，行动学习和行动研究都是针对解决教师实际工作中遇到的问题，反思他们的经验，以促进教师专业发展的一种教师培训模式。

【**案例导读**】

成长从感恩开始①

我不是雄鹰，却渴望完美的飞翔。感恩实验幼儿园这个大家庭给了我广阔的天空和起点，让我展翅飞翔。

校园文化使我飞得更美

幼儿园处处洋溢着"办有文化的幼教，做有思想的教师，让读书成为习惯"这样的理念。园长率先垂范，引领我在读书学习中享受心灵的沉静之美；给生命注入知识，生命因此而厚重；在实践中产生思想，在体验中生成智慧。我园连续举办十届"书香校园阅读节"活动，使我在读书中品位书香，在阅读中学会启迪，在写作中学会思考，在思考中学会做人。今后我将努力通过阅读为精神筑起屏障，让灵魂保持干净；让人专心致志，宁静透彻，因为我坚信阅读能使人的精神领域更为宽广，坚守住高尚。

同伴互助使我飞得更高

同伴互助是教师间相互分享知识，提供支持的一种方法。参加工作 18 年来，我充分感受到同伴对自己的关爱和帮助，同时也享受着帮助别人的快乐。我先后荣获了山西

---

① 王蕊：《成长从感恩开始》，http://blog.sina.com.cn/s/blog_4a937fde0102w4fc.html。

省保教能手、太原市骨干教师、杏花岭区模范教师等荣誉称号。自己的每一次成功，都是集体智慧的结晶。这正体现了我园的办园精神：健康向上、团结高效、充满活力、追求卓越。我深知只有植根于集体的土壤里，依靠优秀的团队力量，才会硕果累累。"伴"是集体的智慧，"助"是集体的精神。感恩同伴互助，使我体会到"三人行必有我师焉"的真谛，只有在集体智慧的帮助下，我才能成长地更快，飞得更高。

自我更新使我飞得更远

1. 从"教学型"向"教研型"转变

多年来，我积极参与各项课题研究，撰写多篇教育案例和论文，使我具有一定的教科研能力，也深刻地体会到做一名优秀的幼儿教师，应该是科研型的教师。

2. 从"灌输型"向"创造型"转变

在教育教学工作方面，我善于从新的角度去思考问题，创造性地运用已知信息，提炼出具有更新价值的精华，尽可能采用孩子们易于接受的方法进行教学。

3. 从"普通型"向"专家型"转变

在教育岗位中，我努力营造和创建学习型组织和团队，形成和谐、互助的良好氛围，推动年轻教师的快速成长。我始终坚持"因为真诚，所以提醒；因为责任，所以直言"的理念，真正做到传帮带。

在幼儿园平凡的岗位上，我深知放飞的是希望，守巢的是自己，展示给孩子的是真理，擦去的是功利；画出的是彩虹，奉献的是自己。我将用更绚丽的色彩描画出新时期幼儿教师的时代风采，来实践我的座右铭：挚爱＋奉献＋超越＝生命的精彩！

一、坚持行动性学习，促进幼儿教师职业发展

幼儿教师入职后，职前教育经历仅仅是其职业生涯发展中的重要一环，也是幼儿教育理论和幼儿教育实践的虚拟阶段。而要想跟上幼儿教育发展与改革的步伐，每一位幼儿教师都需要加强自我发展和理论的提升，不断地学习、吸收、运用新的学前教育知识和幼儿教育的新方式，不断提升自己的专业素养。因此，学习的能力既是社会发展对人的要求，也是幼儿教育变革和发展对幼儿教师职业角色和素养提出的新要求。

(一) 理解行动性学习的内涵与特点

1. 行动性学习的内涵

行动性学习是一个以完成预定的工作为目的，在同事支持下持续不断的反思与学习的过程。行动性学习强调理论探究与解决实际问题的有机结合，强调对以往经验的总结和反思，强调在掌握技能知识的过程中不仅能知道如何行动，而且要求从深刻的反思中获得经验的提升，使个人通过反思与体验过程获得成长性的发展。因此，可以把它看成是"实践中学习"与"思考中学习"的结合，而且这种结合又是在合作中实现的，小组内的情感互动推进和提升了个人反思体验的效果。

2. 行动性学习的特点

行动学习有六个主要要素：学习、合作、质疑、反思、计划与行动。幼儿教师在学校教学实践情境中与同事研讨、交流，开展理论与文献学习基础上的有效学习反思，进而采取行动。其特点为：

（1）反思性。行动学习建立在反思与行动相互联系的基础上，特别关注从以往经验中进行学习，具有反思性。反思的质量是学习成败的关键。

（2）行动性。行动学习是学习与行动不断循环的过程，注重在行动中学习。行动学习小组更关注于学员个体及其将要采取的行动上。

（3）合作性。行动学习强调学习是一个团体活动的过程，行动学习小组是有效的学习媒介。小组具有学习交流、激发思考、澄清问题、提供支持和批评意见等多项功能。成员在小组内向其他人陈述问题并寻求反馈，其他成员作为支持者、倾听者、观察者、协商者和提问者，帮助陈述者探索问题和形成新的行动要点。催化师会帮助小组成员之间形成有效互动。

（4）主体性。行动学习小组的成员是学习的主体。行动学习强调个人的主动学习，而并非依赖教师灌输知识。团队各成员间的经验和理性的发散、碰撞、整合是一个生动的创造性的过程，对学习者个人沟通能力的提高和改进组织行为方式起着重要的作用。

（5）参与性。行动学习中学员的参与是思维上、情绪情感上、行为上的真正参与。每个学员都要积极地参与到每个环节中并充分发挥个人的潜能。学习小组中个体的相关经验和对现实问题的认知与理解是小组中非常宝贵的资源。

（二）行动性学习对幼儿教师职业发展的价值

1. 提高幼儿教师的学习能力

作为专业人士，幼儿教师应该是有效的合作学习者，能够开展有效学习以及合作学习。教师相互倾听彼此的问题，在互动质疑中呈现自己的困惑，分享并相互借鉴解决问题的智慧，使自己在互动学习中深刻地反思教学，明确自己学习和发展的方向以及路径策略。行动和学习有机整合的有效路径是在互动对话以及理论学习过程中，找到真问题并明确问题的真正原因，在行动中不断反思，在学习中创生知识。团队讨论质疑的过程并不是要达成一个统一的正确答案，而是基于不同实践者的不同经历，多维度、多视角地探讨同一个问题，避免产生不必要的实践误区。实践研究表明，行动学习的重要价值之一是使教师在持续的学习与互动交流中增加自我反思和修正的敏感性，不断反思并修正自己的教学理念和行为以及自我认知中的偏颇。当然，行动学习中，学习并不只是在解决问题任务的驱动下才发生。教师有效地解决问题并提炼有效策略之后，接下来的互动学习与交流能够进一步发展教学智慧。行动学习小组中教师通过互动式反思交流，在分享、发展专业技能过程中相互学习，融互动式学习模式于日常工作中，会不断创造新知识，在解决问题的同时促进成员间分享新知识，实现个人思维向更高层次的组织思维转化。

2. 发展幼儿教师批判性反思能力

教师需要在反思和探究中获得新知识来改进教学实践，反思是行动学习过程的核心要素。行动学习的目标重点之一是发展教师的提问、质疑能力以及判断能力。要明确问题的原因及方案是否可行，并对行动结果和成果作出客观判断与评估。在行动学习中，教师要不断进行批判式反思，即不断地就自己面临问题的原因及解决问题的计划是否合理进行反思，对行动目标、方法、过程以及结果，特别是促进幼儿发展的效果进行审视与判断，同时要对其他成员提出的连带问题、质疑以及经验进行反思，发展批判性反思能力。行动学习组中的反思性对话、团队成员的问题和质疑、文献学习收获以及经验分享带给教师多元刺激，激发教师的多元思路和思考，有利于克服他们自我反思的不足，有效地帮助教师获得关于自身教学和发展的知识，发展批判式思维能力。

3. 提升教师团队凝聚力和教学行动力

行动学习的核心之一是构建学校学习文化和合作分享文化。行动学习注重建构教师相互尊重、愿意公开个人实践、进行对话的团队学习氛围，使教师真正将行动学习看作自我导向的学习过程，发展他们对持续学习的意愿和责任感。行动学习过程中的反思性对话使教师的问题得到同事的反馈与支持，不仅在知识、技能方面得到发展，更重要的是增强团队合作的积极情感态度，提升团队的吸引力和凝聚力。促进教师专业移情关系和能力的建构与发展，提升其团队责任意识和行动力，团队成员的知识和专业能力获得认可、补充、拓展并得以深化，团队合作能力和领导力得到提升，教学与管理的行动力得以相应提高。实践研究表明行动学习有助于提升教师教学问题解决的行动力。

4. 凸显教师主体地位，提高问题解决能力

行动学习符合成人学习的特点——以问题为中心进行学习，并且对可以立即应用的知识感兴趣；他们的学习动机主要来自内部，而不是外部。行动学习这种互动交流的文化氛围能够有效地提高教师的教学问题意识和解决问题的能力。行动学习强调合作，同时凸显教师个体的主体地位，鼓励教师发展自主性，自主提出教学困惑，互动寻找解决问题的思路，在理论文献学习中形成自己的判断和解决问题的策略，提升反思能力与合作解决问题的意识和能力。行动学习强调质疑和反思的过程，关注正确的问题而非正确的答案。团队成员围绕着主题和问题相互沟通交流，探讨出现的各种观点和假设，通过质疑和反思在文献学习中进一步调查分析教学需求，在此基础上提出多种解决问题的思路和策略，有助于发展教师灵活变通解决问题的思维方式。针对不同幼儿群体确立不同解决方案，不照搬照用他人的经验，这种做法能够有效提升教师根据环境和教学对象的变化而灵活、创造性解决问题的能力。

（三）开展行动性学习的支持条件

1. 幼儿园教师个人方面

（1）热爱学习，树立终身学习理念。

学习态度是学习者对自己、对他人以及对自己所处文化背景的看法的反应。积极的态度有助于增强学习者的学习动机，从而对学习效果产生积极的影响。学习者要自愿地采取积极的态度对待自己的学习，即对自己的学习负责，并积极地投身于学习，以达到学习的目标。所以热爱学习、对学习有积极的态度是实现终身学习的最重要的个人条件。

（2）明确目标，制订分段学习计划。

目标是指人在一定时期内所期望达到的成就和结果。心理学认为，目标之所以在学习过程中能起激励作用，其主要原因是目标的确定能使人有明确的方向，从而能增加人做事的耐性，激发人的灵感，并优化学习资源的配置。短期目标是一两个月或半年之内所要达到的学习目标，长期目标是指一两年或几年之后要达到的学习目标。有了明确的学习目标，学习者才会有强烈的学习要求和发自内心的求知欲望，表现出良好的注意力和克服困难的意志。所以明确每个阶段的学习目标，制订短期或长期计划，以激励学习者形成适应社会需要的能力是实现终身学习理念的重要的个人条件之一。

（3）掌握技术，提升信息获取能力。

现代信息技术在飞速发展，互联网技术、远程教育技术已在广泛应用，学习者面对的是比过去丰富得多的学习资源。网络音像资料、影视、网络教育平台等丰富的学习资源既给学习者提供了多种选择的机会，同时也要求学习者要能够独立地选择适合于自己需要的学习材料，包括利用网络资源、参加各种培训、报名学习高等院校提供的继续教育课程等。因此，学习者对学习资源的获取能力也是实现其终身学习理念的重要的个人条件。

2. 幼儿园管理方面

（1）建立学习共同体。

行动学习文化中教师合作研讨的重点是学习以及如何学好，并形成分享所学的机制。行动学习中教师实现专业发展依靠的并非成员个人的智慧而是集体能力的交互作用。行动学习是一小群教师多视角看待和思考问题，进行有效互动沟通的平台。行动学习共同体的形成可以自愿成组也可以根据幼儿小中大班年段成组、依据感兴趣的学习内容分组。学习共同体可以定期组织不同主题的行动学习活动进行互动对话交流，互相学习与借鉴，拓展教师的视野，实现更大范围的互动学习。

（2）创建激励制度体系。

幼儿教师个体由于教育经历、实践经验、能力倾向与人格特点的差异，使得他们的发展过程、速度、水平都存在差异。因此，行动学习要侧重于过程，而不强求所有参与者的同步发展。幼儿园应该树立一种"问题即探究和学习机会"的信念，行动学习中围绕问题展开的对话应该强调开放的经验分享，强调"对事不对人"，并淡化对当事者行为作全面的评判。在不作全面评判、认同个体发展节奏差异的基础上追求专业发展方向的一致性，努力构建过程取向和主体取向的发展性教师评价制度。

（3）提供适当的专家引领。

教师在成长过程中的个人努力固然重要，但是专家的引领更是不可或缺，这种引领不仅包括教学技能、艺术的引领，更重要的是对教师进行教育精神、教育本质认识的引领。幼儿园应根据教师的实际发展水平与需求，聘请省、市级知名专家围绕"园本教研与教师专业化成长""幼儿园各类活动的开展""区角活动环境的创设"等方面的内容作专题报告。专家们从教师专业化发展的各个方面进行阐释，引导新手教师为幼儿的终身发展奠基，为幼儿习惯的养成、人格的完善导航，倡导教师教学目标的定位要找到最本质的教育规律，呼吁青年教师争做实践者、反思者、研究者。

二、开展行动性研究，助推幼儿教师专业成长

行动研究，一般认为是指从实际工作需要中寻找课题，在实际工作过程中进行研究，由实际工作者共同参与，使研究成果为实际工作者理解、掌握和实施，从而达到解决实际问题，改善社会行为目的的一种研究方法。行动研究讲究研究者的实际行动，要求研究者参与到学校、课堂的实际工作中，研究工作不是在脱离教育、教学实际的书斋中完成的，也不是单纯的资料收集、阅读和整理，而是研究者在现场的行动中去发现、研究和解决问题。研究过程以行动开始，在行动中进行，并以行动质量的提高与否作为检验研究效果的标准。行动研究是行动学习的深化、扩大和提升。

（一）行动研究对幼儿教师的价值

1. 行动研究为幼儿教师教育教研提供理论基础

行动研究与幼儿教育相结合能够为幼儿教师教育教研提供理论基础。很多幼儿教师虽掌握了一些幼儿教育的相关理论知识，但在遇到幼儿教育的实际问题时也不免困惑，甚至觉得无从下手。幼儿教师以行动研究为指导进行教育教研活动，在教育教学过程中发现新问题，改进新现象，形成理性的认识进而指导行动。正确的理性认识是幼儿教师教育教研能力的理论基础。幼儿教师的专业成长必须强调相关的研究能力，强调幼儿教师在实际的教育教学情境中利用相关理论解决自身所遇到的教育教学问题的能力。幼儿教师不仅仅是幼儿知识的传授者，而且是以一个研究者的身份运用相关理论去研究幼儿教育教学中出现的问题。

2. 行动研究对幼儿教师教育信念具有促进作用

幼儿教师的教育信念是指引幼儿教师不断前进和不断发展的根本动力。教育信念的深度是区分优秀教师和普通教师的标准之一。行动研究通过"实践—反思—再实践—再反思"这一无限循环的螺旋式的演进过程促进幼儿教师对自己的教育教学本身进行不断的概括和推进，在实践中发现问题并解决问题，使自己不断融入教育教学和教育科学研

究，并且最终通过行动研究将二者合二为一。通过对实践的不断反思和对现实问题的不断解决，教师对于教育教学的热情度和认可度不断提升，直至上升为坚定不移的教育教学信念。

3. 行动研究促进幼儿教师教育反思

行动研究是教师基于经验致力于解决实际问题的研究方式。幼儿教师开展行动研究，以发现幼儿教育教学实践中的实际问题为导向，以对实际问题的反思为手段，以问题的解决为目的，在实践中不断接受检验。行动研究的开展最为关键的就是教师的反思过程。一名优秀的幼儿教师离不开对自己已有幼儿教育教学经验的不断反思，在反思中不断提升自己的理论水平。反思是一名优秀的教师改进自我教学、自我实现专业成长的有效途径。幼儿教师开展行动研究，对教育教学的实际问题不断进行反思，可以促进教育反思能力的发展。行动研究要求幼儿教师在教育实践中开展研究，将自己的教育教学与研究相结合，二者共生共进。

4. 行动研究为幼儿教师专业成长建构实践策略

教育研究对教师意味着确信自己有能力构建知识和改进实践。幼儿教师作为教师群体的一分子，进行研究的能力是其教育教学基本能力的一部分。目前我国幼儿教师开展研究的相对较少、较浅，说明了幼儿教师的研究能力还有待提高。基于行动研究开展教育教学研究，是幼儿教师构建自己的实践性知识，提高教学实践能力的有力保障。幼儿教师知识的建构和实践的反思能够为促进专业成长提供相关的实践策略。提高教育科研能力是幼儿教师专业成长的有效途径之一，也是促进幼儿教育质量不断提升的有效途径。幼儿教师拥有大量的教育教学经验，应该提倡教师通过对自身教育教学的不断反思，进行"行动中研究"。幼儿教师在某种程度上既是幼儿教育的"参与者"，也是幼儿教育的"旁观者"，什么样的适合，什么样的不适合，教师最有话语权。幼儿教师通过对实践情境的再理解和不断改进促进了自身的专业成长。

（二）实施行动研究的路径

1. 勤于反思，积极组织班本教研

所谓班本教研是指立足各教学班保教实践，以教师个人为主体的着重问题解决的行动研究。具体来说，班本教研的基础是幼儿园各个班级具体的保育教育实践，主体是班级的幼儿园教师，其目的是教师经历的日常教育教学活动中各类问题的解决。显然，这是一种行动研究的价值取向，即幼儿教师开展教学研究的主要或直接目的不在教育理论的建设，而在为改进、完善自身教学实践所进行的问题解决。在这个循环往复和不断累积的问题解决过程中，幼儿教师的专业素质和水平得以逐步提升，幼儿园教育教学质量因此得到提高。

每个班级是由不同个性、来自不同家庭特点和背景的幼儿组成的，而每个班级的教师也有不同的保教风格，在教师与幼儿、家长相处的过程中，每个班级都会形成自己独

特的教育生态环境。因此，班级保教工作的实施受到教师的价值取向、教学方式和幼儿特点等诸多因素的影响，使幼儿园保教活动在实施过程中出现了班本化倾向。这些班级特色决定了幼儿园保教在实施过程中，添加了班级个性化的实施程序，使幼儿园保育教育找到生动、具体、个性化的班级演绎方式，成为每个班级"自己的"保教特色，并从中获得持续发展的生命力。

2. 善于教研，主动参与园本教研

园本教研和班本教研本质上是一致的，都属于幼儿教师的行动研究，只不过园本教研是班本教研在范围上的扩大，在人员上的扩充，在组织过程的精细化、模式化等。

(1)"听课—说课—评课"模式。

这是一种比较适合园本教研共同体合作研讨的活动方式，也是使用最多、最普遍的一种园本教研活动方式。这种活动方式的一般程序是：执教教师独立或合作设计教学活动—开展第一次教学活动与听课—执教教师课后说课—集体评课—执教教师修改设计后重新组织教学活动……依此反复。这种方式还有许多不同的变式，比如同课异构：两位教师同时执教同一内容以便比较，或者由二位不同水平的教师在不同的评课反思环节后执教同一内容以培训新手教师。她们甚至将不同教师执教的活动分别命名为"靶子课""实践课""示范课"等。

这种园本教研方式比较适用于新教师的培训和熟练教师的提高，也可用于教育诊断。这种方式的本质意义就是将平时的教学活动同时作为研究活动予以对待。正如有教师所概括的，"备课是一种策略研究""上课是一种临床研究""听课是一种比较研究""评课是一种诊断式研究"。幼儿教师的专业发展就是在这种比较借鉴、自我反思和自我建构的过程中逐步实现的。应该注意的是，借鉴不等于拿来，借鉴也不是追求教学实践问题的标准答案和最佳教学策略的获取，借鉴的本质是基于具体教育情境的自我建构，是一个观念的自我改造和内化过程，是借人之砖，造我新房。

(2)"教师研究工作坊"模式。

教师研究工作坊由教师根据自己的意愿自由组合（一般4~6名教师），自主选择研究内容的合作型研究团队。教师研究工作坊是对现有教研制度的创新，在活动时间、地点、内容、形式、经费使用上均可以实现自主安排。幼儿园对工作坊活动只定任务，不限制也不硬性规定工作坊的活动次数。为保障工作坊的良性运转，一般还采取了如下具体做法：第一，建立制度。幼儿园统一制定教师研究工作坊申请表、教师研究工作坊计划表、教师研究工作坊记录表等表格，以帮助教师聚焦研究问题，进行目标导向，使教研有目的地开展。第二，慎选坊主。"坊主"作为工作坊的负责人，是工作坊活动的灵魂人物。"坊主"应具备的条件：热爱教科研工作，有工作激情，有较高的专业素养，有一定的教科研能力，能挤出时间和大家一起学习、探讨，并带动大家一起研究。同时，幼儿园赋予"坊主"一定的权利，如"坊主"有权利对活动进行安排和修改，"坊主"有权根据坊内教师的参与情况，填写积分表，期末参与优秀会员评议。在活动中，面对有着共同问题的亲密伙伴，没有领导的参与和怕说错话的压力，教师可以敞开心扉，尽情表达自己的观点与意见，因此在工作坊中研究的问题是最自然、最真实的。教

师研究工作坊的运作可极大地激活广大教师参与教研的主体意识，使教师真正成为实践的主体、反思的主体、行动跟进的主体、自我发展的主体，由此形成一种新的教师专业生活方式，加快教师专业成长的进程。

3. 敢于科研，大胆尝试课题研究

教师的科研能力也是教师综合能力的重要组成部分，并且教师做科研也有助于课堂教学能力的培养和提高，二者是相辅相成的。做科研的主要途径就是参与或发起课题研究。

（1）课题研究的基本步骤。

第一，选择科研课题。幼儿教师在正式做科研任务之前，要先选择一个课题或者主题，这就是为教科研确定了主要的研究方向。学前教育课题研究的选题要遵循以下原则：选题从教师的教学实践中来，是幼儿园比较普遍存在又具有研究价值，或与幼儿园教育特色形成有密切关系的问题。第二，收集课题资料。确定主题以后，还需要教师广泛地搜集课题相关的资料。现在由于网络的发展，除了传统的书籍可以查阅，也可以通过网络收集相关的资料。第三，整理分析资料。收集的很多科研资料可能范围比较宽泛，并不能全部直接拿来引用，所以需要教师进行后期的整理，选择自己需要的部分内容，并且进行分析、整合。第四，设计研究方案。确定好科研课题以后，就需要开始设计具体的研究实施。实际上就是把自己的具体规划大致地罗列出来，以备后面实施。第五，实施课题研究，把制作好的研究方案，按照预定要求和规划按部就班地实施，并做好相应的研究记录。第六，撰写结题报告。老师要具备一定的写作能力和文字功底，并且要把课题报告按照规范的格式写出来并存档。

（2）学前教育科研的原则。

一是课题研究者是幼儿园教师，当然，课题组主要研究力量应该是园本教研核心小组成员，其他教师进行配合，专业研究者从研究方向、研究方法等方面进行指导；二是课题研究的方法主要是基于教学实践的反思与叙事；三是研究目的在于教学实践问题的解决和教师在概括、提升实践经验过程中而实现的专业发展。毫无疑问，这种课题研究不同于专业研究者的研究。这种研究不是追求科学主义的量化研究，而更多的是基于多种实践情境的反思性叙事研究。

【知识链接】

"教研"与"科研"的区别与联系

一、两者的概念

"教研"，教学研究的简称。何谓"研究"？研者钻研，究者推究。教研研究的是教学领域，主要研究教学的内容、过程、方法、手段以及教学管理等，研究的是教育系统的中微观领域。教研的直接目的是提高教学质量，主要途径是开展多种形式的教研活动，如备课、上课、说课、教材分析、研究教法和学法、试题设计、优质课评比、教学能手评选等。

"（教）科研"，教育科学研究的简称。教科研是科学研究的一个组成部分。它是以教育科学理论为武器，以教育领域中发生的现象为对象，以探索教育规律、解决教育教学中的新问题为目的的创造性的认识活动。教科研是一种有目的、有计划、系统的、连续的探索活动。研究的范围包括所有有关教育方面的宏观、中观和微观的问题。

二、两者的区别

1. 研究的范围不同：教研的范围较窄，主要是教学领域的研究；教科研的范围较广，包含教育教学领域中的所有研究。

2. 研究的层次不同：教研的层次较低，主要是应用教育规律，以提高教学质量；教科研的层次较高，主要是探索教育规律，以解决教育教学问题，同时也是为了切实提高教育教学质量。

3. 研究的过程不同：教研的过程不够严密，一般无课题，无严密计划；教科研的过程较严密，一般要有课题，有严密的研究计划和过程性材料。

4. 研究的结果不同：教研的结果一般比较模糊，多是经验型的，主要为基层学校一线教师服务；教科研的结果要求精确和准确，多是科学型的，既要为上层领导决策服务，又要指导基层学校的教育、教学工作。

5. 成果的表现形式不同：教研成果表现为教学质量的提高、学生学业的进步、教学管理上的规范等；教科研成果不但表现为促进教育教学质量和水平的提升，促进学生、教师、学校的发展，而且还表现为有科研论文、案例、研究报告等优秀成果的交流和推广。

三、两者的联系

1. 从纵向上看：教研是教科研的基础和前提，教科研是教研的提升和发展。

2. 从横向上看：教研是教科研的重要组成部分，教科研包含教研。

3. 从作用上看：教研给教科研提供条件，丰富教科研内容，教研中出现的问题是科研选题的重要来源；教科研促进教研，指导教研工作，提高教研的时效。总之，教而不研则浅，研而不教则空，教研和科研从根本上说是一致的，都是基于教育教学中问题的研究，两者密不可分。教学实践是教研的平台，也是科研的源头活水。要提高教育教学水平，深入推进素质教育，必须重视教研，但更应重视科研，发挥科研的先导和提升作用。

● **爱的榜样**

1. 学习应彩云老师终身的优秀事例，思考作为一名幼儿教师应当如何去朝着专家型教师努力。

2. 你还知道哪些教师专业发展的事例？可以通过"云爱平台"进行分享。

"孩子是天我是云"①

　　35年来，她从未离开过课堂，从未离开过孩子。在幼儿教育一线，她躬耕逐梦，用一片丹心诠释了"天大地大，孩子最大"。她是幼儿教师眼中最美的女神，更是孩子心中永远的彩云。

　　在揭晓的2018年度全国教书育人楷模中，上海市某幼儿园正高级教师应彩云是唯一一名来自学前教育的教师。

她的"德行"与"道行"

　　从学前教育专业毕业后，应彩云被分配到上海一所棚户区幼儿园。开始时，简陋的工作环境和不时传来的同学跳槽的消息，使她感到有些迷茫。让她坚定决心从事这份职业的，是一包不起眼的感冒药。

　　一次，应彩云感冒了，一连几天喉痛鼻塞。孩子们看见老师不舒服，不时对她示意："你轻轻地说话就可以了。"一位刚刚入园的小朋友还悄悄从家里拿来感冒药塞到她手里，并嘱咐说："感冒了要吃药的。"应彩云第一次感受到孩子稚嫩而真诚的关怀，她爱上了孩子，以及幼儿教师职业。

　　应彩云说过："孩子是天我是云。"她把关注孩子的情感需求落实在每天的教育中：孩子一个喷嚏，她无声地递上纸巾；孩子腿骨折了，却渴望参加运动会，她便背着他，甘做他的另一条腿；孩子不肯独立进餐，她的一个拥抱给孩子带来了好胃口……

　　应彩云会细心研究每一个来到自己身边的儿童，他们性格情感的异同、成长发展的优势、兴趣喜好的特征……"清楚每个孩童的生长特点和成长需求，是一个幼儿教师的德行；倾力促进每个孩童进步，是一个幼儿教师的道行。"她说。

她的理念与追求

　　没有孩子不喜欢上应彩云的课，"应老师上课太好玩了！"

　　好玩，是对老师的最好褒奖。30多年来，应彩云始终没有停止对课堂的研究。她在"顺其自然、顺势而为"的教育理念下，不断建构让孩子喜欢、给同行启迪的系列课程，其实践早已成为师范院校教学的范本。

　　"幼儿自主学习的环境创设""幼儿整合课程的构建与实施""创设有学习价值的墙面环境"都是应彩云近年来的课题。她说："我要尽力地更靠近些、更靠紧些孩子，为此，我不会停下研究的脚步。"

　　应彩云研究并开创了"早期教育与多元教育相融合"的幼教理念。在大量实践的基础上，她和团队在2009年出版了《情景阅读》以及关于早期阅读的专著。从图画书赏析到教学设计，从孩子学习特征到对文学绘画理解，她全面回答了关于图画书与早期阅读的关系，对图画书教学等同于识字教育的误解进行了指正。这些理念与课程，被幼教同行广泛推崇和实践。

---

　　① 吴振东、郭敬丹：《"孩子是天我是云"——记全国教书育人楷模、上海幼儿教师应彩云》，http://www.xinhuanet.com/politics/2018-09/04/c_1123379152.htm。

"有人说幼儿园老师门槛低，没什么专业性，不过是陪孩子玩耍，保护孩子安全罢了。"在应彩云看来，幼儿教育是服务于孩子发展需要、社会对未来人才需求的，只有不断地拓宽幼儿教育研究与实践的深度、广度，才能成为一名优秀的学前教育教师。

她的示范与"辐射"

一枝独秀不是春。通过带教年轻教师、成立工作室等形式示范辐射，应彩云在幼教园地不断影响更多教师，为孩子的天空描画更多的"彩云"。

近年来，她每年要为上海杨浦区幼儿教师做数十次教学展示；在带教区"优青人才"过程中，她聚焦课堂，每月进行 1 至 2 次研讨教学。目前，在她带教的学生中，已有 5 人成为上海市特级教师，4 人成为各自省内的特级教师，超过 50 人开设了名师工作室，将"传帮带"的工作延续下去。

作为教育部"国培计划"导师，应彩云经常赴偏远地区授课讲学，为当地教师带去先进的教育理念和生动的教学方法；她还多次承接国际年会任务，使名师基地的学员在国际教学研究舞台上展现中国教师的风采。

"幼教队伍中不断成长的年轻力量，让我看到了幼教行业无限光明的未来。"应彩云说。

◉ **爱的感言**

经过多年的学习，你觉得自己是一个善于学习的人吗？为什么？你有哪些好的学习方法或经验呢？请分享给大家。

◉ **爱的践行**

结合本课学习内容与自身实际，制定一份大学学业规划书，确定你的学习目标，梳理学习进程。

【推荐欣赏】

1. 《窗边的小豆豆》，作者：黑柳彻子。

内容简介：该书 1981 年出版后，已经被译成 33 种文字，介绍到世界各地，被美国、中国、日本、英国等 40 国中小学生与教师评为"最喜欢的图书"，在日本，平均每三个家庭就拥有一本《窗边的小豆豆》。美国《纽约时报》为它的英文版做了有史以来最大的一次书评。

推荐理由：教育是发现自我，发现世界；探索自我，探索世界；把握自我，把握世界。尊重孩子，顺其个性而因势利导，才是真正地培养"人"。那么家长对孩子、老师对学生的爱是否是真正的、清醒的"爱"呢？是否"爱"得有智慧呢？请看可亲可敬的小林校长，请看可亲可敬的小豆豆的妈妈，看看他们如何对待孩子，如何教育孩子。

2. 《小王子》，作者：安托万・德・圣－埃克苏佩里。

内容简介：该书是于 1942 年写成的著名儿童文学短篇小说，这是一本足以让人永葆童心的不朽经典，被全球亿万读者誉为非常值得收藏的书，被翻译成 100 多种语言。本书的主人公是来自外星球的小王子。书中以一位飞行员作为故事叙述者，讲述了小王

子从自己星球出发前往地球的过程中经历的各种历险。

推荐理由：《小王子》是一部充满诗意而又温馨的美丽童话，讲述了"我"在浩瀚的撒哈拉大沙漠上遇到了一个古怪奇特而又天真纯洁的小王子——他来自一颗遥远的小星球，游历了分别住着国王、爱慕虚荣的人、酒鬼、商人、地理学家的6个星球。作者通过小王子的游历暗讽了成人世界的荒唐和虚伪，情节别致而曲折，行文富于诗情和哲理，字里行间蕴含着作者对于爱、人生等重大命题的深刻体会与感悟，让人读后回味无穷。

3. 电影《再见了，我们的幼儿园》。

内容简介：故事讲述的是5位小朋友为让患病的小伙伴能够完成毕业仪式，暗自出走旅行的故事。这部影片反映了孩子们最纯真的友谊。

推荐理由：影片主打的显然不是卖萌逗趣，更谈不上励志。这一趟去见小伙伴的旅行是快乐惊险的，他们错过列车相互埋怨，却又齐心协力躲避师长的"追击"，甚至还和流浪汉大叔一起煮玉米吃。河岸边整齐晾着他们湿透的小鞋子，阳光洒下来带着远处青山白云的影子，他们都不知道这次"冒险"的尽头有可能是生离死别。在影片中你会被孩子们天真、纯洁的友情打动，你会发现日本对于感恩与礼仪教育的重视。

4. 电影《小鞋子》。

内容简介：本片拍于1997年，又名《天堂里的孩子》。电影的故事很简单。在贫穷的家庭里，哥哥不小心把妹妹的鞋弄丢了，为了不让父母知道，兄妹俩共用一双鞋上学。上午妹妹穿，下午哥哥穿。后来城里举办马拉松比赛，第三名的奖品是一双运动鞋。哥哥为了妹妹打算参赛，承诺妹妹一定跑到第三，然后把运动鞋给她。最后，奔跑到两脚都是血泡的哥哥阴差阳错拿了第一名，他却哭了，因为冠军的奖品不是他要送给妹妹的鞋子。

推荐理由：《小鞋子》真诚朴实地向我们展现了一处纯净的心灵壁垒——爱、信任、承诺、包容与善良，将最单纯本真的故事带回电影，在悲伤的情绪中注入幽默感和温情，在朴素的讲述中饱含深情，将一点点积蓄的感情悄无声息地渗入观众心田。

参考文献

[1] 阿米琪斯. 爱的教育 [M]. 王干卿，译. 北京：人民文学出版社，2015.

[2] 白波. 让爱为生命护航——医学生"爱心教育"读本 [M]. 青岛：中国海洋大学出版社，2011.

[3] 边亚华. 童心与儿童教育 [D]. 南京：南京师范大学，2007.

[4] 岑援华. 爱——点燃学生心灵中微弱的火花 [J]. 课程教育研究，2019（20）：183.

[5] 产佳，王晓丹，严冰. 高校帮学助困与爱心教育相结合的有效途径探索——燕山大学"希望基金会"在大学生爱心教育上的实践与思考 [J]. 长春理工大学学报（高教版），2009（7）：1−2.

[6] 陈纪兵. 师爱的意义及其践行途径 [J]. 教育科学论坛，2020（5）：23−25.

[7] 陈连锦. 爱心教育与高职校园文化建设 [J]. 黑龙江教育，2006（10）：29−31.

[8] 陈益民. 论师爱的几种方式 [J]. 中国校外教育，2018（5）：41+147.

[9] 成尚荣. 儿童立场：教育从这儿出发 [J]. 教育理论与实践，2008，28（6）：4−5.

[10] 戴国立. 爱心教育与校园和谐 [J]. 中国青年研究，2007（7）：74−76.

[11] 邓晓娟. 儿童视角下的研究——大班儿童喜爱的幼儿园 [D]. 沈阳：辽宁师范大学，2017.

[12] 丁彩云. 论幼儿教师"教育爱"与儿童幸福的关系 [J]. 南昌教育学院学报，2017，32（5）：106−108.

[13] 杜德栎. 爱心教育及其基本策略 [J]. 中国德育，2006（8）：15−17+25.

[14] 冯婉桢. 幼儿教师专业规范与行为礼仪 [M]. 北京：高等教育出版社，2013.

[15] 弗洛姆. 爱的艺术 [M]. 李建鸣，译. 上海：上海译文出版社，2008.

[16] 顾宇娇，梁小玲，李娟. 女大学生寝室人际冲突心理疏导个案研究 [J]. 校园心理，2016，14（5）：354−356.

[17] 国卉男. 中国终身教育政策研究 [D]. 上海：华东师范大学，2013.

[18] 韩喜平，李帅. 习近平关于新时代教师职业重要论述的价值意蕴 [J]. 福建师范大学学报（哲学社会科学版），2020（1）：9−16.

[19] 杭永宝. 把握新时期师爱的五大内涵 [J]. 江苏教育，2019（10）：52−53.

[20] 侯晓宇. 以终身学习为导向的教师教育探究 [J]. 高等财经教育研究，2017，20（2）：32−34+36.

[21] 胡德银. 师爱是教育者的灵魂 [J]. 课程教育研究，2014（24）：170.

［22］黄俊. 探寻教育的密码［M］. 北京：中国言实出版社，2017.

［23］黄玉莺. 童稚、童趣、童心——幼儿教育的内涵和内容［J］. 福建基础教育研究，2014（6）：118－119.

［24］纪敏. 终身学习视域下的高校教师职业发展论析［J］. 高教学刊，2018（22）：138－140.

［25］孔露，任颖，邢春娥. 幼专学前教育专业学生爱心培育现状调查与分析——以川北幼儿师范高等专科学校为例［J］. 四川职业技术学院学报，2019（1）：79－86.

［26］李宝荣. 行动学习：教师现场式学习的有效路径［J］. 中国教育学刊，2017（7）：30－35.

［27］李超，任清华，黄心闲. 基于地域特色文化的高职院校爱心教育研究——以湄洲湾职业技术学院为例［J］. 武汉交通职业学院学报，2017（3）：42－45.

［28］李冲锋. 终身学习的现实依据与实现途径［J］. 教育科学论坛，2003（3）：4－5.

［29］李丹青，李逸凡. 确立终身学习理念，提高教师群体素质［J］. 黑龙江高教研究，2004（9）：65－67.

［30］李龙，李晨光，陈恒英. 大学生心理健康教育［M］. 重庆：重庆大学出版社，2018.

［31］李佑成，沈云佳，张六骄. 构建长效机制，打造爱心文化［J］. 中国高等教育，2012（20）：61－62.

［32］蔺晓康. "大爱无疆"：霍懋征教育思想研究［D］. 锦州：渤海大学，2014.

［33］刘国东. 基础教育教师终身学习现状研究［D］. 武汉：华中师范大学，2017.

［34］刘庆昌. 关于正爱童心［J］. 山西大学师范学院学报（哲学社会科学版），1998（1）：55－57.

［35］刘西水. 叶飞与家庭、家人、家乡及其他［J］. 炎黄纵横，2012（2）：14－15.

［36］刘晓东. 李贽童心哲学论略［J］. 西北师大学报（社会科学版），2016，53（4）：80－87.

［37］刘晓东. 童年资源：从贫乏的童年到丰饶的童年［J］. 人民教育，2014（4）：21－25.

［38］刘新科，国外教育发展史纲［M］. 北京：中国人民大学出版社，2007.

［39］刘玉殿. 大学生思想道德修养［M］. 济南：山东大学出版社，2002.

［40］刘元萍. 爱是教育成功的基础［J］. 教书育人，2020（4）：1.

［41］刘占祥. 努力做"四有"好老师［J］. 人民论坛·学术前沿，2019（12）：1.

［42］刘志刚，刘建琴，钱娅娴，等. "爱心教育三段式"育人模式在学生管理工作中的实践［J］. 职教通讯，2015（23）：44－46.

［43］柳韩斐. 静心 宽心 修心［M］. 南昌：百花洲文艺出版社，2013.

［44］罗兰. 米开朗琪罗传［M］. 傅雷，译. 北京：中国青年出版社，2017.

［45］骆宇颖. 浅析高校辅导员如何在工作中实施爱心教育［J］. 科技信息，2009（33）：614.

［46］蒙田. 热爱生命：蒙田试笔［M］. 梁宗岱，译. 北京：中央编译出版社，2010.

［47］孟静. 关于师爱若干基本问题的思考［J］. 开封教育学院学报，2018，38（4）：153－156.

［48］莫健骑. 配班参教我能行——从对一位保育员的观察记录看"保教结合"［J］. 好家长，2016（50）：92.

［49］彭兵. 开展园本教研，推动幼儿园文化建设——武汉市"以园为本教研制度建设"项目推进策略［J］. 学前教育研究，2008（8）：40－43＋48.

［50］秦旭芳，庞丽娟. 行动学习法与行动研究辨析［J］. 比较教育研究，2006（9）：28－32.

［51］秦旭芳. 以体验式学习循环建立幼儿教师培训新模式——行动学习法的引入［J］. 辽宁教育研究，2004（11）：68－70.

［52］青岛市教育发展研究会. 不可不读的198个中外教育故事［M］. 青岛：青岛出版社，2010.

［53］饶淑园. 论幼儿教师的角色与专业化发展［J］. 现代教育论丛，2005（6）：62－65.

［54］单中惠. 外国教育思想史［M］. 2版. 北京：高等教育出版社，2007.

［55］施克灿. 中国教育思想史［M］. 北京：高等教育出版社，2008.

［56］石长荣. 终身学习的方法和途径［J］. 理论学习，2003（8）：41.

［57］宋丽. 儿童感受师爱的生活体验研究［D］. 北京：首都师范大学，2013.

［58］宋凌燕. 浅谈师德修养——爱的教育［J］. 魅力中国，2013（7）：195.

［59］孙培青. 中国教育史［M］. 3版. 上海：华东师范大学出版社，2009.

［60］唐明毅. 儒谈人生与自身修养［M］. 北京：中国城市出版社，2012.

［61］童庆炳. 做一个有仁爱之心的好老师［J］. 北京师范大学学报（社会科学版），2015（1）：13－14.

［62］王保星. 外国教育史［M］. 北京：北京师范大学出版社，2008.

［63］王炳照，郭齐家，刘德华，等. 简明中国教育史［M］. 北京：北京师范大学出版社，2007.

［64］王汉刚. 论教师的终身学习［J］. 教育教学论坛，2011（35）：206－207.

［65］王枬. 论教师的仁爱之心［J］. 教育研究，2016，37（8）：117－124＋144.

［66］王卫华. 师爱在爱中得到回报［J］. 教师发展研究，2018（2）：56－60.

［67］吴式颖，李明德. 外国教育史教程［M］. 3版. 北京：人民教育出版社，2015.

［68］武光路，韩继莹. 爱上美丽心世界：大学生心理导航［M］. 北京：兵器工业出版社，2007.

［69］许国君，陈万怀，张明明. 大学生爱心教育体系的构建与实施［J］. 浙江万里学院学报，2008（3）：113－115.

［70］扬雄. 法言义疏［M］. 北京：中华书局，1987.

［71］杨伯峻. 论语译注［M］. 北京：中华书局，1958.

［72］杨福家. 中国当代教育家文存：杨福家卷［M］. 上海：华东师范大学出版社，2006.

［73］杨晶晶. 爱心教育在高职院校学生管理中的实践研究［J］. 吉林省教育学院学报，2009（1）：26－27.

［74］杨旭浩. 习近平教师终身学习思想及其战略意义［J］. 高等继续教育学报，2019，32（4）：34－39.

［75］姚瑶. 终身学习：教师职业生涯发展的根本途径［J］. 当代教育论坛（宏观教育研究），2008（7）：103－104.

［76］余心言. 名人家庭教育故事［M］. 上海：上海人民出版社，1982.

［77］张斌. 学前教育专业学生的爱心培育［J］. 当代职业教育，2017（5）：73－75.

［78］张丽菊，谢延龙. 让师爱诗意地栖居在教育教学中——基于舍勒情感现象学的反思［J］. 基础教育研究，2017（23）：32－33＋36.

［79］张婷. 终身学习理念下教师教育改革［J］. 中国教育学刊，2019（1）：222－223＋229.

［80］周敏. "我"喜欢的幼儿教师——基于幼儿视角的教师形象研究［D］. 沈阳：辽宁师范大学，2020.

［81］朱广兵. 教师专业发展视域下教书匠隐喻与工匠精神［J］. 现代教育论丛，2017（2）：52－57.

后　记

　　面对时代发展新形势、新要求，为落实立德树人根本任务，突出学前教育专业优势和特色，学校承研了 2019 年度四川省教育科研重点课题"高职学前教育专业学生爱心培育体系的构建与实践"（川教函〔2019〕514 号）、四川省教师教育研究中心课题"广元市近两年新办幼儿园教师队伍建设对策研究"（TER2013－024），并以课题为依托，持续开展对幼儿教师职前培养和职后发展的相关问题研究，着力探索培养新时代卓越幼儿教师、促进在职幼儿教师专业发展的有效路径与实践策略。本教材即是这两项课题的标志性阶段成果，并作为学前教育专业特色教材使用，填补了学前教育爱心培育专门教材的空白。

　　本教材是集体智慧的结晶，是课题组成员齐心协力的研究成果。全书框架、体例和内容模块，均由张斌教授组织课题组成员反复研讨确定。全书分五章共十五节，具体编撰工作分别由杨洁（第一章）、孔露（第二章）、李贞（第三章）、李小龙（第四章）、邢春娥（第五题）完成。李长青负责统筹协调、统稿及审核工作，为本书付梓做了大量工作；邢春娥为全书格式规范和审核做了细致工作，杜芳协助做了部分统稿工作，任颖做了组织保障工作。

　　以爱育爱，成就大爱。我们期望以大爱之心育大爱之生，以精诚之心出精品教材。本教材不仅可以作为职业院校学前教育专业的教材，也可以作为在职幼儿教师的培训教材，还可以作为幼儿家长和幼教研究工作者的参考书籍，具有广泛的适用性。诚挚感谢为此书付出心血和智慧的全体作者和出版社编辑人员。我们期待在进一步深化研究和实践经验的基础上，有机会修订再版，惠及广大师生。

　　谨述缘由，以为后记。

李长青

（川北幼儿师范高等专科学校科研处处长、副教授）